AACHENER MACHEN GESCHICHTE

FÜNFZEHN PORTRÄTS HISTORISCHER PERSÖNLICHKEITEN

Band I

Herausgegeben von
Bert Kasties und Manfred Sicking

Shaker Verlag

Die Deutsche Bibliothek - CIP-Einheitsaufnahme

Aachener machen Geschichte / Bert Kasties ; Manfred Sicking (Hrsg.). Aachen : Shaker, 1997

ISBN 3-8265-3003-9

Titelfoto: Andreas Herrmann

Copyright Shaker Verlag 1997
Alle Rechte, auch das des auszugsweisen Nachdruckes, der auszugsweisen oder vollständigen Wiedergabe, der Speicherung in Datenverarbeitungsanlagen und der Übersetzung, vorbehalten.

Printed in Germany.

ISBN 3-8265-3003-9

Shaker Verlag GmbH • Postfach 1290 • 52013 Aachen
Telefon: 02407 / 95 96 - 0 • Telefax: 02407 / 95 96 - 9
Internet: www.shaker.de • eMail: info@shaker.de

INHALT

Vorwort des Oberbürgermeisters
der Stadt Aachen 5

KARL DER GROSSE	Max Kerner	7
ALBERT VON AACHEN	Dietrich Lohrmann	33
HANS VON REUTLINGEN	Ernst Günther Grimme	43
FRANCISCUS BLONDEL	Waltraut Kruse	55
DAVID HANSEMANN	Heinz Malangré	65
ALFRED RETHEL	Adam C. Oellers	75
PAUL JULIUS REUTER	Christof Spuler	85
FRANZISKA SCHERVIER	Sabine Rother	95
THEODORE VON KÁRMÁN	Klaus Habetha, Egon Krause, Ulrich Kalkmann	109
LUDWIG MIES VAN DER ROHE	Wolfgang Richter	123
WALTER HASENCLEVER	Bert Kasties	135
LUDWIG STRAUSS	Hans Otto Horch	147
FRANZ OPPENHOFF	Klaus Schwabe	171
PETER LUDWIG	Wolfgang Becker	185
KLAUS HEMMERLE	Josef Schreier	193

Die Autoren und Herausgeber 205

VORWORT

Seit jeher ist es ein Bedürfnis der Menschen, Persönlichkeiten, die durch ihre individuelle Lebensleistung nicht nur die eigenen Zeitgenossen, sondern auch die ihnen nachfolgenden Generationen bereichert haben, in Erinnerung zu halten. Die Kirche bediente und bedient sich des Instruments der Kanonisierung. Das bürgerliche Zeitalter schließlich benennt Straßen, Plätze und Einrichtungen nach ihnen.

Dennoch zeigt sich, daß keine zu ihrer Zeit noch so bedeutsame Berühmtheit davor gefeit ist, dem Vergessensein anheimzufallen. Wohl nur Insider wissen heute noch, daß der Namensgeber der Aachener Hackländerstraße ein Schriftsteller war, dessen gesammelte Werke in immerhin sechzig Bänden zusammengefaßt wurden. Kaum jemand kann ohne die Hilfe von Nachschlagewerken Straßenbenennungen nach Oppenhoff, Blondel oder Mefferdatis erklären. Diese wenigen Beispiele zeigen, daß es stets der Aktualisierung durch historische Forschung und Beschreibung bedarf, um das Andenken an herausragende Gestalten lebendig zu halten.

In diesem Buch werden nicht alle Namenstitel gelöst, aber doch wird ein Anfang gemacht. Die in ihm gesammelten biographischen Skizzen geben Zeugnis von der prägenden Kraft, die einzelne Menschen hatten, die aus unserer Stadt stammten oder in Aachen über einen längeren Zeitraum wirkten. Die von ihnen ausgehenden Impulse bestimmten Geschichte und Entwicklung Aachens und setzen sich zum Teil bis heute hin fort.

Dabei zeigt sich auch, daß die herausragenden Arbeiten der hier erinnerten Aachener in ihrer Bedeutung über den lokalen und regionalen Kreis weit hinausgehen und von größerem Interesse sind. Mit der Sammlung von Lebensbildern derjenigen, die im Koordinatensystem von Raum und Zeit in unserer Stadt einen Bestimmungspunkt haben, wird die jeweilige Lebensspur dokumentiert und so ein wenig Licht ins Dunkel der Geschichte geschrieben.

Dr. Jürgen Linden
Oberbürgermeister der Stadt Aachen

Karl der Große

748-814

Schlüsselfigur der europäischen Geschichte?

Von Max Kerner

Er wurde von allen Völkern der große Kaiser genannt ... / ganz Europa ließ er mit allen Gütern angefüllt zurück ... / allen Bewohnern der Erde erschien er schreckengebietend, / liebenswert und in gleicher Weise bewunderungswürdig.
Nithard, Enkel Karls d. Gr.
Historien I,1

Aus der Distanz von 1200 Jahren

Eintausendzweihundert Jahre trennen uns heute von der Herrschaftszeit Karls d. Gr. (768-814), von seiner Persönlichkeit, die einer ganzen Epoche Gestalt und Namen gegeben hat. Trotz dieser weiten zeitlichen Distanz ist die Erinnerung an sein Lebenswerk, an die geschichtliche Bedeutung seines Reiches niemals verloren gegangen. Dafür haben die zeitgenössischen Quellen wie etwa die um 830 abgefaßte Karlsvita Einhards oder das Ende des 9. Jahrhunderts zusammengestellte Karlsbuch des Mönches Notker Balbulus von St. Gallen genauso gesorgt wie die späteren Legenden oder auch die vielfältigen Formen des politischen, literarischen und kultischen Nachlebens. Erinnert sei nur an das jährliche Karlsfest, das jeweils Ende Januar aus Anlaß von Karls d. Gr. Todestag (28.1.814) in kirchlicher Verehrung feierlich hier im Dom begangen wird oder an die Rethelfresken im Aachener Rathaus, die um 1850 die wichtigsten Ereignisse aus dem Leben Karls d. Gr. »in historischer und symbolischer Auffassung« darzustellen versuchten und heute zu den bedeutendsten Wandbildern der historischen Monumentalmalerei des 19.

Jahrhunderts gehören dürften.

In diesem geschichtlich gewachsenen Karlsbild überwiegen naturgemäß die stolze Anerkennung, die staunende Bewunderung, ja die glühende Verehrung. Seltener dagegen sind die Vorbehalte und Zweifel. Aber hier wie dort gibt es mancherlei Verzerrung und Übersteigerung. Man denke nur an das schlimme und nationalsozialistisch geprägte Wort vom Sachsenschlächter! Eine historisch-kritische Betrachtung über Karl d. Gr. wird dies zu beachten und sich in strenger Anbindung an die verläßlichen Ergebnisse der historischen Forschung um ein möglichst glaubwürdiges Geschichtsbild zu bemühen haben. Ein solches Ziel aufgeklärter Erinnerung zu verwirklichen, ist in unserer Mediengesellschaft mit ihren wuchernden Bilderwelten, ihrer überbordenden Informationsflut, ihrer Vergleichgültigung von allem und jedem nicht ganz so einfach und selbstverständlich, wie es klingt. Man nehme nur die geradezu abenteuerlichen Thesen des Münchener Privatgelehrten und Hobbyhistorikers Heribert Illig, für den Karl d. Gr. nie gelebt hat, die Aachener „Pfalzkapelle" wegen ihrer vermeintlich anachronistischen Bauteile ins 11. Jahrhundert zu verlegen ist, ja die Jahrhunderte zwischen 614 und 911 gar nicht existiert haben. An dieser Karlslüge über »Karl den Fiktiven«, an dieser destruktiven Illusion sind nicht so sehr die abwegigen Einzelargumente über die karolingische Epoche als ein großangelegtes Fälschungsprodukt bemerkens- und überlegenswert, sondern die Tatsache, daß solche Phantasiegebilde in unserer Medienwelt und ihrer sensationistischen Ausrichtung offenbar mehr Aufmerksamkeit erzeugen als die zahlreichen seriösen historischen Studien, die es zu Karl d. Gr. und seiner Zeit nach wie vor gibt.

Dies ist um so erstaunlicher, als Karl d. Gr. nach allgemeinem Eindruck immer noch zu den wenigen Gestalten unserer europäischen Frühzeit gehören dürfte, die sich im allgemeinen Geschichtsbewußtsein von heute erhalten haben. Bereits zu seinen Lebzeiten hatte man ihm den Namen der historischen Größe beigelegt, aber auch in späterer Zeit viele Legenden und Geschichten nachgesagt, was nicht zuletzt manch lyrikfreudige Ballade unserer Groß- und Vorväter belegen kann (vgl. als Beispiel die Ballade über Karls Schulvisitation von Karl Gerok: »Als Kaiser Karl zur Schule kam und wollte visitieren...«).

Die Quellen und deren Kritik

Den Ausgangspunkt für eine historische Annäherung bilden die karolingischen Quellen und deren Kritik, also genauer Karls d. Gr. (teilweise ge- bzw. verfälschten) Königs- und Kaiserurkunden, seine Reichsgesetze, die von ihm verschriftlichten Volksrechte, die offiziösen Reichsannalen sowie die Vielzahl weiterer erzählender Quellen (vgl. als Beispiel das Aachener Epos *Karolus Magnus et Leo Papa* aus dem frühen 9. Jahrhundert), die alle auf Karl d. Gr. und seinen leitenden wie prägenden Gestaltungswillen bezogen sind. Diese einseitige Blickrichtung unserer Quellen hat nicht nur den Anteil von Karls Mitarbeitern und Mitstreitern in ein meist unverdientes Halbdunkel getaucht, sondern eben auch die damalige Reichsgeschichte weitgehend mit Karls Herrschervita zusammenfallen lassen.

Das berühmteste literarische Zeugnis dieser karolingischen Epoche ist wohl Einhards *Vita Karoli Magni*. Einhard — ein enger Vertrauter und Berater Karls d. Gr. — wollte nach eigener Aussage (*Vita Karoli*, Prol.) die Taten Karls d. Gr. erzählen und dessen Lebensweise wie Lebenswandel beschreiben. Wie man weiß, tat er dies in formaler Abhängigkeit von den antiken Kaiserbiographien Suetons und insbesondere von dessen *Vita Augusti*. Während noch Leopold von Ranke darüber geklagt hatte, daß Einhard auf diese Weise den Frankenherrscher Karl zu einem römischen Imperator entstellt habe, ist man heute davon überzeugt, daß Einhard — trotz dieses antikischen Schimmers, der dadurch über Karls Gestalt gekommen sei (P. Lehmann), — ein insgesamt eigenständiges wie lebendiges und weitgehend auch wahrheitsgetreues Lebensbild Karls gezeichnet habe: zunächst über dessen äußere wie innere Politik und danach über dessen Lebensgewohnheiten. Aber gerade in diesem letzteren Teil, in dem über Karls Ehe- und Nebenfrauen, über die Erziehung seiner Kinder, über seine äußere Erscheinung, über seinen Tagesablauf, über seine geistigen Bemühungen und über anderes mehr gehandelt wird, hat Einhard verschiedene Besonderheiten des großen Karolingers überhaupt nur festhalten können, weil diese sich ihm über die antike Vorlage und die dortige Form biographischer Charakteristik erschlossen hatten. Ob nun mit antikem Muster oder nicht — Karl sollte jedenfalls nach Einhards Absicht der eigenen Gegenwart wie der Nachwelt als ein bewunderter Herrscher vor Augen geführt werden, der in seinem Denken wie Handeln eine besondere Großherzigkeit gezeigt und einen stets unerschütterlichen Gleichmut bewiesen habe.

Man mag über den historischen Quellenwert der einen oder anderen Angabe bei Einhard streiten, an der geschichtlichen Bedeutung seiner Karlsvita ist nicht zu zweifeln — nicht nur weil sie im Mittelalter die Herrscherbiographie als Literaturgattung begründete und zu den sprachlich hervorragenden Denkmälern der sog. karolingischen Renaissance gehören dürfte, sondern weil sie vor allem das literarische Bild Karls d. Gr. auf Jahrhunderte hin entscheidend bestimmte. Andere, mehr kritische Ansätze wurden auf diese Weise zurückgedrängt, so etwa die klösterliche Vorstellung von Karls menschlichen Schwächen, z. B. von der ihm unterstellten sündhaften Sinnlichkeit, für die er nach Auffassung der fast gleichzeitig mit Einhards Karlsvita entstandenen *Visio Wettini* im Fegefeuer zu büßen hatte.

Für ein idealisierendes Karlsbild sind aber neben Einhard auch die *Gesta Karoli Magni* des Notker von St. Gallen wichtig geworden. Hier wird ebenfalls ausführlich und nicht ohne Kritik an der eigenen Zeit von Karls Feldzügen, von seinen Bemühungen um Kirche und Geistlichkeit, von seinen Bildungsbestrebungen berichtet, dieses und anderes aber mehr in farbenprächtigen Anekdoten dargeboten. Diese in gleicher Weise unterhaltenden wie belehrenden Erzählungen Notkers haben im Ergebnis — so hat es Paul Lehmann ausgedrückt — Karl d. Gr. unversehens in eine märchenhafte Ferne versetzt bzw. das Karlsbild Einhards in eine verklärende und trivialisierende Perspektive gerückt: Karl ist nicht nur zum überragenden Staatsmann und Kulturpolitiker geworden, sondern auch zum hausbackenen Schulmeister und fürsorglichen Hausvater, in dem einen wie anderen Fall zu einer legendären Gestalt.

Vor diesem Hintergrund verwundert es nicht, daß bereits das genaue Aussehen Karls d. Gr. wenig gesichert ist. Denn für diese Frage wird man aus den von ihm erhaltenen Münzbildern oder Mosaikdarstellungen kaum etwas gewinnen können, da die einen entsprechenden Konstantinmünzen nachgebildet sind und deswegen mehr auf eine bildliche Typisierung als auf ein individuelles Porträt abheben, während die anderen im Maßstab zu klein geraten und zudem nur in späteren kopialen Skizzen überliefert sind. Auch die heute im Louvre aufbewahrte Reiterstatuette, die um 870 in Metz gegossen worden sein dürfte und die einen hünenhaften Reiter darstellt mit Lilienkrone, rundem Gesicht, Schnurrbart, Reitermantel und ohne Steigbügel, wird in jüngerer Zeit bestenfalls als ein Erinnerungsbild an Karl d. Gr. in Anspruch genommen, das dessen Enkel, der westfränkische König Karl d. Kahle, sich zum Andenken an seinen Großvater hat herstellen lassen: auch hier mehr im Sinne einer idealisierten Herrschergestalt mit nur wenig individuellen Zügen einer konkreten Einzelperson. Die letzteren Voraussetzungen bietet dagegen vielleicht Einhards Beschreibung in der Karlsvita (*Vita Karoli* c. 22), wo zahlreiche Einzelheiten über Karls äußere Erscheinung zusammengetragen sind, die sich sonst so nirgendwo finden lassen und deswegen hier im Wortlaut zitiert werden sollen:

Er war von breitem und kräftigem Körperbau, hervorragender Größe, die jedoch das richtige Maß nicht überschritt — denn seine Länge betrug, wie man weiß, sieben seiner Füße (= ca. 1,90 m) —, das Oberteil seines Kopfes war rund, seine Augen sehr groß und lebhaft, die Nase ging etwas über das Mittelmaß, er hatte schönes graues Haar und ein freundliches, heiteres Gesicht. So bot seine Gestalt im Stehen wie im Sitzen eine höchst würdige und stattliche Erscheinung, wiewohl sein Nacken feist und zu kurz und sein Bauch etwas hervorzutreten schien; das Ebenmaß der anderen Glieder aber verdeckte dies. Er hatte einen festen Gang, eine durchaus männliche Haltung des Körpers und eine helle Stimme, die jedoch zu der ganzen Gestalt nicht recht passen wollte.

Man hat diese in ihrer Art und Zeit einmalige Personenschilderung auf den alternden Kaiser bezogen und unter dieser Einschränkung auch als zutreffend bezeichnet, nicht zuletzt wegen der weniger schönen körperlichen Attribute, die hier nicht verschwiegen werden: die leichte Korpulenz, die übergroße Nase, der kurze Hals und die helle Stimme.

Wichtige Phasen und Perspektiven

Auf dem Wege zur faktischen Dominanz

Es gehört wohl zu den augenfälligen und gewaltigen Leistungen des 748 geborenen und 768 zur Herrschaft gelangten Karls d. Gr., daß er das in der Zeit der Völkerwanderung zwischen 400 und 700 entstandene romanische und germanische Europa zu einer neuen karolingisch geführten und fränkisch geprägten Einheit zusammengefaßt hat. Dazu bedurfte es einer ausgreifenden und heute mitunter umstrittenen Expansionspolitik, die sich gegen die Langobarden in Italien, gegen die Sachsen zwischen Weser und Elbe, gegen die Bayern südlich der Donau, gegen die christlichen Basken und heidnischen Sarazenen im Pyrenäenraum sowie schließlich gegen die verschiedenen Grenzvölker von den Dänen bis zu den Awaren im Norden und Osten des Reiches richtete. Die historische Bedeutung dieser militanten Politik führte in Italien dazu, den byzantinischen Einfluß zurückzudrängen, eine lateinisch-germanische Symbiose in Oberitalien zu erreichen sowie den Kirchenstaat in Mittelitalien als fränkisches Sonderbistum zu etablieren. Im nördlichen Spanien wurde mit einer entsprechenden Grenzmark der Kern des späteren Katalonien sowie der Anfang des späteren Königreiches Aragon geschaffen bzw. der Ausgangspunkt für die Reconquista im Hochmittelalter gelegt. Von dieser ausgreifenden Expansionspolitik seien hier Karls d. Gr. Sachsenkriege sowie seine Politik gegen Tassilo von Bayern ein wenig näher dargestellt und nachgezeichnet, da deren historische Bedeutung bei allem wissenschaftlichen Streit insgesamt keinem Zweifel unterliegen kann. Denn diese Einbeziehung der Sachsen und Bayern ins Frankenreich hat die Gewichte des Karolingerreiches vom Romanischen zum Germanischen hin verlagert sowie später die Entstehung Deutschlands zur Folge gehabt und damit in unserer eigenen Geschichte Epoche gemacht.

Karl wollte sich jedenfalls mit einer lokkeren fränkischen Oberhoheit weder in Bayern noch bei den Sachsen zufriedengeben. Eine stärkere Eingliederung mußte aber bei den letzteren größere Schwierigkeiten bereiten als im christianisierten Bayern, das zudem bereits als Teil des Frankenreiches galt. Denn bei den Sachsen hatte sich eine noch archaische Verfassung in Politik und Gesellschaft erhalten. Bei ihrer nur kurzen Wanderung während der Spätantike von Holstein in das Gebiet des heutigen Niedersachsen bedurften sie keiner geschlossenen Führungsgewalt, die sich zu einem Königtum hätte ausbilden können. Ihnen genügte der politische Zusammenschluß in einer Gauverfassung mit einer jährlichen Stammesversammlung in Marklo an der Weser. Auch in ihrer gesellschaftlichen Ordnung hatten sie die alte Sozialstruktur bewahrt und unterschieden zwischen einem grundherrlichen Geburtsadel (den Edelingen), den schollengebundenen, aber freien Bauern (den waffenfähigen Frilingen) sowie den unfreien Hörigen (Lazzen). Die strenge und fast kastenmäßige Abgrenzung der einzelnen Stände führte während der Sachsenkriege zu einem merkwürdigen politischen Verhalten: während die Edelinge sich bis auf wenige Ausnahmen am schnellsten zum Anschluß an das Frankenreich und zum Christentum bereitfanden, haben sich die beiden unteren Stände zäh und anhaltend der fränkischen Herrschaft widersetzt, aber auf der anderen Seite wegen ihrer Rivalität untereinander auch nicht gegen den sich absetzenden Adel opponiert. Eine Ausnahme in diesem inneren Standeszwist bildete Widukind, einer von den Vornehmen Westfalens, der sich auf die Seite der unteren Stände geschlagen hatte bzw. deren Anführer wurde und der die siebenjährige Hauptauseinandersetzung Karls mit den Sachsen (778-785) entscheidend geprägt hat, nachdem die ersten Feldzüge Karls d. Gr. 772 (Eroberung der Erisburg und Zerstörung der Irminsul, eines altsächsischen Heiligtums) sowie 775/76 für die karolingische Seite erfolgreich verlaufen waren und zu ersten Massentaufen geführt hatten.

Noch während Karls spanischem Feldzug von 778 war Widukinds Aufstand bis an den Rhein getragen worden. Durch zwei militärische Antworten — 779 bis zur Weserlinie, 780 bis zur Elbe — hatte Karl auf diesen Aufruhr reagiert und auch die Missionsordnung wiederherstellen bzw. neu regeln können. Denn in jenen Jahren wurden die ersten Missionsklöster (vgl. Gandersheim, Hameln, Vechta, Meppen) gegründet sowie durch den sächsischen Adel Grundbesitz und Unfreie an das Kloster Fulda übertragen. Auf einer Reichsversammlung in Lippspringe hat Karl dann 782 das Sachsenland auch formell in den Verband des Reiches einbezogen, indem er dort fränkische Grafschaften errichten ließ, die er außer an Franken auch an sächsische Edelinge übertrug, so etwa an Hessi, den früheren Anführer der Ostfalen. Vielleicht hat Karl auch damals schon und nicht erst 785 das harte System der *Capitulatio de partibus Saxoniae* eingeführt, Gesetzgebungsmaßnahmen, die die neuen gräflichen Institutionen und deren Vertreter, aber auch die kirchlichen Amtsträger unter einen besonderen Schutz stellten und etwa bei Gewalttaten gegen Geistliche und Kirchen oder bei Festhalten an den heidnischen Gebräuchen, wie z. B. der Leichenverbrennung, die Todesstrafe verhängten sowie andererseits die Zwangstaufe, das Zehntgebot und den Königsbann vorschrieben. Auf diese Gewaltbestimmungen mit ihren tiefen Eingriffen in die überkommenen Gewohnheiten der Sachsen scheint noch 782 ein neuer Aufstand Widukinds zurückzugehen, bei dem eine fränkische Heeresabteilung am Süntel vernichtet und zahlreiche fränkische Missionare und Grafen ermordet wurden. Karls Gegenmaßnahme führte dann ihrerseits zu dem vielbesprochenen Blutbad in Verden an der Aller 782, bei dem Karl nach dem Bericht der Reichsannalen 4500 Rebellen als Hochverräter hingerichtet haben soll: »und sie (die Sachsen) lieferten all jene Übeltäter aus, die diesen Aufstand vor allem durchgeführt hatten, zur Bestrafung mit dem Tod, 4500, und dies ist auch so geschehen.« Ob man nun diese Zahlenangabe von 4500 für einen späteren Zusatz, für eine falsche Lesart oder für eine der nicht seltenen Zahlenübertreibungen mittelalterlicher Quellen halten mag, an dem Vorgang selbst ist nicht zu zweifeln und an seiner bewegten Debatte für ein glaubwürdiges Karlsbild nicht vorbeizugehen. Denn das Verdener Geschehen konnte erneute Auf- und Widerstände genausowenig verhindern wie die entsprechenden militärischen Gegenaktionen Karls während der Jahre 783/85, etwa bei Detmold und an der Hase bzw. im Weserraum und an der unteren Elbe.

Erst drei Jahre nach der drakonischen Bestrafung der aufständischen Sachsen in Verden konnte der sächsische Widerstand gebrochen und Widukind zum Friedensschluß bewogen werden. Gegen die Stellung fränkischer Geiseln ließ er sich in die Pfalz nach Attigny bringen und dort — wohl am Weihnachtsfest 785 — auch taufen. Für die Zeitgenossen waren damit die Sachsenkriege beendet. Die Reichsannalen sprachen von der Unterwerfung des ganzen Landes und Papst Hadrian I. von dessen Bereitschaft zum Christentum; die Lorscher Annalen verglichen diese sächsische Christianisierung sogar mit jener der Angelsachsen zur Zeit Gregors d. Gr. knapp zweihundert Jahre vorher.

Über das weitere Schicksal Widukinds gehen die Nachrichten auseinander. Nach einer Notiz in der späteren Lebensbeschreibung der sächsischen Königin Mathilde, der Gemahlin König Heinrichs I., die eine Nachfahrin Herzog Widukinds gewesen sein soll, scheint der letztere nach seiner Taufe wieder in seine sächsische Heimat entlassen worden zu sein. Dort soll er dann bei der Verbreitung des Christentums mitgeholfen und Gotteshäuser gegründet haben, so etwa in Enger, wo er auch begraben sein soll. Dieser Vorstellung ist man in der jüngeren Forschung entgegengetreten. Nach Ansicht von Gerd Althoff ist Widukind entsprechend der damaligen Herrschaftspraxis in das Bodenseekloster auf der Reichenau als Klosterhäftling eingewiesen worden, wo er bis 825 gelebt hat und damit nach dem Verständnis der Zeit für seine heidnischen Untaten auch ausreichend Buße leisten konnte. Weitergelebt hat Widukind vor allem in der Legende und im Mythos: als heidnischer Volksheld genauso wie als christlicher Heiliger. In einer Bearbeitung der *Vita Liudgeri* aus der Mitte des 9. Jahrhunderts kann man beispielsweise lesen, daß »der Sachse Widukind ... — wenn er auch Heide war — zu den größten Führergestalten zu rechnen ist.« In besonders verzerrender Weise ist dieses Bild dann in unserem Jahrhundert entstellt worden, als etwa Alfred Rosenberg in seinem »Mythus des 20. Jahrhunderts« Widukind als ein ewiges Symbol heldenhaften Widerstandes gegen die fremde Unterdrückung in der deutschen Geschichte feierte, als ein Beispiel für Mannestreue und Volksverbundenheit.

Auch in den Jahren nach 785 gab es nach einer kurzen Ruhepause immer wieder vereinzelten Aufruhr, vor allem bei den nördlichen Teilstämmen, auf die mit erneuten Kriegszügen geantwortet wurde und in die teilweise sogar die benachbarten Slawen einbezogen waren. Insgesamt aber verlagerten sich die Aktionen Karls von dem militärischen Felde auf die politische und gesellschaftliche Neuorganisation Sachsens sowie auf die Christianisierung Norddeutschlands. Das grausame Recht der *Capitulatio de partibus Saxoniae* von 782/85 wurde durch das mildere *Capitulare Saxonicum* von 797 ersetzt, die harten Strafbestimmungen wurden abgeschwächt, und für die anzusetzenden Geldbußen wurde die unterschiedliche Wirtschaftskraft der einzelnen sächsischen Landesteile berücksichtigt. Abgeschlossen wurde diese rechtliche Einbeziehung der Sachsen dann 802, als Karl das sächsische Stammesrecht, die *Lex Saxonum*, aufzeichnen und damit große Teile der alten sächsischen Rechts- und Ständeordnung für die Sachsen in ihren angestammten, aber auch in ihren zugewiesenen Gebieten gültig werden ließ. Umfassend eingegliedert wurden die Sachsen aber schließlich auch durch ihre Christianisierung, die nach ersten Ansätzen und vernichtenden Rückschlägen jetzt nach 785 zu einer neuen und zunehmend festeren Kirchenordnung und Bistumsorganisation führte. Mögen auch die Einzelheiten in der Entstehungsgeschichte der sächsischen Bistümer unter Karl d. Gr. aufgrund unscharfer Überlieferung und zahlreicher Urkundenfälschungen weitgehend im Dunkeln liegen, so enthält doch bereits ihre gesicherte Liste große Namen wie Münster, Paderborn, Osnabrück, Minden oder auch Bremen.

Will man nun diese hier in ihren Grundzügen geschilderte Sachsenpolitik Karls d. Gr. insgesamt beurteilen, dann mag man in der Nachfolge Voltaires oder seiner geistigen Nachfahren manches daran kritisieren und anderes vielleicht sogar verurteilen. Eines wird man am Ende allerdings nicht bestreiten können: Erst die durch Karl geschaffene Einbeziehung der Sachsen hat die für das Mittelalter zentrale germanisch-romanische Symbiose vollendet, und bekanntlich waren es 911 neben den Franken, Schwaben und Bayern die Sachsen, die das Deutsche Reich begründeten und schon bald dessen frühe Herrscher stellten. Als in den ersten Jahren des Hitlerregimes Karl d. Gr. nicht zuletzt wegen seiner Sachsenpolitik aus der deutschen Geschichte verdrängt werden sollte und acht deutsche Mediävisten diesem Angriff 1935 in einer mutigen Streitschrift über »Karl den Großen oder Charlemagne« begegneten, fand einer von ihnen, Martin Lintzel, zu Karls Sachsenkriegen eine Antwort, die verdient, hier wörtlich angeführt zu werden:

Wir wollen den tragischen Freiheitskampf des sächsischen Volkes und seines Herzogs achten und ehren, und wir haben auch Grund, manche von den Handlungen Karls zu bedauern. Aber wir dürfen darüber nicht vergessen, daß die Entstehung des Deutschen Reiches ihren Ausgang nicht von Widukind, sondern von Karl genommen hat.

Martin Lintzel ist es auch gewesen, der die ältere Diskussion um die historische Bedeutung von Karls Sachsenpolitik entscheidend bestimmt bzw. bei der Suche nach den Gründen für das karolingische Interesse an der Sachsenfrage überzeugende Antworten gefunden hatte. Dieses karolingische Interesse hatte für Lintzel viel zu tun mit den konkurrierenden Missionsbemühungen der angelsächsischen Missionare, die im Erfolgsfalle auch die hegemoniale Stellung in Westeuropa hätten verändern können. Mit anderen Worten: die Christianisierung der Sachsen und die karolingische Machtbereichserweiterung sind nach Ansicht Lintzels immer zusammen zu sehen. Weiterhin ist Martin Lintzel auch der Frage nachgegangen, warum es nach den verschiedenen Vertragsschlüssen immer wieder zu sächsischen Aufständen gekommen ist. Der Grund dafür muß darin gesehen werden, daß offenbar die sächsischen Vertragspartner Karls nicht immer mit der großen Masse der Aufständischen identisch waren. Die Eingliederung der Sachsen in das Frankenreich wird man demnach als die Durchsetzung einer Machtposition Karls d. Gr. und des mit ihm verbündeten sächsischen Adels zu betrachten haben. Dies hat in jüngerer Zeit Hans Dietrich Kahl erneut betont und von einer wechselseitigen Eskalation gesprochen, die zum einen in der wohl ungenügenden Vorbereitung der Sachsen auf das Christentum begründet ist sowie zum anderen in dem teilweise harten Vorgehen Karls d. Gr. gegen die aufständischen Sachsen, die von Christentum abzufallen drohten und damit als Apostaten, d.h. Religionsfrevler zu gelten und deswegen mit drakonischen Strafen zu rechnen hatten.

Wie bereits angedeutet, war in den 80er Jahren des 8. Jahrhunderts neben der sächsischen Frage auch die bayerische offen. Dort, im Südosten des Reiches, herrschte seit 757 Tassilo III. als selbständiger Herzog, der sich durch Treueid Karls Vater Pippin verpflichtet, dann aber 763 diesem bei dessen aquitanischem Feldzug die militärische Unterstützung verweigert hatte. Trotz dieser Heerflucht hatte Karl zu Beginn seiner Herrschaft auf Betreiben seiner Mutter Bertrada hin jenem Tassilo eine weitgehende politische Autonomie nach innen wie nach außen zugebilligt, die dieser auch zu den verschwägerten Langobarden genauso zu nutzen wußte wie zum Papst nach Rom oder auch zu den benachbarten Karantanen. Eigenständigkeit bewies er zudem in eigenen Kapitularien und Stammessynoden. 781 hatte sich Karl dann Tassilos Treueid noch einmal erneuern und 787 zu einem Vasalleneid bzw. zu einer Lehnsübergabe Bayerns ausweiten lassen. Aber auch diese vasallitische Bindung schien dem Frankenkönig noch nicht zu genügen. Denn auf einem Hoftag in Ingelheim 788 ließ er den bayerischen Herzog vor Gericht stellen und vor allem wegen der Heerflucht von 763 — die jetzt als lehnrechtliche Verletzung des gerade erst Vasall gewordenen Tassilo gewertet wurde — verurteilen. Das Urteil in diesem politischen Prozeß lautete auf Todesstrafe und wurde von Karl in einem persönlichen Gnadenakt zu einer lebenslangen Klosterhaft abgemildert. Alle Güter und Rechte des Herzogs wurden fiskalisiert, das Stammesgebiet unter einem Militärpräfekten zusammengefaßt und Gerold, dem Schwager Karls, als erstem Präfekten übergeben. Damit war das letzte Stammesherzogtum älterer Art aufgelöst und das Ende der bayerischen Agilolfinger gegeben. Karl selbst ergriff von seinem neuen Reichsteil Besitz, indem er sich von 791 bis 793 für mehr als zwei Jahre in der ehemaligen Herzogsstadt Regensburg, die jetzt zur Königspfalz wurde, aufhielt — länger als an einem anderen Platz seiner bisherigen Herrschaft. Das mag mit den feindlichen Awaren zusammenhängen, die jetzt im Donauraum seine unmittelbaren Gegner geworden waren und mancherlei Gegenmaßnahmen — so vielleicht auch Karls Kanalplan zwischen Donau und Main, die *Fossa Carolina* — erforderten. Aber auch die innere Verwaltung des Landes verlangte seine ordnende Hand, nicht zuletzt wegen der rechtlichen (vgl. bayer. Stammesrecht) und später auch kirchlichen (vgl. Metropolitanverfassung 798) Eigenständigkeit, die Bayern nach wie vor behielt und die sich unter den Enkeln und Urenkeln Karls auch wieder politisch manifestieren sollte.

Im Zenit der Herrschaft

Wenn man bei einem Rückblick die mehr »außenpolitischen« Maßnahmen Karls d. Gr. Revue passieren läßt und sich die Stationen dieser gewaltigen Expansion des Frankenreiches vor Augen führt — also die Regelung der Verhältnisse in Italien und Spanien, weiter die Unterwerfung der Sachsen und schließlich den Sturz Tassilos nochmals ins Gedächtnis ruft —, dann scheint Karls augenfällige Leistung dieser Jahre darin bestanden zu haben, fast den ganzen Westen des europäischen Kontinents mit Ausnahme Englands, Siziliens und der iberischen Halbinsel unter seine Hoheit gebracht zu haben. Diese stark »imperialistische« Perspektive übersieht allerdings Karls Aktivitäten im Innern seines Reiches, wo er nicht nur die Gerichtsverfassung verbesserte (vgl. Schöffengericht), sondern vor allem kirchliche Reformen in Gang setzte. Das diesbezüglich wichtigste Zeugnis ist die *Admonitio generalis* von 789, also jenes bekannte königliche Mahn- und Sendschreiben, das Karl nach Beratung mit den Bischöfen durch Sendboten verbreiten ließ. Nach dieser allgemeinen Weisung wollte Karl, wie es heißt, »das Fehlerhafte verbessern, das Unnütze beseitigen und das Richtige bekräftigen« und im Sinne dieses Zieles die kirchliche Ordnung jenem Kirchenrecht anpassen, das ihm Papst Hadrian I. in Form einer bedeutenden Kanonessammlung (Coll. Dionysio-Hadriana) 774 hatte zukommen lassen (vgl. cc. 1-59 der *Admonitio generalis*). Auch durch praktische Vorschläge wollte er dieses Ziel zu erreichen suchen, wenn er etwa forderte, daß die geistlichen und weltlichen Gewalten einträchtig zusammenwirken sollen (c. 62) oder an den Bischofskirchen und in den Abteien Schulen errichtet und mit Sorgfalt biblische und liturgische Texte kopiert bzw. emendiert werden sollen (c. 72). Karls kirchlicher Erneuerungswille scheint demnach vor allem auf eine vereinheitlichende und nach Rom hin orientierte Kirchenordnung ausgerichtet gewesen zu sein. Zu diesem Zweck hatte er sich bereits um 785/86 die römischen Formen der Liturgie, genauer die Meßtexte des gregorianischen Sakramentars, übersenden lassen; aus dieser Absicht heraus ließ er dann 787 in Monte Cassino den authentischen Text der benediktinischen Klosterregel abschreiben, und mit diesem Ziele hat er vielleicht auch später (791) die Korrespondenz der Päpste mit den Karolingern, den *Codex Carolinus*, zusammentragen lassen.

Über diese Linie einer bereits durch Bonifatius begründeten und jetzt durch Karl intensivierten Romverbundenheit der fränkischen Kirche gehen Karls kirchliche Reformbemühungen aber noch entscheidend hinaus, indem sie in ihrer Sorge um Schrift und Sprache die karolingische Minuskel und damit die Grundlage unserer heutigen Schrift geschaffen sowie über eine an den Kirchenvätern orientierte Latinität zur literarischen Hochsprache des Mittelalters geführt haben. Wie groß der persönliche Anteil Karls an all diesen Reformen gewesen ist, läßt sich heute nicht mehr genau ausmachen. Daß er aber über die bloße Weisung und den allein anordnenden Anstoß hinausging, belegen verschiedene Hinweise. Einmal die Bemerkung Einhards, daß Karl zu lesen und sich lateinisch wie fränkisch auszudrücken verstand, ja sogar etwas Griechisch konnte (*Vita Karoli* c. 25). Auch daß Karl sich mit seinen Beratern und gelehrten Freunden literarisch (vgl. Davidanrede) und theologisch auszutauschen pflegte, spricht für eine aktive und mitgestaltende Anteilnahme. Der hier deutlichste Beleg findet sich in den Randnotizen der fränkisch-theologischen Stellungnahme (791) zum VII. Ökumenischen Konzil von Nikäa 787 bzw. zu dem dort debattierten Bilderstreit: nach Ansicht der Forschung gehen diese Randnotizen auf persönliche Äußerungen Karls zurück und dokumentieren damit sein sachkundiges Interesse. Andererseits aber wäre das gewaltige Werk der karlischen Bildungsreform, die sich neben den bereits genannten Inhalten auch um eine breite Überlieferung der lateinischen (der heidnischen und der christlichen) Klassiker bemühte, niemals ohne die entscheidende Mithilfe zahlreicher Lehrmeister und Mitstreiter aus Literatur und Wissenschaft gelungen, die wir im übrigen — ganz im Gegensatz zu Karls politischen oder auch militärischen Mithelfern — recht gut kennen. Im einzelnen sind dies etwa die italischen Grammatiker Petrus von Pisa und Paulinus von Aquileja, der langobardische Geschichtsschreiber Paulus Diaconus, der westgotische Theologe Theodulf und vor allem der angelsächsische Universalgelehrte Alkuin, Leiter der damals im christlichen Europa berühmten Kathedralschule von York. Karl hatte diesen Yorker Lehrmeister 781 in Parma während seiner zweiten Italienfahrt kennengelernt und von dort an seinen Hof berufen. Alkuin wurde der führende Vertreter seiner Hofschule, ja nach einem Wort von Paul Lehmann der ›Kultusminister‹ des Frankenreiches. Er verfaßte eine Schrift über die Orthographie sowie mehrere Arbeiten zu den Schulfächern der Grammatik, Rhetorik, Dialektik und Astronomie. Er war es, der das Latein der Kirchenväter, insbesondere Papst Gregors d. Gr., zum Vorbild machte und der in der Hofschule sowie später auch in Tours, wo er 796 Abt des angesehenen Klosters St. Martin wurde, an der Entwicklung der karolingischen Minuskel mitwirkte und die Revision des Bibeltextes (vgl. Alkuinbibel) auf den Weg brachte. Das Programm der karlischen Bildungsreform, wie es uns in der *Admonitio generalis* von 789 greifbar wird, dürfte demnach zu großen Teilen auf diesen offenkundig einflußreichsten Berater des Königs in allen kirchlichen und pädagogischen Fragen zurückgehen. Mit Alkuin und den anderen Hofgelehrten, die aus Italien, Spanien, Irland und England kamen, ist allerdings der fränkische Anteil an dieser frühen Erneuerung des geistigen Lebens deutlich unterrepräsentiert. Denn von den Franken sind hier eigentlich nur der Dichter Angilbert oder auch Karls späterer Biograph Einhard zu nennen, der zwar Nachfolger Alkuins in der Leitung der Hofschule wurde bzw. die Bauten in der Aachener Pfalz zu beaufsichtigen hatte, aber mit seinen literarischen Arbeiten schon mehr der Zeit nach Karls Tod zuzurechnen ist.

Zum Zenit der Herrschaft Karls d. Gr. gehört auch seine kirchenpolitische Aktion von 794. In Byzanz hatte Kaiserin Irene 787 auf dem von päpstlichen Legaten geleiteten Konzil von Nikäa dem langen theologischen Streit um die religiöse Verehrung der Bilder ein Ende gesetzt und verkünden lassen, daß diesen Bildern zwar keine Anbetung (*latreia*), wohl aber eine Verehrung (*proskynesis*) entgegengebracht werden dürfe. Die fränkische Reichskirche war an dieser Entscheidung nicht beteiligt worden. Sie fühlte sich übergangen und reagierte zunächst in einer gereizten und abweisenden Streitschrift, den *Libri Carolini*, deren Verfasserschaft heute in der Regel Theodulf, dem späteren Bischof von Orleans zugeschrieben wird. In dieser karolingischen Antwort werden nicht nur das Kaisertum Irenes verspottet, der ökumenische Rang von Nikäa bezweifelt und die Bilderverehrung generell in Frage gestellt, sondern vor allem die den Karolingern verbundene römische Kirche und deren Glaubensprimat besonders hervorgehoben. Diese eindeutige Hinwendung zum Papsttum mußte aber dessen Amtsinhaber in große Verlegenheit bringen, hatten doch seine Legaten in Nikäa mitgewirkt und Papst und Kaiserin dort in der Tradition der spätantiken Reichskirche zusammengearbeitet. Hadrian I. aber wußte nur zu gut, daß sein politisches und damit auch kirchliches Schicksal nicht von Byzanz aus, sondern allein durch die Karolinger zu sichern war. Er hat deswegen versucht, einen Mittelweg zwischen dem seit der Spätantike tradierten Primatsverständnis und seiner realpolitischen Lage in Italien zu finden. Dies ist ihm gelungen, ohne daß er die Konzilsbeschlüsse von Nikäa widerrufen oder gar unter der Leitung des Frankenkönigs ein Ökumenisches Konzil des lateinischen Westens einberufen mußte. Nicht verhindern konnte er dagegen eine fränkische Reichssynode, die 794 in Frankfurt stattfand und die neben anderen theologischen Fragen (vgl. den Adoptianismus des Bischofs Felix v. Urgel und den Streit um das *filioque*) vor allem das Bilderproblem behandelte. Die hier gefundene Lösung, jegliche Adoration zu verurteilen, konnte der Papst allerdings umso eher bejahen, als sich dieses Verbot — zumindest in seiner sprachlichen Fassung (vgl. die Äquivalenzprobleme der griechischen und lateinischen Theologensprache) — durchaus mit den Beschlüssen von Nikäa vereinbaren ließ. Als politisches Fazit ist jedoch festzuhalten, daß Karl d. Gr. mit der Frankfurter Synode seine staatskirchliche Rolle unterstreichen konnte und daß es für den Papst auf längere Sicht wohl nicht mehr möglich war, den Primat Petri im Osten wie im Westen gleichzeitig wahrzunehmen.

Neben der Kirchenpolitik hatte sich Karl im letzten Jahrzehnt des 8. Jahrhunderts insbesondere auch der Wirtschaft seines Reiches zu widmen. Die große Hungersnot von 792 hatte zahlreiche Mißstände der königlichen Domänen deutlich werden lassen und ernsthafte Versorgungsrisiken für den umherreisenden Königshof wie für das Heer aufgewiesen. Um solchen materiellen Gefahren in Zukunft besser begegnen zu können, hat Karl um 795 das *Capitulare de villis* erlassen, sein in der älteren Forschung am meisten diskutiertes Reichsgesetz, das sowohl in seiner Entstehung wie Geltung, aber auch bezüglich des Alters und der Herkunft seiner Überlieferung umstritten ist. Hatte früher vor allem Alfred Dopsch (vgl. dessen »Wirtschaftsentwicklung der Karolingerzeit« 1912/13) angenommen, daß Ludwig d. Fr. als Unterkönig von Aquitanien das *Capitulare de villis* ca. 795 erlassen habe, um Mißstände in der dortigen Verwaltung der königlichen Tafelgüter zu beheben, und daß das heutige handschriftliche Unikat des Textes von einem Reichenauer Mönch zu Beginn des 9. Jahrhunderts in Aachen erstellt worden sei, so ist man heute weitgehend der Auffassung, daß Karl d. Gr. selbst dieses Wirtschaftsgesetz für alle Krongüter seines Reiches (mit Ausnahme Italiens) verkündet hat und daß die heutige Helmstedter Handschrift wohl erst um die Mitte des 9. Jahrhunderts in Fulda oder in den Rheinlanden entstanden ist. Trifft dies zu, dann hatte man auf den königlichen Domänen des Frankenreiches in Zukunft folgende Bestimmungen zu beachten: das Personal mußte besser geschützt, dessen Aufsicht wirksamer geregelt, die Ausstattung mit Tieren, insbesondere mit Pferden und Hunden, ausreichender gewährleistet, aber vor allem auch die Lieferungen an den Königshof bzw. die entsprechenden Abrechnungen mußten korrekter durchgeführt werden. Karl wollte demnach den Unterhalt des Hofes und des Heeres sicherstellen, und dies war nach Lage der Dinge nur mit Hilfe von Krongütern möglich, die ertragreich wirtschafteten und ordnungsgemäß arbeiteten. Folgt man darüber hinaus einer jüngeren These zur Entstehung des *Capitulare de villis*, dann könnte sich Karl mit seinen agrarwirtschaftlichen Vorschriften insbesondere auf das Rheinland im Köln-Aachener Raum bezogen haben. Für Aachen würde dies bedeuten, daß vielleicht vor allem jener Krongutbezirk gemeint war, der nach den Forschungen der letzten Jahre (vgl. D. Flach 1976) durch die Aachen benachbarten Königshöfe (vgl. Gemmenich, Walhorn, Konzen (?) und Eschweiler, aber auch Kornelimünster, Gressenich und Eilendorf) grob von außen abgegrenzt sowie in einem zentralen Wirtschaftshof nahe der engeren Pfalz und in verschiedenen Nebenhöfen (vgl. Seffent, Richterich, Laurensberg, Orsbach, Vaals (?), Würselen (?), Haaren und Weiden) deutlich gefaßt werden kann.

Zum Kaisertum Karls d. Gr.

Als Höhepunkt der Herrschaft Karls d. Gr. ist sein Kaisertum vom Jahre 800 zu sehen. Die Herausbildung des fränkischen Großreiches, seine weithin sichtbare Vormachtstellung, die aus den frühmittelalterlichen Stammesreichen erwachsene neue politische und kulturelle Einheit, diese beispiellose Ausdehnung der karlischen Macht, hatte Karls Reich am Ende des 8. Jahrhunderts gleichrangig neben die beiden anderen Weltmächte treten lassen: neben das östliche Kaisertum in Byzanz, wo die griechische Kaiserin Irene seit dem Sturz ihres Sohnes 797 allein die Regierung führte und wo man durch eine Gesandtschaft 798 den erneuten Ausgleich mit Karl suchte, aber auch neben die abassidische Kalifenherrschaft in Bagdad, mit deren Kalifen Harun-al-Raschid Karl 797 ebenfalls Gesandtschaften tauschte. Dieser Weltstellung des fränkischen Großkönigs, der über Gallien, Germanien und Italien gebot (vgl. *Libri Carolini*), entsprach es, wenn ihm in den eigenen Reihen die Herrschaft über ein *imperium christianum* zugesprochen wurde, wie es Alkuin tat, und wenn in diesem christlichen Reich — nach einer bekannten Formulierung Karls von 796 — dem Papst die Heilsvermittlung in Gebet, Liturgie und im sakramentalen Vollzug zustehen sollte, dem König dagegen neben dem äußeren Schutz der Kirche auch die umfassende Sorge für Glauben und Sitte.

Um dieser neuen Weltordnung in einer auch förmlichen Kaiserwürde einen sichtbaren Ausdruck zu verleihen, bedurfte es lediglich eines äußeren, hier eines stadtrömischen Anstoßes, der dann jene Ereignisse auslöste, die am Weihnachtstage 800 in der römischen Peterskirche zur Kaiserkrönung Karls führten. In Rom war nach dem Tode Papst Hadrians I. 795 ein Außenseiter zum Pontifikat gekommen: der wahrscheinlich nichtadlige und aus dem Vestiarium des Lateran — d.h. aus der päpstlichen Güterverwaltung — hervorgegangene Leo III., der bereits von dieser Herkunft und Laufbahn her in einen Gegensatz geraten mußte zu den stadtrömischen und innerkurialen Adelsvertretern, die die einflußreichen Ämter in der päpstlichen Kurie und vor allem in der dortigen Finanzverwaltung innehatten. Die Führer dieser Opposition gegen Leo III. sind uns bekannt: beispielsweise Campulus, der Schatzmeister im Lateran (*sacellarius*) oder Paschalis, der Vorsteher der päpstlichen Kanzlei (*primicerius notariorum*). Ob diese aristokratische und kuriale Opposition auch eine politische Verbindung nach Byzanz besaß, wird heute eher bezweifelt. Was immer diese Gegner dem neuen Papst vorzuwerfen hatten — die fränkischen Quellen sprechen von Meineid und moralischen Vergehen — am 25. April 799 kam es in der Nähe des Griechenklosters San Silvestro in Capite zu einem Attentatsversuch auf Leo III., bei dem man ihn zu blenden und zu verstümmeln sowie nach dieser Form der Amtsentsetzung auch einzukerkern versuchte, ebenfalls in einem griechischen Kloster und dieses Mal auf dem Monte Celio in San Erasmo. Aus dieser Haft konnte sich der Papst allerdings mit Hilfe seines Kämmerers Albinus befreien und über Spoleto ins Frankenreich zu Karl gelangen, der sich zu dieser Zeit in Paderborn aufhielt. Hierhin kamen im Sommer 799 aber auch die römischen Gegner Leos III., die den Papst offenbar mit Hilfe des Frankenkönigs zum Selbstverzicht bewegen wollten. Eine solche päpstliche Autodeposition lehnte aber vor allem Alkuin ab, für den nach kirchenrechtlicher Tradition der römische Bischof von niemandem gerichtet werden durfte. Trotz Alkuins grundsätzlicher Bedenken entschloß sich Karl jedoch zu einer näheren Untersuchung des päpstlichen Streitfalles. Eine Kommission unter Leitung der Erzbischöfe Hildebald von Köln und Arn von Salzburg, die den Papst im Spätherbst 799 nach Rom geleiteten, begann hier im römischen Lateran, genauer in dessen wichtigstem Repräsentationssaal (Triclinium), ein Informativverfahren, an dessen Ende die Papstgegner Leos III. verurteilt und ins Frankenreich abgeführt wurden.

Aber auch nach dieser römischen Untersuchung kam die Sache nicht zur Ruhe, so daß sich Karl ein Jahr später im August 800 entschloß, selbst nach Rom zu ziehen und dort unter seinem Vorsitz auf einer Synodalversammlung Anfang Dezember in der Peterskirche die Vorwürfe gegen den Papst behandeln zu lassen. Über diese vieldiskutierten Dezemberereignisse des Jahres 800 sind uns vor allem drei zeitgenössische Quellen erhalten, die den Hergang des Geschehens gut rekonstruieren, die genauen Absichten und leitenden Ideen der Hauptbeteiligten allerdings nur mit Schwierigkeiten erfassen lassen. Es sind dies: die papstfreundliche *Vita Leonis III.* im *Liber Pontificalis*, dann die offiziösen Reichsannalen mit dem Standpunkt des Hofes und schließlich die Lorscher Annalen, die früher mit Erzbischof Richbod von Trier, vorher Abt von Lorsch und Freund wie Schüler Alkuins, in Zusammenhang gebracht wurden, heute aber aufgrund jüngerer paläographischer Befunde in dieser Provenienz nicht mehr als gesichert gelten können.

Nach dem Bericht der Reichsannalen war Karl in Rom durch den Papst am 12. Meilenstein in Mentana *(apud Nomentum)* empfangen worden. Eine solche Aufwartung pflegte der römische Bischof nur einem Kaiser zu machen. Ein Patrizius wurde wesentlich bescheidener in die Stadt geleitet, wie Karl es selbst 774 erlebt hatte, als ihn die Regionsrichter und später auch die Miliz sowie die Schuljugend vor der Stadt erwartet, der Papst ihn aber erst vor der Peterskirche empfangen hatte. Jetzt, Ende November 800, wurde Karl offenkundig als kaisergleicher Vertreter begrüßt und behandelt. Die Grenze zwischen dem bisherigen königlichen Patrizius und dem zukünftigen Kaiser schien nun — jedenfalls im Zeremoniell — überschritten zu werden.

Aber trotz aller zeremoniellen Feierlichkeit galt es, die Vorwürfe gegen Leo III. ernsthaft zu prüfen. Dies war schon in der Frage des Vorgehens ein schwieriges Unterfangen, da sich die Gegner und Befürworter eines förmlichen Verfahrens gegen den Papst unversöhnlich gegenüberstanden. Die Prozeßgegner beriefen sich nach Aussage des *Liber Pontificalis* auf die für sie von alters her tradierte Nichtjudizierbarkeit des römischen Bischofs und waren lediglich zu einem Reinigungsverfahren bereit, in dem sich Leo III. nach Art seiner Vorgänger von den falschen Vorwürfen freischwören sollte. Die Befürworter eines Papstprozesses strebten dagegen — so die Lorscher Annalen — eine förmliche und ausdrückliche Verurteilung des Papstes an, die sie jedoch nicht erreichen konnten, da Karl — wie es heißt — erkannte, daß nicht wirkliche Rechtsgründe, sondern mißgünstige Absichten ihr Handeln bestimmten. Da nach dem Text der Reichsannalen aber »niemand als Erhärter der Anklagen auftreten wollte«, kam die römische Synode in ihren wochenlangen Beratungen über eine außerprozessuale Untersuchung nicht hinaus und konnte am Ende ihre Verhandlungen lediglich durch einen Reinigungseid beenden, den Leo III. am 23.12.800 auf dem Ambo der Peterskirche ablegte und dessen

Text uns in inhaltlich unterschiedlichen Fassungen erhalten ist, was wiederum zeigt, wie schwierig offenbar die rechtliche Immunität des Papstes und die konkrete Anklagesituation gegen Leo III. in Übereinstimmung zu bringen waren.

Folgt man den Lorscher Annalen, dann ist es dieses römische Konzil gewesen, das nach dem Ende des Papstverfahrens beschloß, »Karl, den König der Franken, Kaiser zu nennen«. Daraufhin habe dieser — so der Lorscher Bericht — in aller Demut vor Gott und auf Bitten des Klerus und des ganzen christlichen Volkes am Tage der Geburt des Herrn Jesus Christus mit der Weihe des Papstes den Kaisernamen angenommen. Die Lorscher Annalen deuten ebenfalls die Motive für diesen Beschluß an: in Konstantinopel sei das *nomen imperatoris* durch das Weiberkaisertum Irenes als vakant anzusehen und deswegen auf jenen Herrscher zu übertragen, der Rom und die übrigen Kaisersitze in Italien, Gallien und Germanien innehabe, also nach der heute gängigen Deutung Mailand, Ravenna, Arles und Trier besitze. Ob es sich bei diesen Motivüberlegungen der Lorscher Annalen — die im übrigen in keiner anderen Quelle eine Bestätigung oder Ergänzung finden und zudem bezüglich der angeblich germanischen Kaisersitze, die es bekanntlich nicht gegeben hat, Deutungsschwierigkeiten bereiten — um ein Räsonnement des fränkischen Hofes oder um eine persönliche Einschätzung des unbekannten Annalisten handelt, wird man bei der angedeuteten Herkunftsunsicherheit der *Annales Laureshamenses* nur schwer ausmachen können; der jüngeren Forschung jedenfalls gilt die Lorscher Argumentation als glaubwürdig und unverdächtig.

Zwei Tage nach der Aufforderung durch die römisch-fränkische Synode kam es dann während der Weihnachtsmesse in St. Peter zur Kaiserkrönung. Der Papst setzte dem Frankenkönig die Krone auf, das römische Volk akklamierte dem neuen Kaiser der Römer (*imperator Romanorum*) und der römische Bischof erwies dem neuen Herrn nach den Lobrufen *more antiquorum principum* die Proskynese — so berichten es die Reichsannalen. Was sie mit diesen wenigen Bemerkungen andeuteten, betraf inhaltlich die Ausrufung eines uneingeschränkten römischen Kaisertums und damit die endgültige politische Emanzipation des lateinischen Westens von Byzanz. Dieses westliche Kaisertum hatte zudem eine neue rechtliche Grundlage erhalten, indem nämlich gegenüber der byzantinischen Vorlage die Krönung in ihrem zeitlichen Ablauf wie offenbar auch in ihrem inhaltlichen Gewicht der Akklamation vorgezogen und diese ihrerseits mit der Tradition der fränkischen Königslaudes verbunden worden war. Papst Leo III. schien der eigentliche »Kaisermacher« zu sein, wenn er auch in der Proskynese seine Unterordnung deutlich bekundete — eine Geste der Unterwürfigkeit in Form eines Kniefalls oder einer tiefen Verbeugung, die der *Liber Pontificalis* allerdings schweigend überging und die auch später bei den päpstlichen Kaisererhebungen nie wiederholt wurde. Mit dieser Krönungs- und Erhebungszeremonie hängt wohl auch Einhards bekanntes Wort vom anfänglichen Widerwillen Karls gegen das *nomen imperatoris* zusammen. Karl hätte — so Einhard — an diesem Tage, obgleich es ein hohes Fest war, die Kirche nicht betreten, wenn er von des Papstes Absicht vorher gewußt hätte. Mißfiel dem neuen Kaiser die übereilte Vorgehensweise des Papstes oder die Abfolge der einzelnen Erhebungsakte oder die wie auch immer zu deutende Proskynese oder die bestimmende Rolle des römischen (und nicht etwa fränkischen) Reichsvolkes? Wir wissen es nicht. Sicherlich wird man den hier berichteten Unmut Karls über den Papst auch nicht einfach als literarischen Bescheidenheitstopos Einhards abtun dürfen. Ein »Kaiser wider Willen« ist Karl allerdings weder im literarischen noch im politischen Sinne gewesen.

Dies belegt auch Karls Kaisertitel. Während der *Liber Pontificalis* und die fränkischen Reichsannalen überliefern, daß Karl am Weihnachtstage zum *imperator Romanorum* gekrönt worden sei, hat der neue Kaiser selbst vom Frühjahr 801 bis zum Ende seiner Herrschaft in seinen Urkunden eine andere Formulierung gewählt: *Karolus (...) imperator Romanum gubernans imperium, qui et per misericordiam Dei rex Francorum atque Langobardorum*. Vor den fränkischen und langobardischen Königstitel ist eine Kaiserbezeichnung gesetzt, die die Stadtrömer als Reichsvolk offenkundig auszuschliessen suchte, andererseits aber die römische Wurzel dieses Kaisertums in Anlehnung an eine entsprechende spätantike Formel aus dem römisch-byzantinischen Italien durchaus herausstellen wollte.

Karls Kaisertitel, der die übergreifende Institution des römischen Reiches mit dem Personenverband der Franken und Langobarden verbinden sollte, mußte allerdings in Byzanz als Usurpation und Provokation aufgefaßt werden, weil in diesem Kaisertitel für byzantinische Ansprüche kein Platz mehr blieb. Karl beanspruchte nämlich in seinen Urkundenprotokollen wie in seinen Bullenumschriften *(Renovatio imperii Romani)* das *imperium Romanum* ohne jede Einschränkung. Man kann deshalb gut verstehen, daß in Byzanz Karls Kaiserkrönung nicht ernst genommen, ja lächerlich gemacht wurde, wenn beispielsweise in der einzig größeren erzählenden Geschichtsquelle dieser Zeit, in der Chronographie des Mönches Theophanes, Karls Kaiserkrönung in Anlehnung an die Letzte Ölung als eine Salbung von Kopf bis Fuß geschildert und von der im byzantinischen Zeremoniell konstitutiven Akklamation erst gar nicht gesprochen wird.

Ganz im Gegensatz zu dieser byzantinischen Einschätzung steht Karls eigene Auffassung vom Kaisertum. Er hatte durch Krönung und Akklamation das *nomen imperatoris* erhalten, was sicherlich mehr bedeutete als einen bloßen neuen Titel. Wie schon bei seinem Vater Pippin ein halbes Jahrhundert vorher durch die Königserhebung die Diastase von *nomen* und *potestas* aufgehoben und die rechte Ordnung wiederhergestellt worden war, so jetzt auch bei Karl selbst. Seine Herrschaft über Italien, Gallien und Germanien, über die kaiserlichen Sitze in Ravenna und Mailand, in Trier und Arles — so hatten es die Lorscher Annalen angedeutet — bedurfte eines entsprechenden *nomen*, um auch hier Namen und Sache in Übereinstimmung zu bringen. Die nächsten Jahre mußten allerdings beweisen, ob sich diese Übereinstimmung in ihrem rechtlichen Anspruch wie in ihrer politischen Realität auch wirklich durchhalten ließ und damit in Karls letzter Herrschaftsphase zum leitenden Gestaltungsprinzip werden konnte.

Die Zeit der Dekomposition

Zunächst schien dies so zu sein. Denn bereits wenige Tage nach Karls Kaiserkrönung sind die Papstattentäter von 799 als Majestätsverbrecher zum Tode verurteilt und auf Fürsprache des Papstes hin begnadigt worden. So berichten es jedenfalls die fränkischen Quellen, die von einem Hochverratsprozeß und einem römisch-rechtlich begründeten Vorgehen, vom *crimen laesae maiestatis* als der für Karl entscheidenden juristischen Grundlage sprechen. Für sie schien offenbar gerade das neue Kaisertum diese Rechtsgrundlage geschaffen zu haben. Ganz anders sah es aber die päpstliche Seite, die an einer römischrechtlich begründeten Gerichtshoheit des neuen Frankenkaisers nicht sonderlich interessiert gewesen sein dürfte, mochte sich eine solche im Augenblick auch im Kampf gegen die eigene Opposition als günstig erweisen. Nach einer jüngeren Deutung über den Zusammenhang von Karls Kaiserkrönung und Attentäterprozeß scheint nämlich nicht so sehr Leo III. der aktive Teil bei Karls Majestätsverfahren gewesen zu sein, sondern vielmehr der gerade erhobene Kaiser selbst, der auf diese Weise seine Hoheit über die Stadt Rom zu dokumentieren und wohl auch für die Zukunft aufrecht zu erhalten gedachte.

Das neu erworbene Kaiserrecht ist es dann augenscheinlich auch gewesen, das Karl eine weitere Rechtsmaßnahme ins Auge fassen ließ. Einhard erwähnt nämlich in seiner Karlsvita (*Vita Karoli* c. 29), daß Karl nach der Annahme des Kaisertitels, als er sah, wieviele Mängel den Gesetzen seines Volkes anhafteten, sich vorgenommen habe, Fehlendes zu ergänzen, Abweichendes in Übereinstimmung zu bringen und Verkehrtes wie Unbrauchbares zu verbessern, wenn er auch mit diesem Vorhaben nicht weit gekommen sei. Einhard stellt demnach einen Zusammenhang zwischen der Erlangung der Kaiserwürde und jener Revision der Stammesrechte her, die wir in der Tat für die Jahre 802/3 festmachen können, als Karl die weiter oben genannte *Lex Saxonum* und auch fränkisches wie thüringisches Recht schriftlich fixieren bzw. ältere Stammesrechte überarbeiten ließ.

Ganz im Sinne des neuen kaiserlichen Herrschaftsverständnisses hat Karl zur gleichen Zeit (802) auch angeordnet, daß von seinen Untertanen ein Treueid geleistet werden sollte, dessen Formel dem Treueschwur der Vasallen nachgebildet wurde. In Verbindung mit diesem Treueid wurde ein umfangreiches kirchliches und moralisches Programm verkündet: über die Lebensweise der Bischöfe und Äbte, über die Beachtung der klösterlichen Regeln, über Vestöße gegen die guten Sitten oder auch über die Mißbräuche der staatlichen Vertreter. Karl schien demnach in seiner Kaiserherrschaft die verschiedensten Elemente zusammenfügen zu wollen, vor allem aber römische und christliche. Vielleicht war ihm dabei insbesondere das Kaisertum der christlichen Spätantike ein Vorbild, auf das er sich in seinen Münzdarstellungen jetzt bezog und auf das er sich nun berief, als er dem Papst sein Reichsteilungsgesetz von 806, die *Divisio regnorum*, durch Einhard überbringen ließ und dabei einen Herrschertitel im urkundlichen Protokoll benutzte, der in der Forschung verschiedentlich sogar mit dem gefälschten *Constitutum Constantini* in Verbindung gebracht wurde.

Aber all diese Ausdrucksformen von Karls Kaisertum mußten so lange ohne durchschlagenden Erfolg bleiben, als das Verhältnis zu Byzanz nicht geklärt war. Die Lösung gerade dieser Frage zog sich jedoch lange hin. Da man offenbar eine militärische Auseinandersetzung vermeiden wollte, wählte man die verschiedensten diplomatischen Wege und Möglichkeiten: 801/2 zur Kaiserin Irene (Heiratsangebot?), 803 zum neuen Kaiser Nikephoros (Vertragsentwurf für ein legalisiertes Doppelkaisertum) und schließlich ab 810 mit Hilfe neuer Gesandtschaften, die dann im Sommer 812 den Erfolg brachten und im Auftrag Kaiser Michaels I. dem Frankenherrscher Karl als *Basileus* akklamierten. Mit dieser Anerkennung akzeptierte jetzt auch Byzanz ein westliches Kaisertum, das selbständig und dem eigenen gleichrangig war und das faktisch auch die Herrschaft über Rom besaß, wohingegen Karl den Byzantinern Venetien und Dalmatien überlassen mußte. Der Römertitel (*imperator Romano-*

rum), den Karl ohnehin gemieden hatte, wurde jetzt Teil des byzantinischen Kaisernamens.

Nach diesem Ausgleich mit Byzanz konnte Karl auch darüber befinden, wie es nach seinem Tode mit dem Kaisertum weitergehen sollte. Da seine beiden Söhne Pippin (810) und Karl (811) gestorben waren, konnte und mußte das Reich als Königtum wie auch als Kaisertum an seinen einzigen überlebenden Sohn Ludwig, den Unterkönig von Aquitanien, übergehen, dem Karl dann auch im September 813 mit Zustimmung der Großen des Reiches das *nomen imperatoris* übertrug und den er danach (11.9.) in der Aachener Marienkirche zum Mitkaiser krönte — ein Vorgang, der sich im Zeremoniell weit von dem päpstlich-römischen Zusammenhang des Jahres 800 gelöst hatte und der wohl eher einem byzantinischen Brauch entsprach.

Trotz dieser kaiserlichen Ausrichtung der letzten Herrschaftsphase Karls d. Gr. darf man den politischen Wert seines Kaisertums vor allem für die innere Struktur und Organisation des Reiches, aber auch für dessen Verteidigung nach außen nicht überschätzen. Bekannt ist das überzeugende Urteil von Francois Louis Ganshof über die Dekomposition des Reiches am Ende der Regierung Karls. Nach außen habe er das Reich ohne durchschlagenden Erfolg gegen verschiedene Gegner schützen müssen: gegen die Dänen im Norden, die die Küsten Frieslands und die Sachsen bedrohten, gegen die Slawen an der Elbe und in Böhmen, gegen die Bretonen sowie gegen die Langobarden im südlichen Benevent. Überall — so Ganshof — habe sich nicht mehr wie früher der Eindruck überragender Macht eingestellt, und im Innern habe es noch schlimmer ausgesehen. Die Mißbräuche in Staat und Kirche hätten zugenommen und dem Kriegsdienst hätten sich selbst die königlichen Vasallen zu entziehen gesucht. Man brauche nur in die Kapitularien dieser Jahre zu sehen, die immer wieder die gleichen Vorschriften gegen die öffentliche Unsicherheit und Fahrlässigkeit bzw. für eine bessere Administration wiederholen, um den bedauernswerten Zustand des Reiches zu erkennen. Hierhin gehört vielleicht auch die frühe Bemerkung Alkuins, der bereits 802 an Erzbischof Arn von Salzburg schrieb:

Über den guten Willen unseres Herrn und Kaisers bin ich mir sicher, daß er in dem ihm von Gott übertragenen Reich alles nach der Norm der Richtigkeit anzuordnen sucht, daß er aber mehr solche Mitarbeiter hat, die die Gerechtigkeit unterminieren, als daß sie sie unterstützen, mehr praedatores der Gerechtigkeit als deren praedicatores, mehr solche, die ihren eigenen Nutzen als den Gottes suchen.

Ähnlich urteilten später dann auch die Konzilsväter, als sie 813 an verschiedenen Orten — in Arles, Mainz, Chalons-sur-Saône und in Tours — die allgemeinen Mißbräuche im Reich beklagten. Im gleichen Jahr 813 mußte Karl sogar bei der dänischen Bedrohung im Nordosten des Reiches den Ungehorsam seiner eigenen Leute zugeben.

Wie ist nun diese Verschlechterung der Reichsherrschaft zu erklären? Sicherlich mit dem zunehmenden Alter des Kaisers und seiner geringeren Beweglichkeit. In seinen jüngeren Jahren hatte Karl durch ein vielfach wechselndes und breit angesetztes Itinerar manche Schwäche einer schlecht funktionierenden öffentlichen Verwaltung oder die verschiedenen Formen individueller und kollektiver Gewalt auffangen können. Jetzt vermochte der etwa 6ojährige Karl dies nicht mehr zu leisten, und es paßt gut in dieses Bild, daß der alternde Herrscher nach 806 seine Pfalz in Aachen kaum noch verlassen hat.

Eine solche Begründung zeigt aber auch an, wie weitgehend die Institutionen der fränkischen Monarchie auf die Person des

Herrschers und dessen Vertreter zugeschnitten waren. Am deutlichsten kann dies an den Königsboten, an den *missi dominici* aufgewiesen werden, die zwischen dem zentralen Herrscherhof und den regionalen Institutionen des Reiches — den Graf- und Hundertschaften, den Grenzmarken und Unterkönigtümern — die Verknüpfung herstellen sollten und die in Karls Kaiserjahren, genauer ab 802, in einem bestimmten Bezirk (dem *missaticum*) als Vertreter des Herrschers für die Rechtspflege und das Gerichtswesen, für die Verwaltung und die sonstigen staatlichen Hoheitsaufgaben kontrollierend tätig waren. Besonders an ihnen (den Königsboten) zeigt sich die abnehmende Organisation und Integration des Reiches. Wegen ihrer Käuflichkeit konnte Karl sie oft nicht mehr einsetzen, so berichten es jedenfalls die Lorscher Annalen für 802. Und ein Jahr später muß der Herrscher sie in einem Kapitular ausdrücklich an ihre Standfestigkeit und Klugheit erinnern. Die Vasallität, die Karl für das Funktionieren der öffentlichen Autorität aufgebaut hatte, begann ihre Bindungskraft zu verlieren. Als er am Ende seiner Regierung darauf mit zentralisierenden Maßnahmen zu antworten begann, hat ihm dies mehr Konfusion als Effizienz eingebracht (vgl. als Beispiel das *Capitulare de iustitiis faciendis* von 811 über die Kompetenz der Pfalzgrafen). Dies müssen auch manche Zeitgenossen Karls so gesehen haben; als nämlich Einhard seine *Vita Karoli* schrieb, hat er darin nur ein einziges Kapitel der Reichsverwaltung gewidmet. Einhard — so hat es Francois Louis Ganshof gesagt — muß wohl den Kontrast gespürt haben, der sich hier auftat zwischen der karlischen und der augustäischen Administration, die er (Einhard) bei seinem Vorbild Sueton nachlesen konnte.

Man darf in diesem Punkt allerdings nicht unhistorisch urteilen. Daß die Verwaltung des frühmittelalterlichen Reiches aufgrund des personalen Bandes der Vasallität Unwägbarkeiten in sich barg bzw. daß eine einheitliche Amtsverfassung immer wieder auch durch individuelle Privilegien insbesondere an kirchliche Personen und Institutionen vielfach durchbrochen wurde, gehört gewissermaßen zu den strukturellen Schwächen auch der karlischen Herrschaft und sollte deswegen nicht so sehr Karl als Person angelastet werden. Auch darf abschließend nicht vergessen werden, daß sich einige Kennzeichen von Karls Reichsherrschaft dauerhaft durchgesetzt haben, so vor allem seine Reformen des Gerichtswesens (vgl. die *scabini*, die *placita generalia*, das Rügeverfahren und der Inquisitionsbeweis) mit ihrer nachhaltigen Wirkung auf die gerichtliche Praxis des Mittelalters wie der Neuzeit.

Zu Tod und Grablegung

Am 28. Januar 814 ist Karl d. Gr. im Alter von fast 66 Jahren in Aachen gestorben und noch am gleichen Tag in der von ihm bei seiner Pfalz errichteten Marienkirche beigesetzt worden. Einhard berichtet uns (*Vita Karoli* c. 31), daß man anfangs uneinig war, wo man ihn beisetzen sollte, da er selbst zu seinen Lebzeiten nichts darüber bestimmt habe; schließlich jedoch seien alle der Auffassung gewesen, daß er nirgendwo eine würdigere Grabstätte hätte finden können als in jener Basilika, die er aus Liebe zu Gott und zu unserem Herrn Jesus und zu Ehren der heiligen und ewigen Jungfrau Maria mit eigenem Aufwand an eben diesem Ort erbaut hatte. Wo aber Karl dort genau sein Grab gefunden hat, ist bis heute strittig. Nach allen uns verfügbaren Nachrichten dürfte dieses Karlsgrab nicht im engeren Innenraum der Marienkirche, sondern an deren Schwelle, im vorgelagerten Atrium, zu suchen sein, wo spätestens seit 936 auch ein (wenn nicht gar der heute noch erhaltene) Karlsthron Aufnahme gefunden hat.

In dieser Aachener Marienkirche ist auch die geschichtliche Erinnerung an ihren Gründer am stärksten erhalten geblieben. Hier waren nicht nur die Kanoniker des gleichnamigen Stiftes gehalten, für Karls Seelenheil zu beten, hier haben sich aus Reverenz vor dessen Thron und Grab auch mehr als 30 deutsche Könige des Mittelalters krönen lassen. Hier ließ sich Kaiser Otto III. aus Verehrung für Karl im Jahre 1002 beisetzen, und hier hat schließlich Kaiser Friedrich I. 1165 in demonstrativer Weise seinen fernen Vorgänger heiligsprechen lassen. Bei dieser Kanonisation sind dann auch Karls Gebeine feierlich erhoben und ein halbes Jahrhundert später in jenen kostbaren Schrein gelegt worden, dessen festliche Wiederaufstellung nach abgeschlossener Konservierung 1988 gefeiert wurde. Als dieser Schrein 1215 feierlich aufgestellt worden war, schrieb der Lütticher Mönch Reiner von St. Jakob:

Am Montag (dem 27. Juli 1215) ließ der König (Friedrich II.) nach festlicher Abhaltung der Messe den Leichnam des heiligen Karl, den sein Großvater Kaiser Friedrich aus der Erde erhoben hatte, in einen überaus prachtvollen Sarkophag bergen, den die Aachener aus Gold und Silber angefertigt hatten. Alsdann nahm er einen Hammer, legte seinen Mantel ab, bestieg mit dem Werkmeister ein Gerüst und verschloß vor aller Augen fest den Schrein, indem er gemeinsam mit dem Meister die Nägel einschlug.

In der Aachener Marienkirche lassen sich demnach bis heute die verschiedenen Aspekte der Gestalt Karls des Großen — sein Leben, sein Kult und sein Schrein — aufs beste miteinander verbinden, und es ist von daher gut zu erklären, daß sich an dieser *capella, quae Aquis est sita* — wie sie in einem Diplom Kaiser Lothars I. von 855 (DLo I, 136) genannt wird — auch die heutige französische Namensform Aachens (Aix-la-Chapelle) orientiert hat. Hier ist schließlich auch der Ort, wo man am besten die grundlegende Rolle Karls d. Gr. in der Geschichte und Kultur Europas verstehen kann.

Bedeutsame Aachener Bezüge

Zur Frage »Karl d. Gr. und Aachen«, zu seiner karolingischen Pfalz und Marienkirche ist in der Vergangenheit eine Vielzahl von Thesen und Theorien, von plausiblen und hypothetischen Vermutungen, von mancherlei Wahrscheinlichkeiten und Gewißheiten zusammengetragen worden, die es hier in den grundlegenden Punkten zusammenzufassen gilt.

Zunächst hat man festzuhalten, daß das fränkische Königtum der karolingischen Epoche ein itinerantes Herrschertum ohne eigentliche Hauptstadt im heutigen Sinne war. Trotzdem besaßen die Karolinger wie schon die Merowinger (vgl. Chlodwig u. Paris) einzelne Pfalzen (*palatia*) als Residenzen, die sich im Herzen der großen königlichen Domänen befanden. Nach einer Mitteilung Einhards war Aachen wegen seiner warmen Thermen als eine solche Pfalz und Residenz von Karl d. Gr. ausgewählt worden — als eine *curia regalis*, als ein königlicher Hof, den Karl d. Gr. seit 794/95 als ständige Winterresidenz wählte und wo er sich zwischen 807 und 814, also bis zu seinem Tod, fast ununterbrochen aufhielt.

Als faktische Residenz mit ihren Reichsversammlungen und Synoden, mit ihrer Hofschule und Zentralverwaltung in Justiz und Politik (vgl. die Pfalzgerichtsbarkeit, die Institution der *missi dominici*, die Kapitulariengesetzgebung), mit ihrem vielfältigen politischen und kulturellen Leben wurde Aachen unter Karl d. Gr. zu einer Art Hauptstadt Europas: nicht im Sinne einer modernen Kapitale, sondern im mittelalterlichen Verständnis als *prima sedes Franciae* (Nithard). Von hier aus wurde das frühmittelalterliche Europa entscheidend geformt: als eine lateinisch-westliche Wirklichkeit, als ein agrarisches und christliches Zeitalter, als eine Wiederbelebung des lateinischen Schrifttums, als ein belegbarer Beginn unserer Muttersprachen, der *lingua Romana rustica* genauso wie der germanisch-fränkischen Sprache, der *lingua theodisca*. Der hier geschaffene lateinische Westen blieb weitgehend Grundlage und Rahmen für die spätere Entwicklung der europäischen Welt, für deren staatlich-politische Ausformungen in Nationen und Nationalstaaten genauso wie für deren geistig-kulturelle Ausrichtung eines spezifisch okzidentalen Welt- und Lebensverständnisses.

Es ist von daher verständlich, daß diese Pfalz hier in Aachen nicht nur die Topographie des Ortes bestimmte, sondern im 9. Jahrhundert für Aachen auch namensgebend wurde — für Aachen, das nicht nur *Aquis* oder *Aquisgranum*, sondern eben auch *Aquis palatium* genannt wurde, ja von den Zeitgenossen in Anlehnung an die Aeneis Vergils oder in Gedanken an Konstantinopel als das neue Rom (*Roma secunda*) bezeichnet wurde. Von dieser Pfalz Karls d. Gr. sind heute noch große Teile erkennbar und erhalten: der acht- bzw. sechzehneckige Zentralbau der Marienkirche, der Granusturm bis zu einer bestimmten Mauerhöhe, die Fundamente des heutigen Rathauses, das in seinen Ausmaßen mit dem Pfalzgebäude identisch sein dürfte. Vieles bleibt bei dieser historischen Nachzeichnung allerdings bloße Vermutung, in der genauen Topographie der Anlage genauso wie in ihrer präzisen Funktion.

Im Südteil dieses so bedeutsamen Aachener Pfalzenkomplexes befand sich die Marienkirche, deren Längsachse richtungsbestimmend für die anderen Pfalzbauten geworden war. Karl d. Gr. hatte diese Marienkirche auf dem Fundament eines vorkarolingischen Sakralbaus errichtet und 798 im Rohbau bereits fertiggestellt (vgl. Alkuinbrief v. 22.7.798 mit dem Hinweis auf die Aufstellung der Säulen, die keine statische Bedeutung mehr besaßen, sondern reine Schmuckelemente waren, so daß man von einem zu diesem Zeitpunkt fertigen Rohbau sprechen kann). Vielleicht hat Papst Leo III. diese wunderschöne Marienkirche im Winter 804/5 feierlich eingeweiht, wenn man einem annalistischen Bericht aus dem 14. Jahrhundert in den Annales Tielenses Glauben schenken darf, die allerdings mehr durch die Karlslegende des 12. Jahrhunderts als durch wirklich belegbare und gesicherte Daten bestimmt sein dürften. Mit anderen Worten: das Konzept und die Ausführung der Aachener Marienkirche müssen weit vor der Kaiserkrönung des Herrschers 800 entstanden sein und haben deshalb mit einer imperialen Symbolik wohl wenig zu tun, eher schon mit einer steingewordenen Theologie oder mehr noch mit dem gestalterischen Ausdruck einer triumphalen Epiphanie sowie mit einer Anlehnung an die stadtrömische Liturgie oder vielleicht auch mit einer biblischen Idee, die Alkuin ausspricht, wenn er über die Marienkirche meinte: *Jerusalem optatae patriae, ubi templum sapientissimi Salomonis arte deo construitur*.

Der Zentralbau dieser Marienkirche, das Oktogon, das in den Quellen als *capella* bezeichnet wird, hatte eine doppelte Funktion: als Pfarrkirche für alle Bewohner der königlichen Domäne (einschließlich der kleinen Dörfer Laurensberg und Würselen) mit dem Taufbecken und dem Pfarraltar, einem Erlöseraltar, der erstmals bei der Kaiserkrönung Ludwigs d. Fr. 813 erwähnt wird, im oberen Teil des Oktogons, wahrscheinlich im Osten des Hochmünsters, zum anderen als Stiftskirche im unteren Teil des Oktogons, für das Kanonikerkapitel gedacht und mit dem Hochaltar der Stiftskirche ausgestattet, der der Jungfrau Maria geweiht war und der als Kastenaltar die kostbaren Reliquien der Marienkirche enthielt, die heute im Marienschrein liegen. Gelegentlich ist von diesen verschiedenen Altären auf ein Doppelpatrozinium (Erlöser- u. Marienpatrozinium) geschlossen worden, was nach allen heutigen Überlegungen nicht zutreffen dürfte.

Schließlich ist der funktionale Bezug dieser Aachener Marienkirche zur Pfalzanlage insgesamt immer wieder diskutiert worden: Pfarr- und Stiftskirche oder Pfalzkapelle. Nach der älteren und lange Zeit vorherrschenden Forschung soll Karl seine Marienkirche als ständigen Sitz der Hofgeistlichkeit und als Aufbewahrungsort für den königlichen Reliquienschatz und das kostbare Meßgerät beim herrscherlichen Gottesdienst, für seine — wie man sagt — dingliche *capella* vorgesehen haben, und erst im Laufe des 9. Jahrhunderts sei dann diese Pfalzkapelle in ein Kanonikerstift umgewandelt und mit einem Eigen- und Sondervermögen ausgestattet worden. So konnte etwa Josef Flekkenstein schreiben, daß in der Aachener Marienkirche der Reliquienschatz des Königs, die Hofkapläne und die Pfalzkapelle einander zugeordnet gewesen seien und diese Zuordnung durch Karls Kirchenbau ihren symbolstarken Ausdruck erfahren habe. Demgegenüber hat Ludwig Falkenstein in einer minutiösen Studie von 1981 zeigen können, daß nicht erst die späteren Karolinger wie König Lothar II. oder dessen Vater Lothar I. die Aachener Marienkirche mit Reichsgut ausgestattet und damit dort ein kirchliches Sondervermögen gebildet hatten, sondern daß man die Versicherung Kaiser Karls d. Kahlen von 877 oder auch die Lothars I. von 855 durchaus ernstnehmen müßte, wonach sowohl Ludwig d. Fr. wie auch Karl d. Gr. der von ihm errichteten Marienkirche Einkünfte übertragen hatten, um dort einen dauernden Gottesdienst zu sichern. Eine solche Zuwendung sei nämlich für Ludwig d. Fr. im Aachener Totenbuch eindeutig zu belegen (vgl. die *villa* Traben an der Mosel) sowie für Karl d. Gr. aus seinen allgemeinen Bestimmungen über die Ausstattung königlicher Eigenkirchen mit Sondervermögen bzw. aus seinem bei Einhard überlieferten Testament (*Vita Karoli* c. 33) zu vermuten.

Damit läßt sich die Besitzgeschichte der Aachener Marienkirche bis auf ihren Erbauer zurückverfolgen. Karl dürfte es demnach gewesen sein, der mit dem Bau seiner Kirche gleichzeitig auch deren Eigenvermögen gesichert sowie an ihr wohl auch ein Kanonikerstift gegründet hat — ein *monasterium fabricatum*, wie es in der erwähnten Urkunde Lothars I. von 855 heißt. Dagegen sei es (so Falkenstein) zu einer festen Institutionalisierung der Hofkapelle — trotz Karls zunehmender und immer längerer Aufenthalte in Aachen — an der dortigen Marienkirche nicht gekommen. Diese habe vielmehr neben dem immerwährenden Gottesdienst durch die Kanoniker und deren Gebet für das Seelenheil des Herrschers zudem noch die Seelsorge der älteren Fiskalkirche und damit die kirchliche Betreuung für die königliche Pfalzsiedlung sowie die königliche Domäne wahrgenommen. Man kann demnach festhalten, daß Karls Aachener Marienkirche nach der heutigen Forschung bezüglich ihrer Funktion anders in die dortige Pfalz eingebunden werden muß, als dies früher geschehen ist: aus einer Pfalzkapelle ist eine Stiftskirche, aus einer ›Palastbasilika‹ für den Hofklerus eine Gebetstätte für das Heil des Herrschers und des Reiches, aus einem festen Aufbewahrungsort der dinglichen *capella* eine Fiskalkirche des königlichen Villikationsbezirkes in Aachen geworden. Mit einem Wort: die nach Einhard mit wunderbarer Kunst errichtete *basilica sanctae*

Dei genetricis (*Vita Karoli* c. 17) ist zwar topographisch in den engeren Pfalzbezirk einbezogen, aber ihrer rechtlichen Natur sowie kirchlichen Ausrichtung nach als ein durchaus eigenständiges Element zu betrachten, als eine Kirche bei — und nicht in — der Aachener Pfalz.

Weitgehende Folgerungen bezüglich dieser Pfalz hat man in der älteren Forschung auch für den dortigen Lateran gezogen. Ausgehend von vier zeitgenössischen Texten — von dem *Chronicon Moissiacense* zum Jahre 796 sowie drei Aachener Synodalprotokollen (816/17 u. 836), die in einer kurzen Notiz und mehr beiläufig von einem Aachener Lateran sprechen — hat man häufig entweder gemeint, Karl habe nach dem Vorbild des *Constitutum Constantini* seine ganze Pfalz mit diesem Namen belegt (vgl. W. Schlesinger 1968), oder man war der Auffassung, ein Einzelgebäude wie die bei Einhard (*Vita Karoli* c. 32) erwähnte *domus pontificis* sei mit diesem Lateran zu identifizieren, als eine Art päpstlicher Unterkunft, als ein Teil des neuen Roms, das Karl in Aachen habe errichten wollen (vgl. C. Erdmann). Der Laterannname wäre demnach als ein Zeugnis für ein politisches Programm zu werten, als ein Beleg für einen eigenständigen Aachener Kaisergedanken, den Karl bereits vor seiner römischen Kaiserkrönung am Weihnachtstage 800 mit dem Bau seiner Pfalz habe verdeutlichen wollen. Bei der Suche nach einer herrschaftlichen Konzeption, die sich hinter der Errichtung und Benennung des Aachener Laterans verbergen könnte, hat man auch entsprechende Vorbilder aufzuweisen vermocht. Denn zunächst seien es bestimmte äußere Ähnlichkeiten gewesen, die den Aachener Lateran mit dem gleichnamigen römischen Bischofssitz verbunden hätten. Wie in Rom die Reiterstatue des Marc Aurel, die römische Wölfin und das Erlöserpatrozinium den Sitz und die Kirche des Papstes ausgezeichnet hätten, so sei in Aachen eine entsprechende Übereinstimmung durch die Theoderichstatue, durch die römische Bärin (heute im Dom) und durch das gleichlautende Patrozinium der Marienkirche erreicht worden. Zudem hätten die zeitgenössischen Schriftsteller — allen voran der unbekannte Verfasser des Aachener Karlsepos *Karolus magnus et Leo papa* aus dem beginnenden 9. Jahrhundert — Karl als neuen Augustus und Aachen als künftiges Rom gefeiert.

Von dieser gewaltigen politischen Programmatik ist man heute aufgrund einer kritischen Durchsicht der Quellen weit abgerückt. Der Aachener Lateran ist zu einem Einzelgebäude, zum Sekretarium der Marienkirche, zur Sakristei und Schatzkammer geworden und Einhards *domus pontificis* zur Unterkunft des Kölner Erzbischofs Hildebald, der als Vorsteher von Karls Hofkapelle seit 794 in diesem Gebäude gewohnt haben dürfte. Eine solche Deutung läßt sich auch gut mit den archäologischen Befunden vereinbaren, durch die an der nördlichen wie südlichen Seite der Marienkirche Annexbauten erschlossen werden konnten, die wohl mit dem Aachener Lateran bzw. mit der genannten erzbischöflichen Wohnung identifiziert werden können.

Karlsbilder gestern und heute

Was hat die Mythographie der letzten 1200 Jahre nicht alles aus Karl d. Gr. gemacht? Die Zeitgenossen priesen ihn als den Vater Europas, als einen großen König, als einen *magnus et orthodoxus imperator*, das Hochmittelalter verehrte ihn als heiligen Bekenner und die spätmittelalterlichen Jahrhunderte machten ihn zum Gründer der Pariser Universität, zum Schaffer des Kurfürstenkollegs, zum Idealtyp eines mittelalterlichen Herrschers. Seit der frühen Neuzeit schwanken die wissenschaftlichen und politischen Urteile über diesen großen Karolinger: die einen preisen ihn als Begründer und Wegbereiter der sog. karolingischen Renaissance, der Reform von Schrift und Sprache, der Romanisierung der liturgischen Bücher und kirchlichen Rechts- wie klösterlichen Regelvorschriften oder auch als Mustergermanen (vgl. Aufzeichnung der german. Heldenlieder, german. Namensgebung der Monate und Winde, Aachener Königshalle als »nordischer Fürstenbau«), andere beschimpfen ihn als »Sachsenschlächter«, als einen halbgebildeten »Analphabeten« mit kümmerlichen Lateinkenntnissen, als einen erfolgreichen »Bandenchef«. Was aber ist Karl d. Gr. am Ende wirklich und wahrscheinlich gewesen — ein bedeutender Europäer, das Monument eines germanischen Helden, ein antimuslimischer Heros? Die wissenschaftliche Forschung unseres Jahrhunderts hat trotz der brüchigen Quellenlage und trotz der immer wieder spürbaren Tendenz zu inhaltlichen Überhöhungen ein kritisches Karlsbild zu erschließen sowie die Frage nach Karls historischer Größe zu beantworten gesucht. Das vierbändige, nach 1965 anläßlich der 800. Wiederkehr der Heiligsprechung Karls d. Gr. publizierte Karlswerk hat hier eine wichtige Bilanz gezogen sowie danach zahlreiche Weiterungen erfahren (vgl. Literaturverzeichnis). Dabei ist das Einmalige und Besondere von Karls geschichtlicher Leistung bestätigt (vgl. etwa die Schaffung eines sprachlichen wie schriftlichen Kommunikationssystems), aber auch manche Grenze, manches Unfertige und Brüchige (vgl. z. B. Karl d. Gr. u. die Sachsen, Auflösung des Karlsreiches vor 814) erkannt worden. All dies ändert nichts an der Tatsache, daß »Karl d. Gr. das Fundament jener Geschichte gelegt hat, um die sich die moderne Historie Europas bis heute bemüht: die Geschichte europäischer Gemeinsamkeit und nationaler Sonderung, staatlicher Ordnung und gesellschaftlicher Gliederung, christlicher Sittlichkeit und antiker Bildung, verpflichtender Überlieferung und lockender Freiheit« (Arno Borst). Daß diese geschichtlichen Bezüge vor allem hier in Aachen bewußt sind, wo Karl d. Gr. viele Jahre gelebt und geherrscht hat, wo er am 28. Januar 814 gestorben ist und noch am selben Tag begraben wurde, wo die Überreste seiner Pfalz und Kirche noch heute zu bewundern sind, wo unter seinem Namen seit fast 50 Jahren der Karlspreis an verdiente Europäerinnen und Europäer verliehen wird — all dies dürfte den besonderen Reiz sowie die engagierte Verpflichtung unserer Stadt und ihres kulturellen Gedächtnisses ausmachen.

Literaturempfehlungen

Aus der überwiegend jüngeren Literatur zu Karl d. Gr. seien hier abschließend einige ausgewählte Titel zusammengestellt und zur Lektüre empfohlen:

Gerd Althoff: *Der Sachsenherzog Widukind als Mönch auf der Reichenau. Ein Beitrag zur Kritik des Widukind-Mythos*, in: Frühmittelalterliche Studien 17 (1983) S. 251-57.
Matthias Becher: *Neue Überlegungen zum Geburtsdatum Karls d. Gr.*, in: Francia 19,1 (1992) S. 37-60.
ders.: *Eid und Herrschaft. Untersuchungen zum Herrscherethos Karls des Großen* (Vorträge und Forschungen. Sonderband 39), Sigmaringen (1993).
Helmut Beumann, Franz Brunhölzl, Wilhelm Winkelmann, *Karolus Magnus et Leo papa. Ein Paderborner Epos vom Jahre 799* (Studien und Quellen zur Westfälischen Geschicht Bd. 8), Paderborn (1966).
Wolfgang Braunfels (Hg.): *Karl der Große. Lebenswerk und Nachleben*, 5 Bde., Düsseldorf (1965-1968).
Wolfgang Braunfels: *Karl der Große. Mit Selbstzeugnissen und Bilddokumenten*, Reinbek bei Hamburg (1972 u.ö.).

Peter Classen: *Karl d. Gr., das Papsttum und Byzanz. Die Begründung des karolingischen Kaisertums*. Nach dem Handexemplar des Verfassers hg. Von Horst Fuhrmann und Claudia Märtl (Beiträge zur Geschichte und Quellenkunde des Mittelalters 9), Sigmaringen (1985).

Carl Erdmann, *Die Aachener Kaiseridee*, in: ders., Forschungen zur politischen Ideenwelt des Frühmittelalters, Berlin (1951) S. 16-31.

Ludwig Falkenstein: *Der Lateran der karolingischen Pfalz zu Aachen* (Kölner Historische Abhandlungen 13), Köln-Graz (1966).

ders.: *Zwischenbilanz zur Aachener Pfalzenforschung*, in: Zeitschrift des Aachener Geschichtsvereins 80 (1970) S. 7-71.

ders.: *Karl d. Gr. und die Entstehung des Aachener Marienstiftes* (Quellen und Forschungen aus dem Gebiet der Geschichte NF 3), Paderborn-München-Wien-Zürich (1981).

ders.: *Die Kirche der heiligen Maria zu Aachen und Saint Corneille zu Compiègne. Ein Vergleich*, in: Celica Iherusalem, hg. v. Clemens Bayer u.a. (FS E. Stephany), Köln-Siegburg (1986) S. 13-70.

ders.: *Charlemagne et Aix-la-Chapelle*, in: Byzantion. Revue internationale et etudes byzantines 61 (1991) S. 231-289.

Dietmar Flach: *Untersuchungen zur Verfassung und Verwaltung des Aachener Reichsgutes von der Karolingerzeit bis zur Mitte des 14. Jahrhunderts* (Veröffentlichungen des Max-Planck-Instituts für Geschichte 46), Göttingen (1976).

Josef Fleckenstein: *Karl der Große* (Persönlichkeit und Geschichte 28), Göttingen (1990).

Johannes Fried: *Der Weg in die Geschichte* (Propyläen Geschichte Deutschlands Bd. 1), Berlin (1994) S. 244-340.

Horst Fuhrmann: *Kaiser Karl der Große. Geschichte und Geschichten*, in: Horst Fuhrmann, Einladung ins Mittelalter, München (1987) S. 65-76.

Othmar Hageneder, Das crimen maiestatis, der Prozeß gegen die Attentäter Papst Leos III. Und die Kaiserkrönung Karls d. Gr., in: Aus Kirche und Reich. Studien zu Theologie, Politik und Recht im Mittelalter, hg. V. Hubert Mordek (FS F. Kempf), Sigmaringen (1983) S. 55-79.

Wilfried Hartmann: *Kaiser Karl der Große*, in: Mittelalterliche Herrscher in Lebensbildern. Von den Karolingern zu den Staufern, hg. v. Karl Rudolf Schnith, Graz-Wien-Köln (1990) S. 23-43.

Klemens Honselmann (Hg.), Karolus Magnus et Leo Papa. Ein Paderborner Epos vom Jahre 799, Pderborn 1966.

Leo Hugot: *Baugeschichtliches zum Grab Karls d. Gr.*, in: Aachener Kunstblätter 52 (1984) S. 13-28.

Hans-Dietrich Kahl: *Karl der Große und die Sachsen. Stufen und Motive einer historischen „Eskalation"*, in: Politik, Gesellschaft, Geschichtsschreibung, hg. v. H. Ludat u. R. Ch. Schwinges (FS F. Graus), Köln-Wien (1982) S. 49-130.

Andreas Kalckhoff: *Karl der Große. Profile eines Herrschers*, München-Zürich (1987).

Max Kerner: *Karl der Große — Persönlichkeit und Lebenswerk*, in: Karl der Große und sein Schrein in Aachen. Eine Festschrift, hg. v. Hans Müllejans, Aachen-Mönchengladbach (1988) S. 13-36.

Martin Lintzel, *Die Sachsenkriege*, in: Karl der Große oder Charlemagne? Acht Antworten deutscher Geschichtsforscher, hg. v. Karl Hampe u. a., Berlin (1935).

Hubert Mordek: *Karl der Große — barbarischer Eroberer oder Baumeister Europas?* in: Deutschland in Europa. Ein historischer Rückblick, hg. v. Bernd Martin, München (1992) S.23-45.

Dieter Schaller: *Das Aachener Epos für Karl den Kaiser*, in: Frühmittelalterliche Studien 10 (1976). S. 134-168.

Schlesinger, Walter, *Beobachtungen zur Geschichte und Gestalt der Aachener Pfalz in der Zeit Karls des Großen*, jetzt in: Zum Kaisertum Karls d. Gr. – Beiträge und Aufsätze, hg. v. G. Wolf (Wege der Forschung 38), Darmstadt (1972) S. 384-434.

Josef Semmler: *Der vorbildliche Herrscher in seinem Jahrhundert: Karl der Große*, in: Der Herrscher. Leitbild und Abbild in Mittelalter und Renaissance, hg. v. Hans Hecker (Studia humaniora. Düsseldorfer Studien zu Mittelalter und Renaissance 13) Düsseldorf (1990) S. 43-58.

Karl Ferdinand Werner: *Karl der Große oder Charlemagne? Von der Aktualität einer überholten Fragestellung* (SB Philosophisch Historische Klasse der Bayerischen Akademie der Wissenschaften 4) München (1995).

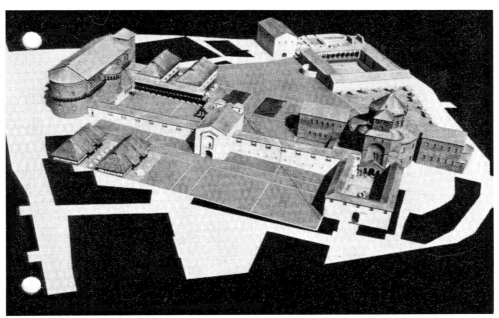

Pfalzmodell nach L. Hugot

Die silbervergoldete Figur Karls vom Aachener Karlsschrein

Reiterstatuette Karls aus dem Metzer Domschatz

EXPEDITIONIS · & VIA ET EXPEDITIONE · IHERUSALEM

Titelinitiale zur Historia Hierosolimitana des Albert von Aachen in Handschrift aus der Benediktinerabtei St. Vitus in Gladbach (um 1140-50)

Albert von Aachen

Ein Kreuzzugshistoriker des
12. Jahrhunderts

Von Dietrich Lohrmann

Historiker von Rang, die aus Aachen stammen, sind nur in relativ kleiner Zahl bekannt. Im 19. Jahrhundert zählten zu ihnen der Diplomat Alfred von Reumont, ein Kenner der italienischen Geschichte und der Geschichte Roms, sowie vor allem Ludwig von Pastor, Autor von 16 materialgesättigten Bänden unter dem Titel »Geschichte der Päpste seit dem Ausgang des Mittelalters«. Pastor, geboren 1854, ist nur wenige Jahre in Aachen geblieben, Reumont ebenfalls; immerhin ist er 1808 in Aachen geboren und 1887 in Burtscheid gestorben. Albert von Aachen hingegen hat einen großen Teil seines Lebens in Aachen verbracht und ist den Aachenern trotzdem wesentlich weniger bekannt.

Haupttendenz des Werkes

Wer war dieser Albert, was hat er geschrieben? Von seiner Person wissen wir sehr wenig. Der Autor verbirgt sich in seinem Werk, einer Geschichte des Ersten Kreuzzugs und der frühen Kreuzfahrerstaaten bis zum Jahre 1119. Alberts zwölf Bücher bieten die umfangreichste, detaillierteste und geschlossenste Darstellung, die wir zu diesem Thema aus dem Mittelalter haben. Lange Zeit galten sie auch als autoritative, genaue und zuverlässige Informationsquelle; der große Edward Gibbon vertraute ihr. Lange hat diese Kreuzzugsgeschichte Vorstellungen geweckt, die weithin geglaubt wurden. Erstens glaubte man, daß den Anstoß zum Ersten Kreuzzug und zur Eroberung von Jerusalem nicht etwa Papst Urban II. (1088-1099) gegeben habe, sondern der bärtigstruppige, auf einem Esel einherreitende Wanderprediger Peter von Amiens (Peter der Eremit). Zweitens galt als unbestritten, daß der Anführer des Ersten Kreuzzuges Gottfried von Bouillon geheißen hat, der Herzog von Lothringen, der als erster die Mauern der Stadt Jerusalem erstürmte und dann zum ersten Herrscher über die heilige Stadt gewählt wurde. Beide Vorstellungen sind in entscheidender Weise durch das Werk Alberts von Aachen geprägt worden: »Gottfried von Bouillon, Führer des Ersten Kreuzzugs«, so lernte man es in der Schule. Wir werden uns zu fragen haben, ob diese Vorstellungen zutreffen, vor allem aber, wie und mit welchen Mitteln es Albert gelungen ist, ihnen europaweit Anerkennung zu verschaffen.

Die wenigen Angaben, die wir zur Person Alberts kennen, habe ich jüngst an anderer Stelle erörtert. Sie erlauben keinen Zweifel mehr, daß wir es mit einem Kanoniker des Aachener Marienstifts im frühen 12. Jahrhundert zu tun haben und nicht etwa mit einem Provenzalen aus Aix-en-Provence. Nein, nichts liegt Albert ferner, als Ruhmvolles zum Lobe des Anführers der Provenzalen zu berichten, des Grafen Raimund von Toulouse, von dessen angeblich schlechtem Charakter wir noch hören werden. Alberts strahlender Held heißt Gottfried von Bouillon. Seinem Ruhm dient die Hälfte des Werkes, die andere dem seines Halbbruders, König Balduin I.

Das erste der zwölf Bücher Alberts erwähnt Gottfried noch nicht. Es behandelt vor allem den mißglückten Zug Peters des Eremiten und andere »Vorkreuzzüge«. Es erhöht damit aber auch die Spannung, die Erwartung des Zuges der Fürsten und des Adels. Dieser setzt ein mit dem zweiten Buch, und bereits hier erfahren wir, wie ehrenvoll Gottfried sich in Ungarn verhielt, im Gegensatz zu seinen Vorgängern, insbesondere des schändlichen Emo von Leiningen. Wir lesen ferner, daß selbst der Kaiser von Konstantinopel ihm seinen Sohn als Geisel stellte, daß Gottfried vor Nikäa als erster der Fürsten Position bezog, und sein Pfeil den Kriegerischsten unter den Türken durchbohrte. So geht es fort.

In seinem Vorwort beschränkt sich Albert darauf, die Zeit des Kreuzzuges selbst anzukündigen, die Jahre 1096-99, den Inhalt der ersten sechs Bücher. In kindlicheinfältigem Stil will er erzählen von den Mühen und Leiden des Zuges, »zu dem sich in Christi Liebe gewaltige Fürsten und alles andere Volk verschworen haben«. Er will berichten,

wie sie ihre Heimat, ihre Verwandten, Frauen, Söhne und Töchter, Burgen, Städte, Äcker, Reiche und alle Freuden dieser Welt verließen, eine sichere Gegenwart der unsicheren Zukunft opferten ... , wie sie als starke Schar und kraftvolles Heer den Zug nach Jerusalem unternahmen, tausendmaltausend Türken, Legionen von Sarazenen in kühnem Ansturm siegreich töteten, wie sie den Eingang und Zugang zum Heiligen Grab unseres Herrn Jesu Christi öffneten, Abgaben und Steuern der dort Einlaß suchenden Pilger gänzlich aufhoben.

Das entsprach dem Geschmack der Leserschaft, denn Leiden nahm man auf sich, Türken tötete man unbedenklich und Abgaben, die der Pilger am Zugang zum Heiligen Grab zu zahlen hatte, boten bei der Rückkehr mindestens so viel Anlaß zu empörter Klage, wie etwa hohe Museumstarife oder Flughafengebühren, die den Geldbeutel heutiger Ferntouristen schmälern.

Seine eigentlichen Ziele hat Albert indes mit diesen Angaben im Vorwort noch nicht verraten. Was er nennt, war Gegenstand aller Kreuzzugsberichte, und deren gab es naturgemäß nach dem großen Erleben eine Menge. Gewiß, Albert liefert, was er angekündigt hat, er wirbt für den Kreuzzug, er motiviert für den Heidenkampf, er liebt die Schlachtenschilderungen, hat Sinn für Waffen, Taktik und Kriegstechnik. Er warnt vor Habgier und Ehrgeiz, mißbilligt die Judenpogrome in den Rheinlanden und an der Donau, verurteilt die Ausschreitungen betrunkener Bayern und Schwaben in Ungarn, wertet die Katastrophe von Peters des Eremiten Scharen in Kleinasien als göttliche Strafe für ihre Sittenlosigkeit, berichtet alles, was er aus Armenien erfahren kann, und von der langen, entbehrungsvollen Belagerung Antiochiens, vom Streit der christlichen Fürsten untereinander, vom Blutbad in mehreren eroberten Städten. Vor allem aber dient er der Sache des lothringischen Herzogshauses; nur spricht er dies nicht offen aus, sondern läßt es nur allenthalben erkennen.

Sein wichtigstes Mittel bei diesem Unterfangen ist das der vergleichenden Verhaltensschilderung: im Kontrast zum Herzog Gottfried, der sein Schwert am kraftvollsten schwingt. Fast jedem Ereignis verleiht dieser Herzog (vom Herzog der Normandie ist selten die Rede) die entscheidende Wende. Freigebig verschenkt er in der Hungersnot seine Habe, demütig reitet er dann auf einem erbettelten Pferde, als Büßer umschreitet er die Stadt Jerusalem, statt in ihr zu morden und zu plündern. Im Vergleich zu ihm handeln die anderen christlichen Fürsten zwar immer wieder lobenswert, aber je nach Charakter auch undiszipliniert, selbst- und ruhmsüchtig, habgierig, verschlagen und weniger erfolgreich. Am stärksten ausgeprägt erscheint der Gegensatz zum Grafen Raimund von Toulouse: Während die anderen Fürsten vor Antiochien kämpfen, ist er »ein wenig krank« (IV,48); Gottfried, der durch überreiche Spenden verarmt ist, kann von ihm ein Pferd »nur durch inständige Bitten ... erbetteln« (IV,55). Raimunds Gefolgsleute verlegen sich aufs Plündern und Beutemachen (IV,56). Im eroberten Antiochien ist er »von unersättlicher Gier« beherrscht (V,2). Die heilige Lanze wird in seinem Heer nach Alberts Ansicht »mehr durch die Habsucht und Schlauheit Raimunds erfunden als durch Gottes Wahrheit geoffenbart«. Raimunds Habsucht ist sogar den Sarazenen bekannt, stets ist er »von unersättlicher Geldgier besessen«. In Schmeichelei und List war er »von frühen Knabenjahren an geübt« (V,32-35).

Die deutliche Herabsetzung des Grafen Raimund von Toulouse erklärt sich durch die nachfolgende offene Rivalität zwischen ihm und Gottfried bei der Frage, wer die Herrschaft über Jerusalem übernehmen sollte. Raimund hat bekanntlich auf sie verzichtet, da die anderen Fürsten ihn nicht wollten. Als Gottfried sie annimmt, verweigert der Provenzale ihm die Übergabe der Davidsburg und muß erst durch Drohungen gezwungen werden, sie zu räumen. Seine vielfach auch edle Verhaltensweise wird bei Albert zumeist unterdrückt. Vielleicht hat er von ihr auch wenig erfahren.

Differenzierter gestaltet Albert seine Konfrontierung Gottfrieds mit dem normannischen Kriegshelden Boemund von Tarent. Dessen Tatkraft war untadelig. Trotzdem gelingt es Albert, seinem Ansehen zumindest in einem Fall zugunsten Gottfrieds entgegenzuwirken. Die Szene spielt im armenischen Kilikien vor den Mauern der Stadt Tarsus. Boemunds Neffe Tankred ist hier mit einer kleinen Schar zuerst eingetroffen und hat die Bürger der Stadt für sich gewonnen. Sein Banner steht bereits auf der Stadtmauer. Gottfrieds Halbbruder Balduin trifft mit stärkeren Kräften erst später ein. Er läßt durch einen Dolmetscher ausrufen, sein Bruder Gottfried sei nicht allein »Herzog und Fürst der Ritterschaft ganz Galliens«, sondern zugleich »Haupt und Herr« des gesamten christlichen Heeres, »von allen erwählt und bestimmt«, was zum damaligen Zeitpunkt noch keineswegs zutraf. Balduin droht mit der Heeresmacht Gottfrieds, gegen die auch Bohemund nicht werde helfen können. So wechseln die Bewohner von Tarsus die Seite, werfen das Banner des Tankred von der Mauer und pflanzen das des Lothringers Balduin auf (III, 7-9).

Gottfrieds Bruder erscheint in dieser Szene, wie überhaupt während seines gesamten armenischen Unternehmens, noch als zornig, wütend, schmeichlerisch und voller List. Doch sobald Gottfried nach nur einjähriger Herrschaft in Jerusalem gestorben ist, ändert sich Alberts Bewertung. Nun tritt Balduins Kühnheit und Tapferkeit immer ruhmvoller hervor. Er allein ist der legitime Nachfolger, er behauptet sich mit Recht gegen die überhöhten Ansprüche des theokratischen Patriarchen Daimbert. Seine achtzehnjährige Königsherrschaft bestimmt den Inhalt von Alberts Büchern VII bis XII.

Alberts Kreuzzugsgeschichte berichtet somit, obwohl sie das am Eingang durchaus nicht hervorhebt, vor allem im Dienst der lothringischen Dynastie. Schon in Kleinasien soll Gottfried die führende Position eingenommen haben. Am Schluß des sechsten Buches, nach der Eroberung von Jerusalem, steht seine mit stärksten Mitteln unterstrichene Verherrlichung. Traumvisionen unterstreichen hier das Bild Gottfrieds vom gottgewollten Anführer und zweiten Moses. Sein Aachener Propagandist wird hier zum Hagiographen. Wie sonst nur selten, unter anderem bei der Verurteilung der Judenmorde im Rheinland, zeigt er sich plötzlich als Theologe und zitiert biblische Szenen aus dem ersten Buch Mose und den Evangelisten. Zugleich werden Bezüge zur Aachener Gegend deutlich. Eine der Visionen stammt von dem Ritter Hezelo von Kinzweiler bei Jülich, eine andere von dem Aachener Kanoniker Giselbert. Schon zu einem Zeitpunkt, als Gottfried kaum über Konstantinopel hinausgekommen war, soll er diesem Aachener Chorherren als »Haupt aller und künftiger Fürst von Jerusalem« im Traum erschienen sein (VI,36). Die Bezeichnung als höchster Fürst von Jerusalem wird in den folgenden Kapiteln noch mehrfach wiederholt und variiert.

Alberts Informationsquellen

Ein großes Problem bleibt. Es ist die entscheidende Frage bei der Beurteilung Alberts als Historiker des ersten Kreuzzuges und der ersten zwanzig Jahre des Königreiches Jerusalem, und sie betrifft die Quellen seines Wissens. Woher bezog er seine teilweise überreichen Einzelkenntnisse, die geographischen Angaben, die Angaben zur Zeitbestimmung, die Vielzahl der Personennamen, die Nachrichten zum Verhalten der Fürsten und sonstigen Teilnehmer, die Schlachtenschilderungen und vieles andere mehr, was sehr oft über die erhaltenen schriftlichen Zeugnisse der unmittelbaren Kreuzzugsteilnehmer weit hinausgeht?

Nach diesen Quellen ist oft gefragt worden. Nachdem Alberts Darstellung lange Zeit unangefochten als die umfassendste, farbigste und glaubhafteste Gesamtdarstellung gegolten hatte, (auch in Frankreich und England), leitete 1841 Heinrich Sybel, ein Schüler Leopold Rankes, eine völlige Umbewertung ein. Ausgehend von Alberts offenem Eingeständnis, trotz seines glühenden Wunsches sei es ihm nie möglich gewesen, selbst die Reise nach Jerusalem anzutreten — er berichte somit nur, was er gehört und was ihm berichtet worden sei, das freilich mit leidenschaftlicher Anteilnahme, so als wäre er selbst mitgezogen (Prolog) —, nahm Sybel eine strenge Kontrolle von Alberts Text vor. Sein Ergebnis war vernichtend: Albert könne als eine Hauptquelle zur Geschichte des ersten Kreuzzuges nicht angesehen werden, seine Erzählung bilde ein Konglomerat von zahllosen auf Hörensagen gegründeten, volkstümlichen und mündlichen Berichten; sie sei wenig vertrauenerweckend, oft irreführend, durchtränkt von sagenhaftem und poetischem Stoff, großenteils nur eine Nachbildung der ältesten, wenn auch spät überlieferten Kreuzzugslieder, bestenfalls eine Sammlung zahlloser Einzelstimmen, ein »Stimmungsbild« zusammengesetzt aus den Eindrücken ganzer Heerscharen. Auch 1880 beharrte Sybel noch auf dieser Sicht: man könne Albert »im allgemeinen so wenig zu den historischen Quellen zählen wie das Nibelungenlied oder die Ilias«. 1881 in der zweiten Auflage von Sybels erster Untersuchung (1841) wird das Mißtrauen noch grundsätzlicher; man dürfe Alberts Nachrichten nicht »durch Kombination mit anderen Berichten aufwerten; strenge Quellenscheidung sei die Grundregel aller historischen Kritik.«

Diese Sichtweise Sybels blieb freilich nicht unbestritten. So sucht 1885 der Tübinger Historiker Bernhard Kugler den Wert von Alberts Nachrichten dadurch zu retten, daß er die Existenz einer verlorenen »lothringischen Chronik« annahm, die Albert vorgelegen habe. Diese verlorene Chronik stehe den Berichten der Augenzeugen ebenbürtig zur Seite. Nur etwa 60 bis 70 Kapitel von insgesamt 612 seien durch Albert hinzugefügt und zeigten eine starke Neigung zur »Mythographie«.

Kugler wird oft als der Verteidiger Alberts von Aachen gegen Sybel bezeichnet. Aber im Bezug auf den Rang der Persönlichkeit Alberts und die Einschätzung seiner Leistung als Historiker wirkt seine These letzthin noch ernüchternder als die Sybels. Wagt dieser immerhin noch den Vergleich mit Epen der Weltliteratur (Ilias, Nibelungenlied), so bleibt bei Kugler nichts als der »Kopist« eines Chronisten im lothringischen Heer. Zudem träfe Albert noch der Vorwurf, die Existenz seiner Vorlage im Prolog verschwiegen zu haben. Er wäre gleichsam ein Plagiator, da er nur allgemein von Hören und Berichten spricht und sich selbst als denjenigen bezeichnet, der »in kühnem Wagnis« der Nachwelt einiges von dem retten will, was ihm bekannt geworden sei.

Kuglers These wird auch heute noch ernst genomen, freilich seit 1889 (François Vercruysse) nurmehr im Bezug auf die erste Hälfte von Alberts Werk, die Bücher I bis VI. So kam noch 1966 Peter Knoch in einer qualitätvollen Untersuchung zur Annahme einer verlorenen lothringischen Chronik, die unabhängig von Albert auch dem berühmtesten aller Kreuzzugshistoriker, Wilhelm von Tyros, vorgelegen habe. Das ist wiederum bestritten worden, mag hier aber am Rande stehen. Entscheidend bleibt die Frage, ob die Existenz der »ominösen Chronik« (E. Meuthen) wirklich notwendig vorauszusetzen ist.

An der Verbreitung epischer Lieder vom ersten Kreuzzug, die überall bekannt waren, auch von schriftlich fixierten Gesängen (*carmina*), kann an sich kein Zweifel bestehen. Sie sind früh im 12. Jahrhundert beim Chronisten von Le Cateau nahe Cambrai bezeugt. Darüber hinaus hatten sämtliche Rückkehrer eine Fülle mehr oder weniger authentischer Erlebnisse zu berichten. Das Echo dieser Berichte findet sich deutlich bei Albert von Aachen. Sein sechstes Buch endet nicht mit der Eroberung von Jerusalem oder mit der Erhebung Gottfrieds zum Fürsten und Beschützer der Stadt Jerusalem, sondern mit der viel weniger spektakulären Nachricht von der Rückkehr einer großen Zahl von Kreuzfahrern, die zuletzt (September 1099) bei Streitigkeiten zwischen Bohemund und den anderen Fürsten interveniert hatten. Dann kehren insbesondere die Flandrer und Normannen und mit ihnen gewiß auch ein guter Teil der Lothringer von Laodikäa aus nach Europa zurück. Sie dürften italienische Schiffe, vielleicht auch flandrische und friesische Schiffe (VI,25), benutzt und noch vor den Winterstürmen das Meer überquert haben. Spätestens im Frühsommer 1100 traf ein Teil von ihnen auch in der Aachener Gegend ein und konnte von Albert befragt werden.

Unverkennbar sind schließlich eine Fülle von Informationen, die Albert unmittelbar aus dem lothringischen Heer und dem Umkreis des Herzogs erhalten haben dürfte. Albert nennt so die Heldentaten des Franko und Sigemar aus Mechelen an der Maas (IV,35; VII,3), das Ableben des Ritters Adelhard von Vettweis und von dessen Schwiegersohn Piscellus (III,27; V,22), den Ritter Reinald von Hemmersbach (Kreis Bergheim), den Ritter Hezelo von Kinzweiler im Jülichgau und andere mehr. Ihre Namen gehen eher auf Heimkehrerberichte als auf epische Lieder oder eine lothringische Chronik zurück. Albert kann so nicht nur »Kopist« gewesen sein.

Eigene Gestaltung Alberts zeigt sich am deutlichsten in der konsequenten Überhöhung Herzog Gottfrieds während des ganzen Zuges und in der, wie wir sahen, systematischen Herabsetzung Raimunds von Toulouse. Die geschickt dem Balduin in den Mund gelegte Minderung der Macht Bohemunds dürfte nicht bereits in der fertigen Chronik eines Augenzeugen gestanden haben; eine solche Chronik hätte die Arbeit Alberts entbehrlich gemacht und wäre nicht spurlos verschwunden. Er hätte sie nicht einfach durch Mythen anreichern und dann gänzlich verschweigen können. In der Sammlung von Nachrichten, vor allem aber in der politischen Tendenz liegt der eigentliche Beitrag Alberts. Hier zeigt sich, daß er seine sechs ersten Bücher nicht erst spät aus ungebrochener Kreuzzugsbegeisterung geschrieben haben kann — die Katastrophe des Zuges von 1101 hat ihn deutlich ernüchtert (Buch VIII) —, sondern unmittelbar anschloß an die Ankunft der ersten Rückkehrermassen (nach Laodikäa sollen Albert zufolge 20.000 Kreuzfahrer marschiert sein), um nun neue Kreuzfahrer für die Sicherung von Balduins Herrschaft zu motivieren. Die Berichte dieser Rückkehrer hat Albert gesammelt, soweit er sie erreichen konnte, mündliche wie mit guter Wahrscheinlichkeit auch schriftliche Berichte, denn nichts spricht gegen die Annahme, daß – wie in den anderen Fürstenheeren der Provenzalen, Süditaliener, Nordfranzosen – auch im lothringischen Heer schriftliche Aufzeichnungen angefertigt worden sind.

Die geographischen Kenntnisse Alberts vom Heiligen Land sind bemängelt worden, zahlreiche Widersprüche tatsächlich nachgewiesen. Auch chronologisch soll er gravierende Fehler gemacht haben. Aber die genauere Kritik hat manches auch zurücknehmen müssen. Gottfrieds Verhandlungen und Waffentaten vor Konstantinopel glaubte Sybel, gestützt auf die byzantinische Historikerprinzessin Anna Komnena, um drei Monate genauer bestimmen zu können als Albert, aber Kugler konnte zeigen, daß die Chronologie Alberts im Dezember-Januar 1096-97 in sich stimmig ist, während Anna Komnena einen Kampf am Gründonnerstag (2. April) nur stattfinden läßt, weil dies ein Schicksalstag im vorherigen Leben ihres Vaters, des Kaisers Alexios, war. Alberts Angaben über Armenien und die Grafschaft Edessa sind 1928 durch André Beaumont mit zeitgenössischen lateinischen, armenischen und arabischen Berichten verglichen worden. Er schließt auf zuverlässige Berichte, aber ob diese in einer »lothringischen Chronik« oder anderweitig, vor allem durch unmittelbare Begleiter Balduins, übermittelt wurden, bleibt völlig offen.

Weder die grundsätzliche Unzuverlässigkeit der Nachrichten, die nur bei Albert überliefert sind, noch seine Unselbständigkeit als reiner »Kopist« einer verlorenen Chronik sind bisher überzeugend nachgewiesen. Auch die Annahme einer unterschiedlichen Autorschaft für die Bücher I-VI bzw. VII-XII hat Peter Knoch nicht aufrechterhalten und selbst widerlegt. Es bleibt deshalb bei einem einheitlichen Aachener Autor, der seinen ersten Teil bald nach der Rückkehr der ersten Kreuzfahrer mehr oder weniger in einem Zuge gesammelt und niedergeschrieben haben dürfte, während er den zweiten Teil sporadischer verfaßte. Deutlich spiegelt sich im ersten Teil noch die Rivalität Raimunds und Bohemunds im Verhältnis zu Gottfried, die später an Aktualität viel verloren hat. Das Eintreffen von Nachrichten aus den nächsten zwanzig Jahren vollzog sich dagegen in Schüben. Ihnen mag auch der Geschichtsschreiber Zug um Zug gefolgt sein, so daß die zielgerichtete Komposition des ersten Teils nun einem wechselvolleren Ablauf weicht. Im Zentrum steht hier Gottfrieds Bruder, König Balduin I. (1100-1118). Doch geht die Darstellung über seinen Tod hinaus und endet im zweiten Jahr Balduins II. mit einem tragischen Ereignis am Ostersamstag 1121, als im Jordantal dreihundert unbewaffnete Pilger von Ungläubigen getötet, sechzig gefangen wurden. Es könnte dies die letzte Nachricht sein, die Albert erreicht hat, ebensogut auch die letzte Nachricht, die er, durch Krankheit oder Tod aufgehalten, noch niederschreiben konnte.

Gefühle und Wertungen

Albert als reiner »Kopist« einer verlorenen Chronik ist auch insofern schwerlich anzunehmen, als sein gesamter Text von Gefühlen und Wertungen durchzogen wird. Er hat, wie das Vorwort sagt, mit viel innerer Anteilnahme geschrieben, seine Helden immer wieder in fingierter Rede zu Wort kommen lassen und persönliche Wertungen getroffen. Er steht zwischen Chronik und Epik, bleibt letzthin aber Zeithistoriker, der am Geschehen politisch-gesellschaftlich unmittelbar teilnimmt und auf seine Leserschaft einwirkt. Das tut er nicht zuletzt auch als Geistlicher und Theologe in einer Zeit, in der die Theologie des gerechten Krieges viel Schreckliches hinnimmt, was das neuzeitliche Völkerrecht zu überwinden versucht. Fast als einziger Chronist seiner Zeit verurteilt er am Beginn des Zuges die Judenpogrome.

Die Übergriffe der undisziplinierten Scharen auf die christlichen Ungarn sind ihm ein Graus und werden zurecht gestraft. Bayern, Schwaben und andere törichte Pilger huldigen zu sehr dem Trunke. Die Normannen Süditaliens verhalten sich den Griechen gegenüber alles andere als vorbildlich, und für die Verwüstungen der Lothringer im byzantinischen Machtbereich ist eher Gottfrieds Bruder verantwortlich als dieser selbst. Selbst den Türken, Sarazenen und den tapferen jüdischen Verteidigern von Haifa wird die Mannhaftigkeit (*virtus*) nicht abgesprochen (VII,22-24 mit viermaliger Hervorhebung). »Sakrileg« sind nur die Riten der islamischen Völker, »fluchwürdig« die Schriftzeichen in den vor Antiochien im Feldlager Kerbogas eroberten Büchern.

Gefühle läßt Albert vielfältig erkennen, auch Mitleid mit niedergemetzelten Frauen und »vielfach noch saugenden Kindern« (IV,56). Als Gerhard von Avesne eindringlich um Schonung seines Lebens bittet, erklärt ihm Herzog Gottfried, warum der Kampf um die Stadt Arsuf Vorrang hat. Nun empfinden sogar die Heiden, daß »jedes Mitleid in den Herzen der Christen erstorben« ist (VII,3). 60 kampferprobte christliche Ritter, die am Ostersonntag muslimische Hirten überfallen, fallen nach Albert zurecht in die Hände ihrer Feinde (XII,31).

Eine „deutsche" Kreuzzugsgeschichte?

Viel ist über die sogenannte »Interpretatio teutonica« des ersten Kreuzzuges durch Albert von Aachen geschrieben worden. Man beruft sich dabei auf Stellen, an denen Albert schon quantitativ durch Aufschlüsselung der verschiedenen deutschen Stämme den Deutschen ein Übergewicht vor den Franzosen oder anderen zu erteilen scheint. Nach der Schlacht bei Doryläum im Juli 1097 zieht das Heer weiter: »Franzosen, Lothringer, Alemannen, Bayern, Flandrer und das gesamte *genus Theutonicorum*«. Kurz darauf sind es, beim Abstieg in ein Tal »Normannen, Burgunder, Bretonen, Alemannen, Bayern, Deutsche« (III,1). Hier sind die Deutschen eher Rechtsrheiner, keine Sammelbezeichnung, und dies gilt vielleicht auch noch bei den »Männern vom Volk der Deutschen aus Regensburg an der Donau und anderen Städten am Rhein« (V,23), die sich keinem der Stämme zuordnen ließen. Ansätze zu einem Sammelbegriff »die Deutschen« sind andererseits nicht zu verkennen, so etwa bei Großgruppen wie der mehrfach genannten Völkertrias »*Francigenae, Romani, Theutonici*«. Peter der Eremit, ein Nordfranzose, verwendet denselben Sammelbegriff, wenn er das Unglück, das nach einem schweren Übergriff von etwa hundert Schwaben auf das Gesamtheer hereinbricht, dem »Wüten der blöden Deutschen« zuschreibt (I,10).

In keinem Falle bezeichnet Albert den Herzog Gottfried als den »wichtigsten Führer der Deutschen«, wie dies einige Jahrzehnte später der bayerische Propst Gerhoch von Reichersbach formuliert hat; und schon gar nicht versteigt er sich zu Überheblichkeiten wie denen des Johannes von Würzburg (um 1160-70), der die Eroberung Jerusalems nicht den französischen »Franken« zugeschrieben wissen wollte, sondern Gottfried und den Deutschen. Gleich fühlte sich dieser deutsche Jerusalemreisende aus Würzburg durch den Bezug auf die Franzosen herabgesetzt. Er bedauerte, daß die meisten Deutschen nach der Einnahme der heiligen Stadt aus Heimweh zurückgekehrt seien und Jerusalem nun im Besitz von Franzosen, Lothringern, Normannen, Provenzalen und anderen sei. Er glaubte, die christliche Provinz (um Jerusalem) wäre längst über den Nil nach Süden und über Damaskus nach Norden ausgedehnt worden, »wenn die gleiche Menge Deutscher wie jener (anderen Nationen) dort lebte«.

Von solcher Deutschtümelei ist Albert weit entfernt. Er hat zu ihr auch nicht das »solide Fundament« gelegt und trotz aller Gottfried-Verherrlichung nicht dem Führerprinzip gehuldigt. Noch 1963 wurde trotzdem eine Dissertation über »Die Führerpersönlichkeit im Kreuzzug« geschrieben. Der Verfasser (G.H. Hagspiel) nahm das panegyrische Gottfriedbild Alberts als historische Wirklichkeit.

Literaturempfehlungen

Wer die Textstellen Alberts im Zusammenhang nachlesen möchte, nutze die Übersetzung von Herman Hefele, *Albert von Aachen: Geschichte des ersten Kreuzzugs*, 2 Bände, Jena 1923. Der lateinische Urtext findet sich im vierten Band des *Recueil des Historiens des Croisades. Historiens occidentaux*, Paris 1879, und in Migne, *Patrologia latina*, Band 166. Die Zeitfolge in Alberts Werk überprüft man am besten mithilfe von Heinrich Hagenmeyer, *Chronologie de la Première Croisade*, 1094-1100, Paris 1898-1901 (Neudruck Hildesheim — New York 1973).

Die jüngste gründliche Untersuchung ist die von Peter Knoch, *Studien zu Albert von Aachen. Der erste Kreuzzug in der deutschen Chronistik*, Stuttgart 1966; Knochs Bibliographie erfaßt die gesamte ältere Literatur (Sybel, Kugler, Vercruysse, Beaumont etc.), die ich hier nicht im einzelnen zitiere. Eine kritische Rezension zu Knochs Untersuchung des Abhängigkeitsverhältnisses zwischen Wilhelm von Tyros und Albert bzw. der „ominösen" lothringischen Chronik verfasste Erich Meuthen für die Zeitschrift des Aachener Geschichtsvereins Bd. 78 (1966/67) S. 347-351. Die Fragen der Zuordnung Alberts zum Aachener Marienstift und der frühen Überlieferung seines Werkes habe ich an anderer Stelle besprochen und hier nicht erneut aufgegriffen. Vgl. D. Lohrmann, *Albert von Aachen und die Judenpogrome des Jahres 1096*, Zeitschrift des Aachener Geschichtsvereins Bd. 100 (1995/96) S. 129-151.

Beachtenswert ist heute noch die knappe Charakterisierung Alberts von Aachen im Anhang zu Steven Runciman, *Geschichte der Kreuzzüge*, Bd. 1, München 1956, S. 320f. (in den neueren Nachdrucken nicht enthalten). Runciman schreibt: „Wir wissen über Albert nichts, außer daß er selbst nie den Osten aufsuchte. Er galt bis zur Mitte des vorigen Jahrhunderts als die autoritativste Quelle für die Geschichte des Kreuzzugs, und Historiker wie Gibbon vertrauten ihm restlos. Seit von Sybels vernichtender Kritik ist es jedoch Mode geworden, ihn geringer einzuschätzen, als ihm tatsächlich zukommt. Sein Werk ist eine Zusammenstellung von Legenden und Augenzeugenberichten, mit wenig kritischem Verstand und ohne Angabe von Quellen zusammengetragen. Seine Darstellung der Vorgeschichte Peters des Einsiedlers ist offenkundig unzuverlässig; aber die Schilderung der Expedition Peters wurde ihm mit Bestimmtheit von einem Teilnehmer an dem Zug geliefert. Einzelheiten wie etwa die Zeit, die für die verschiedenen Abschnitte des Marsches benötigt wurde, sind vollauf überzeugend. Bei der Schilderung von Gottfrieds Zug nach Konstantinopel und dem Marsch quer durch Anatolien stützte er sich mit Bestimmtheit auf einen Bericht, den ihm ein Krieger in Gottfrieds Heer gegeben haben muß. Vermutlich hatte er bereits lange, ehe er mit der Zusammenstellung seines Buches begann, die Gewohnheit, sich alle Informationen und Auskünfte von heimgekehrten Soldaten und Pilgern zu notieren, deren er habhaft werden konnte. Es fällt verhältnismäßig leicht, das reine Legendenmaterial in seinem Werk als solches zu identifizieren; seine Schilderung der Ereignisse des Kreuzzugs selbst sollte jedoch mit gebührender Achtung behandelt werden".

Nicht näher untersucht sind die zahlreichen Einschübe wörtlicher Rede, mit denen Albert seinen Text belebt und auflockert. Ebenso fehlt nähere Prüfung der eingeschalteten Dokumente, die Albert „erdichtet" (Hagenmeyer), aber auch nur literarisch gestaltet haben kann. Für viele dieser Texte spricht die innere Wahrscheinlichkeit; Franz Dölger, *Regesten der Kaiserurkunden des oströmischen Reiches*, Teil 2, München 1925, S. 43-47, hat etliche von ihnen im Kern akzeptiert. Den gefälschten Propagandabrief des Kaisers Alexios an alle Kirchen des Westens und den Grafen Robert von Flandern (Dölger Nr. 1152) berücksichtigt Albert dagegen nicht und ebenso wenig die berühmte Fälschung auf den Namen Papst Sergius' IV., mittels derer die italienischen Seefahrerrepubliken zum Eingreifen im Orient bewegt werden sollten.

Einige Stilelemente der Epik wie Kriegslisten, Doppelungen, Reihungen untersucht Cola Minis, *Stilelemente der Kreuzzugschronik des Albert von Aachen in der volkssprachigen Epik, besonders in der „Chanson de Roland"*, in: Literatur und Sprache im europäischen Mittelalter. Festschrift für Karl Langosch zum 70. Geburtstag, Darmstadt 1973, S. 356-363. Suzanne Duparc-Quioc, *La chanson d'Antioche. Etude critique*, Paris 1978, S. 148-174, behandelt 14 Parallelen zwischen Albert und dieser späteren Chanson de geste.

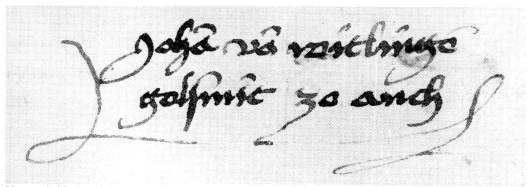

Unterschrift des „joha va ruitlinge golsmit zo aich"

Hans von Reutlingen
~1465-1547

... den man nendt Hans van Aiche.

Von Ernst Günther Grimme

Das Leben

Es muß wohl die schwäbische Herkunft seiner Vorfahren gewesen sein, die es verhinderte, daß dem Aachener Goldschmied Hans von Reutlingen in Aachen die Würdigung zuteil wurde, die ihm auf Grund seines künstlerischen Werkes zukommt. Dabei sind wir durch urkundliches Material über seinen Lebensweg recht gut informiert. Zwar sind Geburts- und Todesjahr unbekannt, doch nennt eine Urkunde von 1486 ihn noch nicht »Meister«. Diesen Titel hat er wohl zwischen 1486 und 1492 erworben. Zum Jahre 1491(?), sicherlich aber 1500 ist Hans von Reutlingen als Münzschneider tätig. Sein Geburtsdatum dürfte um 1465 anzunehmen sein. Am 31. Dezember 1503 wird »Johan von Ruytlingen« in die Aachener Gesellschaft »Vom Bock« aufgenommen. Die Totenliste dieser Vereinigung führt ihn als dritten Verstorbenen von oder nach 1547 auf. Diese Angaben erlauben den Rückschluß, daß der Aachener Goldschmied das hohe Alter von 80 oder 82 Jahren erreicht hat.

In dem dokumentarisch gesicherten Zeitraum von 1486 bis 1547 läßt sich die Schaffensperiode durch eine Fülle urkundlichen Materials und die Meisterzeichen mit denen Hans von Reutlingen seine Werke signierte, gut überblicken.

Die Tatsache, daß er schon am 13. April 1497 König Maximilian bat, ihm zur Anfertigung von drei Siegeln »100 fl« zu übersenden, zeigt Hans von Reutlingen schon vor der Jahrhundertwende in königlichen Diensten. Drei Jahre später (18.8.1500) überweist der königliche Hof »Hansen von Reutlingen so das Majestätssiegel grabt, an Zerung gen Innsbruck zu ziehen 8 Gulden rheinisch«.

Die Nennung des großen Majestätssiegels, von dem sich ein Probeabdruck im Hauptstaatsarchiv Dresden erhalten hat, läßt erkennen, daß sich der königliche Hof unter allen zeitgenössischen Goldschmieden den Aachener Meister Hans ausgeguckt hat, um das Repräsentativste und Aussagekräftigste in der reichen Fülle der kaiserlichen Siegel anzufertigen; nicht von ungefähr, zeigt doch das Siegel als »Kleinkunstwerk« eine solche künstlerische Vollendung, daß man es schon 1925 gesondert gewürdigt hat (Abb. 1).[2]

Von nun an begleiten Bestellungen des Kaiserhauses den Weg des Aachener Goldschmiedes. Sei es, daß er in den Jahren 1520 und 1523 weitere kaiserliche Siegel anfertigt, darunter die Goldbulle Karls V., oder die kostbare Monstranz, in der die Tradition das Krönungsgeschenk Karls V. an seine Aachener Krönungskirche sieht.

Zeichen der Anerkennung bleiben nicht aus. Am 5.2.1522 wird »Hans Reuthlinger, kaiserlicher Majestätssiegelschneider ein Wappen sampt dem Lehnartikel« verliehen.

Kaiserliche Aufträge führen den Goldschmied nach Brügge, um Silber einzukaufen. Auf unsicherer Straße wird er ausgeplündert. In verständlichem Zorn beschwert er sich beim Rat der Stadt, daß man die (bekannten) Strauchdiebe noch nicht gerichtlich belangt habe. Prozeßakten der Jahre 1521-23 zeigen, daß der Beiname »von Reutlingen« inzwischen seinen Träger so wenig kennzeichnet, daß man jetzt von »Meister Johans von Rutlingen, den man nendt Hans von Aiche« spricht.

Aber auch Abmahnungen von höchster Stelle erwähnen die Urkunden. So ermahnt Karl V. 1523 seinen Siegelschneider »Siegel und Sekret des Reichsregimentes unverzüglich an den Hof zu übersenden«. Im Antwortschreiben, das der Sohn »Laurens Reutlinger von Aich« am 24.10.1524 an den Statthalter Karls V. richtet, ist von der übergroßen Arbeit die Rede, die seinem Vater durch den kaiserlichen Auftrag entstanden sei »ethlicher Siegel und Sekrete, dem Regiment und Camergericht zugehörig auch zwei eysenstempf zu dem gulden Bullen« anzufertigen.

Von nun an fließen die Quellen spärlicher. Mit dem Auftrag für das Kapitelsiegel des Domkapitels von 1528 versiegen sie völlig. Wir sind nur noch auf die Meisterzeichen und Stileigenarten der Werke angewiesen, die aber auch zwischen 1530 und dem vermeintlichen Todesjahr 1547 so selten werden, daß man vermuten muß, »Hans von Aiche«, der nun ins letzte Lebensviertel eintritt, habe kaum mehr selbst handwerklich gearbeitet, sondern angesichts der Vielzahl der bekannten Arbeiten einer größeren Werkstatt vorgestanden, deren künstlerischer und geschäftlicher Leitung er seine Arbeitskraft gewidmet hat.

So scheint das Leben Hans von Reutlingens sich in unablässiger Tätigkeit abgespielt zu haben. Seine Arbeit war offensichtlich in der ganzen Habsburger Monarchie gefragt. Der von ihm neu gefertigte Buchdeckel des Reichsevangeliars, der Kreuznacher Kreuzfuß, die Lütticher Lambertusbüste und viele andere hochbedeutsame Stücke, die sich außerhalb Aachens befinden, beweisen es. Mit Fug und Recht wird man von dem Aachener Goldschmied als dem bedeutendsten Vertreter seiner Zunft am Ausgang des Mittelalters sprechen dürfen.

Das Werk

Es ist undenkbar, daß das Werk eines Goldschmiedes von solch säkularer Bedeutung gleichsam voraussetzungslos aus dem Nichts heraus wie ein Stern über der alten deutschen Kaiserstadt aufgegangen wäre. Bis ins endende 14. Jahrhundert war sie eines der großen Zentren mittelalterlicher Goldschmiedekunst gewesen. Karlsschrein und Marienschrein zählen zu den Hauptwerken staufischer Imperialkunst, die gotischen Kapellenreliquiare, Simeonsreliquiar und getriebene Madonnen sind Spitzenwerke gotischer Goldschmiedekunst im Umfeld des Aachener Domes. Im 15. Jahrhundert wird diese Kette von Meisterwerken Aachener Goldschmiedekunst unterbrochen. Gründe sind schwer zu benennen. Zum einen wird im Gegensatz etwa zur Stadt Köln in Aachen die Zunftrolle mit dem Zwang zur Beschau und Signierung der Einzelstücke durch Zunft und Meister erst sehr spät eingeführt, zum anderen müssen wir mit großen Verlusten und Einschmelzungen von Edelmetallarbeiten rechnen, so daß sich zwischen den letzten bedeutsamen Werken des 14. Jahrhunderts und dem ersten bekannten Werk des 15. Jahrhunderts eine Vakanz von ca. 80 Jahren ergibt. An deren Ende stehen 12 Apostelreliefs aus der Zeit um 1480, die aber von solch hervorragender Qualität sind, daß man bei ihnen unmöglich an »Erstlinge« nach einer vor fast einem Jahrhundert abgestorbenen Tradition denken kann. Zehn dieser silbervergoldeten Apostelreliefs, die man im 20. Jahrhundert zu einem Antependium verbunden hat, sind stilistisch und qualitativ so einheitlich, daß sie einem Meister zugesprochen werden können. Hingegen zeigen die beiden Goldreliefs mit den hll. Petrus und Paulus mindere Qualität, doch einen gewandelten Gesichtstyp, der auf den Reliefstil Hans von Reutlingens vorausweist.[3] Mit gebotenem Vorbehalt könnte man annehmen, daß der junge, noch nicht zum Meister avancierte Hans von Reutlingen aus der Werkstatt der Apostelreliefs hervorgegangen ist und mit den Goldreliefs der Apostelfürsten sein Meisterstück schuf.[4] — Wir verlassen dieses unsichere Terrain, um den Spuren unseres Meisters anhand gesicherter Werke zu folgen.

Kaiserliche Urkunden bezeugen ihn schon vor 1500 als Siegelschneider der Krone. An ihn erging der Staatsauftrag, für das karolingische Reichsevangeliar, das bei den Krönungsfeierlichkeiten verwandt wurde und zu den deutschen Reichskleinodien gehörte, einen neuen Buchdeckel zu gestalten (Wien, Weltliche Schatzkammer, ehem. Aachener Domschatz). Es sollte der »künstlerisch bedeutsamste Buchdeckel der Spätgotik«[5] werden (Abb. 2). Eine Dreibogenarchitektur gliedert die Fläche. In der mittleren großen Arkade thront Christus, gekrönt mit der habsburgischen Hauskrone. In den begleitenden Nischen ist die Verkündigung dargestellt. Die Medaillons in den vier Ecken nehmen die vier Evangelistensymbole auf. Der Dreierbogen der rahmenden Architektur geht auf ein altes Buchdeckelschema zurück, in dem sich vielleicht der frühmittelalterliche karolingische Deckel des Reichsevangeliars widerspiegelt, von dessen Aussehen wir keine Vorstellung mehr haben. Erstmals erkennt man an Hans von Reutlingens neuem Buchdeckel das Meisterzeichen der gekreuzten Buchstaben JP (Jan Reutlingen) (Abb. 3) sowie den Adler der Aachener Stadtbeschau. Diese Zeichen sind für die Folgezeit sichere Begleiter für den Weg, der Hans von Reutlingen aus der Enge der väterlichen (?) Werkstatt an religiöse und profane Zentren Europas führte.

Als zweites großes Hauptwerk folgt im Jahre 1501 der Fuß des großen Kreuzreliquiars in Kreuznach (Abb. 4). Er mißt 66 cm und entstand, um einem Kreuzreliquiar aus der Zeit um 1390 einen überreichen Sockel zu geben. In ein verflochtenes Ornamentdickicht sind die Figuren des Kalvarienberges und der hll. Hildegardis, Hieronymus, Kilian und Wendelinus eingeordnet. Der Kreuznacher Kreuzfuß ist in den Rheinlanden einzig in seiner Art. Erst in der Lütticher Lambertusbüste aus den Jahren 1505-1512 bietet sich ein im Figuren- und Ornamentsstil vergleichbares Werk an (Abb. 5). Als der Verf. das riesige Lütticher Werk erstmals 1950 sah und für seine Dissertation über Hans von Reutlingen studierte, erschien ihm die Ähnlichkeit der sechs Szenen im Büstensockel, der die Halbfigur des Heiligen trägt, dem Figurenstil Hans von Reutlingens so verwandt zu sein, daß er die damals noch recht kühne Vermutung aussprach, daß der Aachener Meister Mitarbeiter des als Hauptmeister geltenden Henri Zutmans gewesen sein müsse. Wenig später wurde die Lütticher Büste, die als das größte und aufwendigste Werk der spätgotischen Goldschmiedekunst gilt, auseinandergenommen und restauriert. Bei dieser Gelegenheit fand Pierre Colman, Professor der Lütticher Universität, an versteckter Stelle das Meisterzeichen des Aachener Goldschmieds Hans von Reutlingen.[7]

Nun waren alle Zweifel ausgeräumt: Der Künstler, der das dem Lütticher Stadtpatron gewidmete monumentale Werk geschaffen hatte, war kein anderer als der Aachener Hans von Reutlingen. Was hier an Erfindungsreichtum für die sechs Nischenszenen des Sockels aufgeboten und wie souverän die schwierige Aufgabe bis ins kleinste Detail gelöst wird, läßt sich allenfalls mit Arbeiten der bedeutendsten Schnitzer von Brüsseler Retabelaltären der gleichen Zeit vergleichen. Es muß den Bürgerstolz der großen Maasmetropole hart angekommen sein, daß der bedeutendste Goldschmied des ausgehenden Mittelalters ein Aachener war, der wie kein anderer geeignet schien, das Abbild des Lütticher Stadtpatrons in edlem Metall nachzuformen und seine Vita in sechs lebensvollen Szenen mit freiplastischen Figuren zu schildern.

In der Nachbarstadt Tongern machte das Lütticher Beispiel Schule. Als es darum ging, der heiligen Mutter Anna Selbdritt für die Liebfrauenkirche eine silbergetriebene Reliquienstatuette zu schaffen, ging der Auftrag wiederum nach Aachen in die Annastraße, wo der inzwischen zu höchstem überlokalem Ruhm gelangte Hans von Reutlingen seine Werkstatt betrieb.[8] Offenbar war das Tongerner Kapitel von der gelieferten Arbeit so angetan, daß sie auch ein Statuettenreliquiar des heiligen Christophorus nach Aachen in Auftrag gaben. Die Bestellung des Siegels des Lütticher Kathedralkapitels sowie des Sekretkapitels des Bischofs Eduard de la Marck erweist, wie hoch angesehen der Aachener Meister in den Rhein-Maaslanden war.[9]

Daß man dies in seiner Heimatstadt auch begriffen hatte, beweist die Vielzahl der Werke, die noch heute im Domschatz, den Kirchen St. Foillan, St. Johann und Heilig Kreuz bewahrt werden.

Allein neun Werke lassen sich für den Aachener Dom nachweisen, allen voran das großartige Statuettenreliquiar des heiligen Petrus, aus der Zeit um 1510 (Abb. 6). Angesichts des kraftvoll modellierten Hauptes mit seinen ernsten, nachdenklichen Zügen und den auf den Betrachter gerichteten, tief in ihre Höhlungen eingebetteten Augen, fragt man sich, mit welchem Modelschnitzer der Aachener zusammengearbeitet haben könnte. Erinnert man sich an Albrecht Dürers Münchner »Vier Apostel«, möchte man an einen Franken denken, der seiner Model Dürerschen Geist mitgegeben hat und in dem der Aachener den Meister fand, der ihm erlaubte, solch plastisches Empfinden in die Technik des getriebenen Silbers umzusetzen.

Hatten wir bisher Hans von Reutlingen vornehmlich als »Meister der kleinen Form« kennengelernt, der zwar seine Miniaturplastiken mit Ornamentrapporten zu verbinden wußte und sie zur Höhe der Lütticher Büste und des Kreuznacher

Kreuzfußes auftürmte, so begegnen wir ihm im 72 cm hohen Petrus der Domschatzkammer als Beherrscher der monumentalen Form, die durchaus eine vielfache Vergrößerung vertrüge.

In der Dommonstranz (Abb. 7) hat sich ein magistrales Werk spätgotischer Goldschmiedekunst erhalten, die der Meister um 1520 — angeblich als Geschenk Karls V. an seine Krönungskirche — geschaffen hat. In ihrem phantasievollen Aufbau sind die räumlichen Verhältnisse verunklärt, die Schwerkraft scheint aufgehoben, mühelos verschmelzen Renaissanceornamente mit gotischem Filigranwerk, und dennoch, das neue Denken der Renaissance hat Hans von Reutlingen sich nie konsequent zu eigen gemacht. Sein persönlicher Stil bleibt in spätestgotischen Formen gefangen, daran ändern auch dem Musterbuch entlehnte Renaissanceornamente nichts, die sich mit Fialen, Wasserspeiern, Astwerk und Balusterschäften äußerlich verbinden.

Der Siegelstempel des Münstersstiftes (Abb. 8) hat die Form einer spitzovalen Mandorla. Die Verkündigungsszene ist von einem barockisierend drapierten Spruchband überwölbt und ruht auf den »Säulen des Herkules«, dem Emblem Karls V. Zwischen ihnen halten zwei Putten das Aachener Stiftswappen mit dem deutschen Adler und der französischen Lilie. Die eigentliche »Verkündigung« ist in feinster Durcharbeitung in einen spätgotischen Raum verlegt, der von Renaissancebalustern gerahmt wird. Diese Beispiele mögen genügen, um das reiche Formenrepertoire des Künstlers aufzuzeigen, der es doch immer wieder versteht, alles zur künstlerischen Einheit zu verbinden.

Wir müssen es bei den angeführten Beispielen bewenden lassen, können nicht die Fülle von Monstranzen, Kelchen, Reliquiaren, Paxtafeln und Siegeln im einzelnen erwähnen, die aus der Werkstatt des Meisters stammen und denen allen eine gleichbleibende Qualitätshöhe zu eigen ist. Kein Kelch, keine Meßpollen, an denen »geschludert« wäre, alle zeigen die gleiche präzise, eigenwillig entwickelte Form. Nicht ein Stück ist wie das andere, keine Monstranz, die nicht von eigener künstlerischer »Individualität« wäre. Es gibt keine Arbeit, die nicht die Handschrift des »Meisters« trüge, mag auch manches nach genauer Planung und Anweisung durch ihn von Gesellen ausgeführt worden sein.

Eigenarten seines Stils

Die Kunst des Hans von Reutlingen wurzelt in erster Linie in der rheinmaasländischen Stilprovinz. Mannigfache Anregungen, die der Aachener Künstler auf seinen Reisen aufgenommen hat, sind in sein Werk eingeflossen, das, erklärlich durch die Stellung des Meisters als kaiserlicher Siegelschneider, in der ganzen Habsburger Monarchie beheimatet war. In seinem Werk kündigt sich eine Entwicklung an, in der sich, wie es im Laufe des 16. Jahrhunderts vollends sichtbar wird, die stilistischen landschaftlichen Eigenarten mehr und mehr verwischen.

Gegenüber gleichzeitigen Werken anderer Kunstkreise wirken seine Arbeiten durchweg recht »modern«. Der gleichzeitige Trierer Buchdeckel der Adahandschrift mutet neben dem Aachener Buchdeckel, der durchgehend getrieben gearbeitet ist, altertümlich an. In Aachen wird die en-face-Figur vermieden. Profilfiguren werden in einen neuen, bildhaften Zusammenhang gebracht. Das Motiv des »In-Bezug-Setzens« findet sich in anderer Form im Petrusreliquiar, das nach Art seiner Anlage den Betrachter verlangt, auf den die Figur durch Blickrichtung und Gebärde in Wechselwirkung bezogen ist.

Im Buchdeckel werden aus der gemeinsamen Grundfläche Figuren und Rahmung herausgetrieben und zum einheitlichen Relief zusammengeschlossen. Durch den Verlust der Eigenwertigkeit der Plastik kündet sich das Ende der mittelalterlichen Buchdeckeltradition an. Was durch Plastik und Ornament des Buchdeckels bedeutungsmäßig ausgesagt wurde, erscheint bald auf dem Titelblatt im Innern des Buches.

Die Gewinnung der Fläche führt im Monstranzenwerk des Künstlers zu einem neuen Monstranztyp. An den Monstranzen der Aachener Werkstatt läßt sich die Entwicklung von der »umschreitbaren« Turmmonstranz zur Fläche betonenden Fassadenmonstranz ablesen. Die »Dommonstranz« (Abb. 7) ist das unentbehrliche Bindeglied zwischen gotischer Zylindermonstranz und barocker Sonnenmonstranz. (Das heutige Sonnenostensorium ersetzt den ursprünglichen Hostienzylinder.)

Hans von Reutlingen hat die Möglichkeiten der Verwendung gegensätzlicher Formen bis zur Manier ausgeschöpft. Er türmt in nahezu übersteigerter Häufung Stern auf Rose, Kreis auf Quadrat, errichtet auf labilem Dreifuß mächtige Aufbauten (Kreuzfuß, Kreuznach) und zwingt dralle, lebensvolle Putten den kantigen Rahmen eines quadratischen Ostensoriums auf ihre Nacken zu nehmen (Paxtafel St. Foillan, Aachen) (Abb. 9). Dies führt zu weitgehender Atektonisierung der aus gotischen Architekturelementen gebildeten Goldschmiedekonstruktionen. Im Kapitelsiegel wie auch in den Nischenszenen der Lütticher Lambertusbüste finden sich Umsetzungen brabantischer Altarschreinreliefs, die ihrerseits wiederum das niederländische Tafelbild zur Voraussetzung haben. Dem Zuwachs künstlerischer Möglichkeiten steht die Abnahme an stellvertretender bedeutungshaltiger Funktionskraft gegenüber.

Hans von Reutlingens Kunst ist nicht lokal gebunden. Die Übernahme von Renaissanceformen bleibt äußerlich. Er ist noch Spätgotiker, dabei ein »Allerweltskünstler«, nicht im Sinne Israels von Mekkenem, der allerorts seine Vorlagen entlehnte und kopierte, sondern in seinem hoch zu wertenden Vermögen, landschaftliche Zusammenhänge miteinander zu befreunden und sie mühelos zu verbinden.

Er ist einer der wenigen, stilistisch klar erkennbaren Goldschmiede des Jahrhundertanfangs und für die Rhein-Maaslande der große Repräsentant einer letzten Blüte gotischer Goldschmiedekunst. Mit Hans von Reutlingen erlischt das große Zeitalter der sogenannten Rhein-Maaskunst.

Wer war Hans von Reutlingen?

Als der Verf. 1954 seine Dissertation über den Aachener Goldschmied vorlegte,[6] konnte er 12 gesicherte Werke nachweisen. Nachdem der Verf. in 25 Jahren kunsthistorischer Tätigkeit den Künstler nicht mehr aus den Augen verlor, konnte er 1980 in einem »Versuch einer Dokumentation seines Werkes« 46 Werke von Meister Hans und seiner Werkstatt aufzeigen.[10] Dies gehört zu den größten Werkgruppen, die sich im Spätmittelalter mit dem Namen eines Goldschmieds verbinden lassen. Bei einer solchen bekannten Anzahl — wie viele Edelmetallwerke werden im Lauf der Zeit der Schmelze zum Opfer gefallen sein — konnte sich der Meister wohl gefallen lassen, daß man ihn »Hans von Aiche« nannte, zumal er einer alten Aachener Familie entstammt, die zuerst 1456 in der Person des gleichnamigen Vorfahren faßbar ist.[11]

Der früheste Beleg zu Hans von Reutlingen findet sich in der Urkunde eines Rentenverkaufs. Der Erwerb des Meistertitels läßt sich aufgrund der Urkunden in die Jahre zwischen 1486 und 1492 fixieren.

Eine Fülle von Dokumenten, die Erich Meuthen[12] zusammengetragen hat, lassen erkennen, daß Meister Hans von Reutlingen ein energischer prozeßfreudiger Mann gewesen sein muß, der von seinem Sohn Laurens tatkräftig unterstützt wurde. Die umfangreichen Unterlagen umfassen die Korrespondenz zwischen dem kaiserlichen Hof und dem Goldschmied. Stets geht es dabei um Bestellung oder Anmahnung von Siegelschnitten. Weitere Korrespondenz ist mit dem jülich-bergischen Kanzler Wilhelm Lüninck hinsichtlich des Schneidens von Münzen und Siegeln erhalten. Die Urkunden erlauben zudem den Nachweis, daß 1544 ein »Erart van Rutlinge« seines Zeichens Goldschmied, in die Sakramentsbruderschaft von St. Foillan aufgenommen wurde. Er dürfte ein Sohn des großen Meisters gewesen sein und die Familientradition noch einige Jahrzehnte fortgeführt haben, doch sind von ihm keine Werke erhalten.

So bleibt unser, aus den dokumentarischen Quellen gespeistes Wissen über Hans von Reutlingen hinsichtlich des Menschen und Künstlers vergleichsweise dürftig. Das Schicksal teilt er mit zahllosen anderen Künstlern seiner Zeit, die durch ihr Werk, nicht durch ihr persönliches Schicksal, in die Kunstgeschichte eingegangen sind.

Das Nachleben

Die Würdigung Hans von Reutlingens verlangt nach einem Epilog, der seinen Nachruhm in der Vaterstadt betrifft. In ihr kennen wir aus vorbarocker Zeit keine wirklich faßbare namentlich bekannte große Künstlerpersönlichkeit. Hans von Reutlingen bildet die rühmliche Ausnahme. Er führt die große mittelalterliche Aachener Goldschmiedetradition zu ihrem letzten großen Höhepunkt. Noch einmal erreichen Aachener Goldschmiedewerke die Höfe von Königen und Bischöfen, entstehen Werke, die keine seriöse Kunstgeschichte unterschlagen kann.

Geschickte Fälscher bemächtigten sich der Vorlagen aus der Aachener Werkstatt des Hans von Reutlingen und versuchten daraus Kapital zu schlagen. Monilen im großen Katalog der Sammlung Spitzer und ein Buckelbecher der 1980 den Umschlag der großen Ausstellung »Ein rheinischer Silberschatz ...« im Kunstgewerbemuseum der Stadt Köln zierte, seien hier stellvertretend genannt.

Der Verfasser hat sich bemüht, in einer großen Ausstellung im Krönungsfestsaal des Aachener Rathauses 1962 alle erreichbaren Stücke Hans von Reutlingens zusammenzutragen,[13] um den Aachenern vor Augen zu führen, welch bedeutsamer Goldschmied die letzte Blüte mittelalterlicher Goldschmiedekunst in seinem Werk verkörpert. Doch Dissertationen, Aufsätze und Kataloge, Ausstellungen und Vorträge haben nicht vermocht, diesen großen Sohn in seiner Heimatstadt wahrhaft populär zu machen. Es bleibt unerfindlich, daß der Name Hans von Reutlingens bis heute kaum ins Bewußtsein der Öffentlichkeit gedrungen ist. Keine Straße, keine Schule, keine handwerkliche Einrichtung, die seinen Namen trüge. Mit welchem Stolz würden andere Städte den Namen eines Künstlers vorweisen, der Denkmäler vom Rang des Aachener Buchdeckels und des Reichsevangeliars (heute Wien), des Kreuznacher Kreuzfußes, der Lütticher Lambertusbüste, der Petrusstatuette oder der Monstranz des Aachener Domschatzes schuf, und sich Siegelschneider der Könige und Kaiser Maximilian und Karl V. nennen durfte.

Darum steht hier erneut das Desiderat, Aachener Künstlern wie Johann Josef Couven, Laurentius Mefferdatis, Alfred Rethel, Arthur Kampff, Caspar Scheuren und August von Brandis, an deren Schaffen die Namen von Straßen erinnern, Hans von Reutlingen zu gesellen, der sie alle an Bedeutung übertrifft und den dennoch das Vergessen eingeholt zu haben scheint.

Anmerkungen

1. E. Meuthen, *Biographisches zu Hans von Reutlingen*, in: Aachener Kunstblätter, Bd. 29; 1964, S. 89 ff.
2. E. Kris, *Das große Majestätssiegel*, in: Jahrbuch der kunsthistorischen Sammlungen in Wien XXXV, 1923-25.
3. E. G. Grimme, *Der Aachener Domschatz*, Düsseldorf 1972, S. 112.
4. Ders. *Der Dom zu Aachen, Architektur und Ausstattung*, Aachen 1994, S. 34.
5. J. M. Fritz, *Goldschmiedekunst der Gotik in Mitteleuropa*, München 1982, S. 317, Nr. 950.
6. E. G. Grimme, *Hans von Reutlingen*, Bonner Diss., 1954.
7. P. Colman, *Le créateur du buste - reliquaire de Saint Lambert,* in: Aachener Kunstblätter, Bd. 27, 1963, S. 13 ff. Ders. *L'orfèvrerie religieuse Liègeoise du XV. siècle à la revolution.* Liège 1966, S. 94 ff.
8. F. van Molle u. E. G. Grimme, *Ein Statuettenreliquiar des Aachener Goldschmieds Hans von Reutlingen im Schatz der Tongerner Liebfrauenkirche*, in: Aachener Kunstblätter, Bd. 19/20, 1960/61.
9. P. Colman, Anm. 7, S. 13 ff.
10. Die dem Verfasser bekannt gewordenen 46 erhaltenen Werke sind katalogmäßig erfaßt bei E. G. Grimme, *Der Aachener Goldschmied Hans von Reutlingen* ... in: Aachener Kunstblätter, Bd. 49, 1980/81.
11. E. Meuthen, Anm. 1, S. 89. Ders., Anm. 1, S. 92 f.
12. Ders., Anm. 1, S. 92 ff.
13 E. G. Grimme, *Die großen Jahrhunderte der Aachener Goldschmiedekunst*, in: Aachener Kunstblätter (Katalogband), Bd. 26, Aachen 1962.

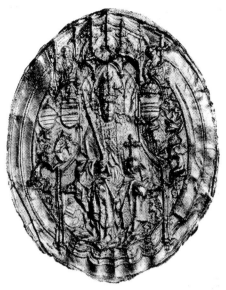

Abb. 1; Das große Majestätssiegel

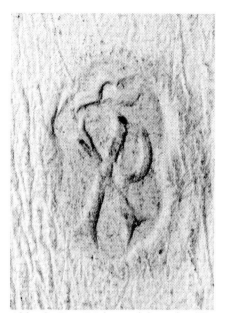

Abb. 3; Das Meisterzeichen des Hans von Reutlingen

Abb. 2; Der Buchdeckel des Reichsevangeliars

Abb. 4; Der Fuß des Kreuznacher Kreuzreliquiars

Abb. 5; Die Lütticher Lambertusbüste

Abb. 6; Statuettenreliquiar des hl. Petrus

Abb. 7; Die Dommonstranz

Abb. 8; Das Aachener Stiftssigel

Abb. 9; Paxtafel, St. Foillan

Franciscus Blondel

1613-1703

Ihr Ärzte kommt, durchforscht der Quelle Kraft!
Ihr findet Eisen, Schwefel, Salz und Erde
folgt der Natur, daß eure Wissenschaft
auf ihrem Pfad gewiesen werde.
      (J. F. Zückert, 1768)

Von Waltraut Kruse

Der erste bedeutende Badearzt Mitteleuropas war zweifellos der Aachener Franciscus Blondel, und vielleicht ist es der heilsamen Kraft des Wassers zuzuschreiben, daß ihm eine für seine Zeit so ungewöhnliche Langlebigkeit beschert wurde.

Blondel arbeitete in der zweiten Hälfte des 17. Jahrhunderts genaue Regeln für Trinkkuren aus, die er dann auf die verschiedensten Indikationen und auf seine Patienten abstimmte, wobei ihm seine Erfolge immer wieder recht gaben. Obwohl heute chemische Untersuchungsverfahren durchaus in der Lage sind, den Inhalt jedes Mineralwassers genau zu spezifizieren und auch die einzelnen Substanzen entsprechend korrekt anzugeben, geht immer noch die Anwendung der Heilwasser auf vorwissenschaftliche Erfahrung zurück. Und hier sind es gerade die Erfahrungen von Franciscus Blondel, die bis heute in der Balneo-Therapie immer noch ihre Gültigkeit haben.

Wenn auch die moderne Medizin eine Vielzahl von Möglichkeiten hat, akute und chronische rheumatische und Gelenkerkrankungen mit Medikamenten günstig zu beeinflussen, muß ganz eindeutig gesagt werden, daß es mit keinem Medikament gelingt, die Erkrankungen vollständig auszuheilen, das heißt, wirksame Medikamente müssen ständig genommen werden, sonst kehrt eine rheumatische Erkrankung wieder. Diese Möglichkeiten waren im Mittelalter nicht gegeben, so daß den Trink- und Badekuren eine enorme Bedeutung zukam, da sie durch eine Umstimmung den Körper vielleicht in die Lage versetzten, mit der Erkrankung besser fertig zu werden.

Franciscus Blondels Ausführungen und wissenschaftliche Abhandlungen über die

Außfuerliche Erklaerung und Augenscheinliche Wunderwirckung / Deren heylsamen Badt- und Trinckwaesseren zu Aach / in welchen derselben wunderbarliche Natur und Aigenschafften / auch vielfaeltige und bewehrte durch Baden und Trincken erhaltene Curen / beneben nothwendiger und nützlicher Underrichtung / wie sich die Gesunden so woll als Krancken in deren Brauchung zu verhalten haben / gruendlich beschrieben werden (Getruckt zu Aach / bey Johan Henrich Clemens Statt-Buchtrucker Anno 1688)

geben hier entsprechende Informationen.

Gesellige Trinkkuren waren seit dem Ende des 17. Jahrhunderts auch von Badeärzten in anderen deutschen Badeorten eingeführt worden. Sie trugen mit dazu bei, nicht nur den neueren, sondern vor allen Dingen den alten Bädern zu neuem Ruhm zu verhelfen. So auch in Aachen, dessen Heilquelle auf eine lange Geschichte zurückblicken konnte: Zunächst waren es die Kelten und die Römer, die die Aachener Schwefelthermen intensiv nutzten. Anschließend waren es die Franken-Herrscher Pippin und Karl der Große, die den Aachener Quellen eine ganz besondere Sympathie entgegenbrachten.

Karl der Große machte Aachen zu seiner Lieblingspfalz und gab bei der Grundsteinlegung für eine Kirche auch Weisung, ein Hafenbecken anzulegen. Sein besonderes Interesse galt der Gestaltung des Bades, das für ihn unentbehrlich war und in dem er sich entspannen konnte. Da er die Aachener Quelle aber als zu heiß empfand, ließ er kaltwasserführende Leitungen legen und erreichte damit in seinem Bad die richtige Temperatur. So wurde es zu einem Meilenstein in der Geschichte des Badewesens. Überlieferungen zufolge, hatte der Kaiser oftmals mehr als hundert Personen im Bade um sich. Dort traf er Entscheidungen, empfing Gäste und Kuriere und ließ sich über alle Geschehnisse in seinem Reich berichten. Gegen Ende des Mittelalters aber war die Stadt Aachen und damit das Bad in ihrer Bedeutung weit zurückgefallen, da es ja seit 1531 keine Kaiserkrönungen in Aachen mehr gab und damit andere Städte zum Mittelpunkt des höfischen Lebens in Deutschland wurden.

Erst Franciscus Blondel erweckte Aachen und seine Bäder aus seinem Dämmerschlaf. Er führte nicht nur die geselligen, sondern auch die medizinisch wirksamen Trinkkuren ein. Daneben pflegte er die Bäder weiter und bereicherte diese um viele technische Einrichtungen. So ließ er zum Beispiel heiße Dämpfe über der Therme einfangen und in Schwitzkästen leiten. Zusätzlich wurden Röhren eingesetzt, in denen Thermalwasser oder auch Dämpfe gezielt auf erkrankte Körperpartien geleitet werden konnten. Hiermit erzielte er große Erfolge, besonders bei Gicht- und Rheumakranken. So verwundert es nicht, daß sich die Prominenz der Welt zum ›Bad Aachen‹ hingezogen fühlte, um dort Entspannungspausen einzulegen.

Ludwig XIV schloß 1668 den Friedensvertrag mit Spanien, England und den Niederlanden in Aachen; auch die Ergebnisse des österreichischen Erbfolgekrieges wurden hier (1748/49) besiegelt. Den Höhepunkt bildete das Friedensfest vom 27. April 1759 mit einem riesigen Feuerwerk, das mit Georg Friedrich Händels Orchesterkonzert der *Feuerwerksmusik* belebt wurde. Kein Wunder, daß die Aachener Stadtväter einen kundigen Repräsentanten suchten, der dem Aachener Badewesen vorstehen und die medizinische Kompetenz mitbringen sollte, um das Badewesen zu beleben.

In entsprechend werbendem Tonfall richtete sich Franciscus Blondel mit seiner Bewerbung an

den Wol-Edlen / Edlen/Gestrengen Hochgelehrt und Wolweisen Herren Bürgermeisteren/Beampten und Ratsherren deß Königlichen Stuhls / und Kayserlichen Freyen Reiches Statt Aach etc. Meinen Großginstigen Herrn und Patronen u. a.. Wol-Edle / Gestrenge / Hochgelehrt und weise Herren U.

Im Text selbst führt er aus:

Granius, ein römischer Fürst und Feldoberster hat muthmaßlich zum ersten diese eure Aacher Badtwaesser hochgeachtet und trefflich gezieret; demnach aber die Römer überwunden - das heidenthum außgerottet - und die Bäder schier in vergeß gerathen - hat Carolus Magnus, der römische Kayser, dieselbe widerumb hierfürgezogen / herlich bewaret / und reichlich vermehret. Es haben auch eure Wohl-Edle Gestrenge und berühmte vorfahren Bürgermeister und Rathsherren nach unterschiedlichen unglückseligen Zerstör- und verhergungen zum öffteren dieselbe wiederumb auffgerichtet; ihr aber selbsten hat sie nach dem nervichen fast allgemeinen erschröcklichen Stattbrandt allereifferigst und auffs herligste erneuert / mich auch als euren Statt Artzen und mit Bürger mit wenig angespöret / und auffgemuntert auß der Aschen gleichfals beneben dem uhralten brauch zu baden die neu Trinck und der heylsamsten / Larven / warmen und kalten badtwaesser herfür zu ziehen / und zum Trost deren betrübteste mitbürger / auch verlangtem heyl und gesundheit aller armseligen Krancken und presthafften an Tag zu geben / und also dem gemeinen Man kund zu machen. Weilen auch etliche dieser Trinckcur gäntzlich zuverwerfen / anders als ein neu erfundenes Werck zu verachten / andere auch als ein von Würcklicherhitze / oder warmmachender Wasser, die Leber und eingeweid anzündende / und also gar gefährliches mittel zu beschnarchen (alle doch ungegründt) sich unterstanden haben / als habe zu vor mein fürgeben mit vernünfftigen argumenten klärlich erwisen / mit mächtigen Authoritäten bekräfftiget / und mit vielfaltigen augenscheinlichen erfahrnissen bewehrt / mit zweiffelend / daß Selbiges von allen rechtschaffenen Medicis wird approbirt und gutgeheißen / auch von Ew. Wohl-Edle und Gestrengere genehm gehalten werden. Zu diesem end hab dieß büchlein Ew. Wohl-Edle und Gestrenge zuschreiben / und unter deroselben hochahnsehnlicher und mächtiger Authorität unbeschutzung aller mißgünner neid / schimpfvögelsporred / und widersäger eiffermuth möglichst bestreiten wollen / gäntzlich verhoffend, daß hierdurch die herligkeit dieser Badtwaesser und die wollfarch deß gemeinen wesens sollen besser unterhalten und mercklich vermehret werden / wie hertzlich wünsche und verlange.

Das Dokument schließt mit der Unterschrift:

Ew: Wohl-Edle Gestrenge u.
Verpflichter Schuldigster Diener und Mitbürger
Franciscus Blondel Med. Doktor

Mit dieser Einführung machte sich Franciscus Blondel bei seinen Dienstherren und Stadträten beliebt und bekannt und sorgte dafür, daß die Funktion des Badearztes immer mehr in den Mittelpunkt trat. Obwohl Fürsten und Adlige teilweise ihren eigenen Arzt in das Bad mitbrachten, praktizierten zunehmend fest angestellte Badeärzte in den Kurorten, so also auch in Aachen.

Blondels Leben

Franciscus Blondel wurde im Jahr 1613 in Lüttich geboren. Weder seine Abstammung bzw. die Namen seiner Eltern sowie der Beruf seines Vaters noch seinen Geburtstag ließen sich trotz intensiver Nachforschungen in Lüttich feststellen. Ebenfalls fand man keinerlei Angaben über den Ort und die Art seiner Schulbildung. Das Medizinstudium absolvierte Blondel in Douai (Schmitz-Cliever); er promovierte

1643 an der dortigen Fakultät für Medizin. In allen Quellen wird übereinstimmend Douai als Studienort angegeben. Allerdings weist Paquot in seiner Biographie über Blondel auf Köln als möglichen Studienort hin. Sicherlich kann man den Wechsel der Hochschule auch im 17. Jh. nicht ausschließen. Dennoch waren es vor allem die französischen, belgischen und holländischen Universitäten, die von den Ärzten im 17. Jahrhundert bevorzugt wurden, während die Universität Köln erst im 18. Jahrhundert genannt wird.

Seine ärztliche Tätigkeit begann Blondel in Malmedy. Von Anfang an galt sein Interesse der Balneologie und bereits in Malmedy übte Blondel die Funktion eines ›Badt medicus‹ aus, wie wir aus einem Bittschreiben an den Rat der Stadt Aachen aus dem Jahre 1674 erfahren können, in dem er sich darüber hinaus seiner 30-jährigen Tätigkeit als Badearzt rühmt.

Nur so ist auch sein Wechsel nach Spa zu verstehen, einem Bad, das durch seinen Sauerbrunnen schon zu Beginn des 17. Jh. große Bekanntheit erlangt hatte und somit die Möglichkeit gab, umfassende balneologische Erfahrungen zu sammeln.

In Spa lernte Blondel dann auch die Trinkkur kennen. Obwohl im übrigen Deutschland diese Form des Gebrauchs der Bäder erst im 18. Jahrhundert eine entsprechende Anerkennung erfuhr, wurde in Spa bereits zu Beginn des 17. Jahrhunderts die Trinkkur ausschließlich angewandt und begründete auch einen entsprechenden Ruhm. Zur damaligen Zeit hatte Blondel bereits einen gewissen Ruhm erworben. So ernannte ihn zum Beispiel der Kurfürst von Trier Christoph von Süteren (1623-1652) zu seinem Leibarzt. Auf diese Stellung war er stolz und in dem bereits genannten Bittbrief vom 15. April 1674 weist er auch auf diese ehrenvolle Stellung hin, die er bis zum Tod des Kurfürsten im Frühjahr 1651 bekleidete.

Nach dessen Tod mußte er sich ein neues Tätigkeitsfeld suchen, und so wandte sich Blondel an die Stadt Aachen, die sich zu einem bekannten Heilbad entwickelt hatte und »vornehme und angesehene Persönlichkeiten« beherbergte.

Blondel brachte für Aachen seine Erfahrungen als Badearzt, die er in Spa und Malmedy gesammelt hatte, mit. Bereits vier Jahre nach seiner Übersiedlung nach Aachen erlebte er den großen Stadtbrand 1656, den er auch in seiner Monographie entsprechend ausführlich schildert:

Endlich der allererschröck-betrübtest-undschädlichster unfal ist gewesen die sechste Feurbrunst, welche entstanden den 2. Maij 1656. worüber mich noch grauset, wan mich erinnere, wie dieselbe gegenwärtig angesehen. Diese hat angefangen gegen der Pfar-Kirch deß heiligen Jacobi über; ergriffe erstlich die nechst umbligende Häusser, bald aber fluge über die Gassen auß, ergriffe und verzehrte alles, was erreichen konte. Die innere Statt hats schier gantz mit der heerlichen Kirchen unser L. Frawen, dem Rath-Hauß, und 20. theils Kirchen, theils beyder Geschlechts Clösteren eingeäschert, und die Klocken zerschmoltzen.

Ebenfals hats den meisten theil der eusseren Statt verzehret, also deß elendiglich nach gemeiner rechnung zwischen drey biß vier tausent Häuser, beneben Haußrath und fast unerschetzlichem vermögen der Bürger mit dem Rauch hingenommen worden. (Blondel, S. 8)

Über seine berufliche Tätigkeit zum Zeitpunkt dieses Ereignisses ist wenig bekannt, da durch den Stadtbrand alle Ratsprotokolle vernichtet wurden.

Besondere Verdienste erwarb sich Blondel durch die von ihm eingeführte Trinkkur.

Es ißt benebenst dannach stadt und welt kundighs, daß ich alß Uhrheber und author das heilsahme drincken der warmen wäßeren ungeacht vieler anderer Wiederwertiger meinung löblich auferbracht...

Die öffentliche Einführung der Trinkkur fand dann ab Sommer 1661 in Aachen statt.

Zu dieser Zeit entstehen auch die ersten Veröffentlichungen über die Trinkkur-Erfolge, die Blondel mit einer entsprechend umfassenden lateinisch geschriebenen Schrift und den dort aufgeführten Heilungsgeschichten beschreibt. In den nun folgenden Jahren erscheinen weitere Veröffentlichungen (meist in lateinischer Sprache) mit einer Badeschrift — ein Werk, das bereits 1685 erneut herausgegeben wird. Wenige Jahre später erscheint schon die dritte Auflage, die er um ausführliche Darstellung der Badehäuser am Hof und Büchel erweitert und mit einer umfangreichen Kasuistik der Bade- und Trinkkur ergänzt.

Indem er 1688 seine Veröffentlichungen in die deutsche Sprache übersetzte, war die Möglichkeit geschaffen, nun auch einen weit größeren Kreis anzusprechen und die Bedeutung seines Werkes, aber auch der Badestadt Aachen aufzuwerten. Hier wendet er sich besonders an die medizinischen Laien, um diesen (als mögliche Patienten) genaue Anweisungen zu geben. Aber nicht nur das, er beschreibt die Stadt Aachen mit ihren Bädern, erörtert die Theorie über die Entstehung und Analyse der heißen Quellen und gibt ausführliche Anweisungen zu ihrer therapeutischen Nutzung, wiederum mit besonderer Gewichtung der neu eingeführten Trinkkuren.

1686 wird er dann als Superintendant der Bäder eingesetzt:

... schließlich gereicht auch mit wenig zu meinem fürtheil und praeferents daß die hinder mir herr Dedier pro Superintendentia praedicato bey E. E. hochweisen Rath suppliciret, ich demselben bin in eodem titulo adjungirt worden. (Ratsuppl. vom 1. Februar 1686)

Erst 1686 wird die Stelle eines Stadtarztes in Aachen frei, auf die man schließlich Franciscus Blondel beruft. Besondere Bedeutung kam den Stadtärzten vor allem in solchen Zeiten zu, in denen sie als Berater der Verwaltung tätig wurden und die Gesundheitsfürsorge der Stadt inne hatten.

Blondel war bei seiner Bewerbung um die Stadtarztstelle bereits 73 Jahre alt und führte dessen ungeachtet in seinem Bewerbungsschreiben selbstbewußt zahlreiche Gründe für seine besondere Eignung an: zum Beispiel seinen 34 Jahre währenden Dienst für die Stadt, die Betreuung der Hospitäler, die Behandlung der Armen und die Einführung der Trinkkur und Herausgabe seiner Thermenschrift.

Der Rat der Stadt Aachen fand diese Argumentation überzeugend und übertrug Blondel am 1. Februar 1686 die Stadtarztstelle. Und so mußte auch er durch den seinerzeit für Ärzte üblichen Eid geloben, »argstes soviell möglichst zu verhindern und zu verhüten«.

Am 9. Mai 1703 starb Franciscus Blondel im Alter von 90 Jahren. Er wurde in der Dominikanerkirche, der jetzigen Pfarrkirche St. Paul, beigesetzt; die ausgedehnte Zerstörung dieser Kirche im zweiten Weltkrieg erklärt vermutlich das heutige Nichtvorhandensein einer Grabplatte.

Blondels Wirken in Aachen berücksichtigt nicht nur die Entwicklung der Balneologie, sondern ebenso eine Gegenüberstellung zwischen antiker Medizin und der sich im 17. Jahrhundert bereits entwickelnden medizinischen Wissenschaften. Sicher kann man seine Badeschriften nicht mit Lehrbüchern der heutigen Physiologie vergleichen, dennoch machen sie deutlich, wie sich auch schon in der damaligen Zeit die Medizin mit entsprechenden Heilmethoden (und hier der Wärme des Heilwassers) half und weiterentwickelte. Deshalb kann Franciscus Blondel als der bedeutendste Badearzt des 17. Jahrhunderts bezeichnet werden. Für die Stadt Aachen waren es vor allem die wirtschaftlichen Aspekte, die besonders nach dem großen Stadtbrand von 1656 durch das Wiederaufleben des Badewesens eine große Bedeutung für die weitere städtische Entwicklung bekamen. Ebenso auch die Aufnahme und Verbreitung der Trinkkur, die mit der Anlage entsprechender Trinkbrunnen und Wandelhallen gerade das anspruchsvolle Badepublikum nach Aachen zog. Darüber hinaus sind es aber auch die Schriften und wissenschaftlichen Abhandlungen, mit denen Blondel nicht nur für den Historiker, sondern auch für den Balneologen interessante Rückschlüsse auf die Entwicklung der Balneologie gibt.

Steudel schreibt über das Wirken Blondels wie folgt:

Franciscus Blondel (1613-1703), der bedeutendste Badearzt des 17. Jahrhunderts, fügte geschickt die neuen Publikumsansprüche in den Badebetrieb an den Aachener Thermen ein. Er hat in der zweiten Hälfte des 17. Jahrhunderts in Aachen die Trinkkur ausgebaut, ihre Indikationen, vor allem bei gichtigen Erkrankungen, herausgearbeitet und sich damit den Ehrentitel eines "thermopotationum institutor" verdient". (Steudel, J. Hdb. Geschichte der Bäder- und Klimaheilkunde. In: Handbuch der Bäder- und Klimaheilkunde, Hrsg. Amelung, W., Evers, A.)

Mit dem Aufschwung der naturwissenschaftlichen Forschungen im 19. Jahrhundert und im Zuge der sich entfaltenden Technik fühlen sich heute Ärzte mehr denn je veranlaßt (und auch durch die Erfolge aufs neue bestätigt), physikalische Entdeckungen auf medizinische Nutzbarkeit zu prüfen.

Auch wenn es ein breites physikochemisches Mittelfeld mit unscharfen Grenzen gibt, kann man sagen, daß physikalische Therapie mehr mit physikalischen als mit chemischen Vermittlern arbeitet. Selbst die kleinen Eiswürfel der Kältetherapie üben nicht nur Druck- und Termperaturreiz aus, sondern auch biochemisch vermittelte Reaktionen und Gegenreaktionen.

Therapie ist also in diesem Sinne angewandtes Lebenswissen, Lebensweisheit und Lebenskunst. Bei einem beseelten menschlichen Wesen ist alles auch psycho-somatisch und ebenso somato-psychisch. Krankenbehandlung war und ist immer zugleich leiblich und seelisch, unabhängig davon, ob das bewußt oder verdrängt, hochkultiviert oder intuitiv geschah. Physikalische Therapie arbeitet möglichst unmittelbar mit den Elementen und den Kräften der Natur, also mit den natürlichen Reizen von Luft und Licht, von Wasser, Erde, Moor und Schlamm, von Wärme und Kälte, aber auch von Lagerung und Druck — sie nutzt Bewegung und Atmung.

Der Pluralismus unserer Therapie heute stemmt sich gegen jede Polypragmasie. Therapie verlangt — auch zu unserer wissenschaftlichen Weiterentwicklung — nach Begründung und Verständnis für jede Maßnahme. Das heißt, nicht nur nach der historischen Entwicklung, sondern auch nach Wissenschaftlichkeit und therapeutischer Bedeutung. Physikalische Therapie ist heute mehr denn je eine »nach Möglichkeit« funktionserhaltende und stets funktionsübende Therapieform. Heute ist die physikalische Medizin längst wieder aus ihrem Schattendasein herausgetreten. Seit dem naturwissenschaftlichen Forschungsansatz sind der physikalischen Therapie große Erfolge gelungen, die dem wirklichen Erfahrungsschatz hinzugefügt werden müssen.

Aus diesen Überlegungen heraus, aber auch in Würdigung des bedeutenden Aachener Badearztes verleiht die Stadt Aachen seit 1977 die Dr. Franciscus Blondel-Medaille. Bei ihr handelt es sich um eine Auszeichnung, mit der Ärzte ausgezeichnet werden, die sich auf dem Gebiet der

Rheumatherapie in besonderem Maße verdient gemacht haben.

Die bisherigen Preisträger sind:

1977 Prof. Jantsch, Wien
1978 Prof. Ott, Bad Nauheim
1979 Prof. Drexel, München
1980 Prof. Günther, Innsbruck
1981 Prof. Bock, Tübingen
1982 Prof. Sitaj, Bad Piestany / Tschechoslowakei
1983 Prof. Böni, Zürich
1984 Prof. de Blécourt, Groningen
1985 Prof. Miehlke, Wiesbaden
1986 Prof. Weimann, Höxter
1987 Prof. Mathies, Bad Abbach
1988 Prof. Kaiser, Augsburg
1989 Dr. Peter, Aachen
1990 Prof. Hartl, Aachen
1991 Prof. Hauss, Münster
1992 Prof. Hartmann, Hannover
1993 Prof. Schmidt, Bad Nauheim
1994 Dr. Josenhans, Bad Bramstedt
1995 Prof. Gschwend, Zürich
1996 Prof. Keitel, Magdeburg
1997 Prof. Kalden, Erlangen-Nürnberg

Die physikalische Medizin ist zukunftsträchtig und ihr naturwissenschaftlicher Einsatz auch weiterhin erforderlich. Franciscus Blondel — als Vordenker einer sinnvollen Ausgestaltung heilkräftiger Kuren — ist für Aachen als Badestadt auch heute noch richtungsweisend. Seine therapeutischen Gedanken lagen in der Vorsorge und im Wachhalten des Gesundheitsgewissens. Es gab und gibt auch heute noch geistige und materielle Grenzen der Therapie. Darum gilt es,

— *das Vernünftige zu suchen*
und
— *das Mögliche zu erkennen*
und
— *das Erkannte zu ermöglichen*
und
— *das Gefundene vernünftig zu verwenden.*

(Hippokrates-Medaille 1981 —
H. E. Bock, Therapiewoche 32, 43, 1962)

Literaturempfehlungen

Blondel, F.: *Außfuerliche Erklaerung und Augenscheinliche Wunderwirckung deren heylsamen Badt- und Trinckwaesseren zu Aach ...*, Aach 1688

Bock, H. E.: *Die Bedeutung der physikalischen Therapie im Rahmen unserer therapeutischen Pluralität.* Therapiewoche 32, 5169-5176 (1962) Verlag D. Braun

Hahn von, G., Schönfels von, H. K.: *Wunderbares Wasser. Von der heilsamen Kraft der Brunnen und Bäder.* AT Verlag Aarau, Stuttgart

Thissen, J.: *Geschichte des Bades Aachen.* In: Aachen als Kurort. Hrsg. Beissel, J., Aachen 1889. 3-26

Weberbauer, I.: *Der Aachener Badearzt Franciscus Blondel (1613-1703) und sein Werk.* Diss. der Medizinischen Fakultät der RWTH Aachen, 1977

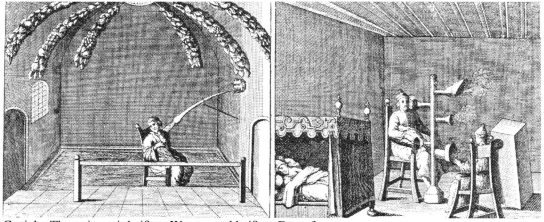
Gezielte Therapien mit heißem Wasser und heißem Dampf

Badegäste in Aachen um 1725

Badeleben in Aachen

David Hansemann

1790-1864

Ein sozialer Kapitalist?

Von Heinz Malangré

Ein »typischer Aachener« war er nicht. Er kam aus Norddeutschland, aus Finkenwerder bei Hamburg. Sein Vater war evangelischer Pastor. Er wuchs dann auf in Heiligenfelde, lernte ab 1804, als Vierzehnjähriger, Kaufmann im westfälischen Rheda. Für ein Studium langte es nicht im knappen Pfarrerhaushalt, bei sechs Kindern aus zwei Ehen. David ist der Jüngste, 1790 geboren.

Im »Detailgeschäft« der Gebr. Schwenger lernt David das Kaufen und Verkaufen, das Rechnen und Buchen. Prinzipal des Lehrhauses ist Herr Ferdinand Schwenger. 1804 ist »Franzosenzeit«, Napoleon herrscht im Linksrheinischen, Ferdinand Schwenger ist Bürgermeister im französisch bestimmten Rheda, der junge David hilft nicht nur im Kaufmannsladen, sondern auch bei den Amtsgeschäften, lernt Französisch, erhält Einblick in das nüchterne napoleonische Amtssystem. Fünf Jahre dauert seine Ausbildung. Er muß sich wohl sehr gut angestellt haben, wie eine Anekdote belegt, die ich folgend frei aus einer Monographie des Landkreises Wiedenbrück zitiere:

David Hansemann bezog schon nach zweijähriger Lehrzeit die damals seltene Vergütung von zwei Talern. Das ärgerte einen anderen Lehrling, der ein halbes Jahr länger bei Schwenger arbeitete und noch keinen Pfennig bekam. Dieser beschwerte sich beim Prinzipal Ferdinand Schwenger und erhielt statt einer Antwort den Auftrag festzustellen, welche Ladung der Wagen enthalte, der gerade auf den Markt gekommen war. Schon nach kurzer Zeit kehrte er zurück und meldete: ›Bohnen!‹ — Dann erhielt Lehrling David den gleichen Auftrag. Er brauchte ein wenig länger. Sein Bericht lautete: ›Auf dem Wagen sind grüne Stangenbohnen, Sorte Früher Juli. Der Verkäufer heißt Bruno Schmitz und wohnt in Gütersloh. Er berechnet das Pfund mit einem Groschen. Einen Zentner würde er uns für sieben Mark lassen. Er kann an jedem Markttag 15 Zentner liefern. Heute hat er nur noch einen Zentner auf dem Wagen. Um mit Ihnen ins Geschäft zu kommen, will er sie Ihnen für sechs Mark den Zentner lassen. Ich habe ihn auf fünf Mark herabgedrückt. Dieses Angebot gilt nur bis 1 Uhr. Es würde ihm eine Ehre sein, Herrn Schwenger regelmäßig zu beliefern.‹

Das erinnert mich an eine Mahnung meines ersten großen Chefs und Lehrmeisters, des Generaldirektors Adam Lambertz bei den Vereinigten Glaswerken, der uns jungen Mitarbeitern immer wieder sagte: »Tut das, was ihr tun müßt, und noch etwas mehr — und dieses »Mehr« ist es, was euch steigen läßt!« Das hat sich wohl David Hansemann schon zu Herzen genommen ...

Am 3. Juli 1809, knapp neunzehnjährig, erhält David Hansemann von Ferdinand Schwenger sein Zeugnis. Wir kennen es im Wortlaut. Es bescheinigt dem Handlungslehrling Treue und Fleiß, gute Arbeit, Sprachkenntnisse im Englischen, Französischen und Italienischen, sittliche Führung und Lerneifer. Man könne ihn jedem Hause bestens empfehlen.

Nach beendeter Lehre tritt Hansemann 1810 bei der Tuch- und Wollfabrik Elbers in Monschau als Reisender ein. Er reist landauf, landab, verkauft Tuch und Wolle am Rhein, in der Schweiz, in Burgund, Lothringen, Brabant, in Österreich und in Sachsen. 1817 hat er 1000 Taler gespart, und er will ein eigenes Geschäft aufmachen. Wohin? Er geht nach Aachen. — Schon damals ist Aachen Textilstadt; rund 40 Tuchfabriken hat es nach B. Poll gegeben. Zwar ist Aachen seit dem Wiener Kongreß 1815 nicht mehr die Hauptstadt des französischen Roer-Departements, sondern Preußen zugeschlagen; aber neue Wirtschafts- und Absatzräume entstehen; das preußische Zollgesetz von 1819 wird zum »Kristallisationskern« des späteren Zollvereins, für den Hansemann sich dann als Kammerpräsident und Politiker leidenschaftlich einsetzen wird.

1817 also ist das Jahr der Niederlassung in Aachen. Der Wahl-Aachener hat Erfolg, sein Geschäft floriert, er verdient kräftig Geld, er heiratet 1820 — und das hätte es dann sein können für ein langes, glückliches Leben. Amen.

Nicht so bei David Hansemann. Es treibt ihn zu neuen »Grenzüberschreitungen«, von denen wir bis heute so vielfältig profitieren, er wird zum Versicherungsgründer und sozialen Bahnbrecher, zum Eisenbahnpionier, zum Politiker, Minister und Bankier. All dies fällt — zumindest im Ansatz — in Hansemanns »Aachener Jahre« 1817 bis 1848. In diesen 30 Jahren wird aus dem Tuchhändler der erfolgreiche Verfechter neuer wirtschaftlicher, sozialer und politischer Ideen, und zwar erstaunlicherweise nicht nur in der andere befruchtenden geistigen Konzeption, sondern in der ganz seltenen Kombination von Idee und Ausführung und in der noch selteneren Kombination von Eigennutz und Gemeinnutz. Wir wollen dies »der Reihe nach« betrachten.

1817, das Jahr der Niederlassung David Hansemanns in Aachen, ist ein schwieriges, hartes und armes Jahr. Mißernten im ganzen Land bringen Teuerung, der Verlust des westlichen, französischen Marktes bremst den Absatz der Fabrikerzeugnisse, ohne daß der neue, preußische Markt schon sofort spürbare Erleichterung brächte. Am schwersten aber wiegt die beginnende Strukturwandlung im Produktionsprozeß: Die Dampfmaschine tritt an gegen die Handarbeit, Fabrikorganisation wirft das traditionelle System der Heimarbeit über den Haufen, Viktor Gielen beschreibt die Lage in *Aachen im Vormärz*:

Eine Spinnmaschine z. B. leistete mit 10 Mann Bedienung die Arbeit von 50-90 Personen vor ihr ... Die Tagesarbeit einer Hausspinnerin wurde durch die Spinnmaschine in 10 Minuten erledigt. Ein Stück Gewebe, das zur Herstellung mit der Hand 340 Stunden brauchte, wurde von der Maschine in 3 Stunden 40 Minuten verfertigt ... Eine tiefgreifende Unzufriedenheit macht sich darum unter der Bevölkerung breit. Die Arbeitnehmer fühlen sich von allen verlassen ...

Was soll Hansemannn das kümmern? Sein Geschäft blüht, er verdient trotz allem, expandiert in Speicher und Lagerhäuser. Nach fünf Jahren in Aachen beträgt sein Vermögen 100.000 Franken. Da gründet er zusammen mit 22 anderen Bürgern am 9. August 1824 die »Aachener Feuer-Versicherungs-Gesellschaft«, die Keimzelle der heutigen A&M-Gruppe. Ein Tuchhändler im Versicherungsgeschäft? Jawohl, aber mit einer großartigen Zusatzidee, die in die soziale Not hineinzielt: Die Ertragschancen der Versicherung werden der Allgemeinheit verpflichtet, indem satzungsgemäß jeweils die Hälfte der erzielten Gewinne wohltätigen Zwecken zugute kommt. Hierzu wird der »Aachener Verein zur Beförderung der Arbeitsamkeit« geschaffen, der in den ersten Jahrzehnten seines Bestehens an die 30 Millionen Mark einnimmt und für soziale Zwecke ausschüttet — ausschüttet allerdings für solche Verwendungen, die wiederum nicht einfach Not streichelten und glattbügelten, sondern »Hilfe zur Selbsthilfe« darstellten, wie wir das heute aus der Entwicklungshilfe so selbstverständlich kennen. Kindergärten, Hospize, Schulen werden unterstützt, bis hin zur Technischen Hochschule, deren Gründung ohne den Hansemann'schen »Verein« nicht möglich gewesen wäre ... Das waren Strukturhilfen, von denen wir bis heute profitieren. (Die wirtschaftliche Gesamtentwicklung gab übrigens Hansemann und anderen hartnäckigen Optimisten recht: Bis zur Mitte des 19. Jahrhunderts waren die Härten der ersten industriellen Revolution überwunden und in eine allgemeine Prosperität und Vollbeschäftigung eingemündet; welche hoffnungsvolle Parallele zu unserer heutigen Situation, in der sich ebenfalls die Produktivität vom Arbeitsmarkt abkoppelt!)

Hansemanns Gründungen haben Bestand. Die Aachener und Münchener Versicherungsgruppe gewann europäische Bedeutung. Der »Verein zur Beförderung der Arbeitsamkeit« mündete in eine Vielzahl sozialer und gemeinwirtschaftlicher Aktivitäten, von denen unsere heutigen Sparkassen nicht die unwichtigsten sind; sie entstanden aus dem vom »Verein« gehaltenen Prämien- und Sparfonds.

In meiner Hansemann-Biographie von 1990 habe ich David Hansemann als »sozialen Kapitalisten« bezeichnet. Er verdiente Geld und setzte es ein, damit es anderen auch gut ging. Sozialen Puristen und Eiferern ist das verdächtig. Die Dichterin Ricarda Huch schreibt kritisch:

Er inszenierte eine großartige Wohltätigkeit nicht am Überfluß des Herzens, sondern um des Ansehens willen, aus Organisationstrieb und weil allgemeines, angestrebtes Geldverdienen ihn befriedigte ... Unterstützt sollten nach Hansemanns Absicht nicht die ganz Hilflosen, Schwachen, Untauglichen werden, sondern die Fleißigen sollten zu erhöhtem Fleiß und zu Sparsamkeit angeleitet werden ... Hansemann war durchaus nicht ohne Wohlwollen für die Arbeiter und Armen, nur mußten sie in ihrer bescheidenen Dunkelheit bleiben.

Na, ob man das von jemand sagen darf, dessen Aktivitäten zur Gründung einer Hochschule von Weltruf mit derzeit 40.000 Studenten beigetragen haben, deren Technologiepotential und Dynamik heute den Nukleus einer höchst erfolgreichen Innovationspolitik in der ganzen Region darstellt ...?

Das gesellschaftliche Engagement Hansemanns findet weitere Formen. Er stellt sich in zwei Amtszeiten, nämlich von 1836 bis 1839 und von 1843 bis 1848, der Industrie- und Handelskammer zu Aachen als Präsident zur Verfügung, und er verwaltet dieses reine Ehrenamt mit Elan und Erfolg. Er prägt die großen Jahresberichte der Kammer bis heutezu, nach den Maximen, die zum Beispiel in der Einleitung des Jahresberichtes 1843 anklingen:

Handel und Gewerbe nehmen von Jahr zu Jahr eine größere Wichtigkeit unter den Factoren ein, welche die Macht des Staates im Innern und nach Außen bilden. Mehr und mehr sieht nicht nur der Staatsmann, sondern auch jeder Gebildete ein, daß es überall eine Hauptaufgabe der Regierungen seyn muß, Handel und Gewerbe zu haben, nicht nur aus Wohlwollen für die Landes-Angehörigen, sondern auch aus der höchsten politischen Rücksicht, aus dem gerechten Bestreben, reich an innern Staatskräften und stark dem Auslande gegenüber zu seyn.

Man sieht, der »Standort Deutschland« war auch damals schon ein Thema.

Das besondere Interesse des Kammerpräsidenten gilt der Verkehrssituation im Aachener Raum. Damit kommen wir zu einem weiteren Kapitel, zu einer weiteren »Grenzüberschreitung« im wahrsten Sinne des Wortes.

Bedenken wir, daß durch die Trennung Belgiens von den Niederlanden 1830 die bislang freie Wasserstraßenverbindung der Rheinlande mit der Scheldemündung, dem Seehafen Antwerpen und damit der Nordsee unterbrochen wurde, daß die Niederlande also die Rheinschiffahrt blockieren konnten und Köln das »Stapelrecht«, das Recht zum Umschlag der auf dem Rhein von Norden kommenden Waren auf mittel- und oberrheinberechtigte Schiffe verlor — bedenken wir all dies, dann springt die Notwendigkeit einer neuen Verkehrsverbindung von Köln nach Antwerpen ins Auge. Diese neue Verkehrsverbindung konnte nur das neue Medium schaffen, das damals von England kam und allenthalben Furore machte: die Eisenbahn. Also wurde über eine Bahnverbindung Köln-Antwerpen nachgedacht, die den rheinischen Raum mit der Nordsee verbinden sollte.

1833 tritt in Köln ein Komitee für den Bahnbau von Köln nach Belgien zusammen. Treibende Kraft ist der Kaufmann und Kölner Handelskammerpräsident Ludolf Camphausen.

Camphausen vertritt mit dem Kölner Komitee für die neue Bahnlinie eine Streckenführung, die an Düren und Aachen nördlich vorbeigeht, aus finanziellen Gründen, wie man sagt. Die Überwindung des Aachener Talkessels sei zu teuer. Dagegen ist Hansemann der Auffassung, daß gerade von Düren an in westlicher Richtung die wirtschaftliche Bedeutung zunehme und daß daher Aachen in der künftigen Bahnverbindung eine ganz wesentliche Rolle spielen müsse. Viel Diplomatie und Interessenspiel geht hin und her, bis Hansemann schließlich parallel zur Kölner »Rheinischen Eisenbahngesellschaft« eine Aachener »Preußisch-Rheinische-Eisenbahn-Gesellschaft« gründet, die ein Kapital von zwei Millionen Talern für die Eisenbahnlinie Köln-Belgien beisteuert und damit den Bau des heute noch bestehenden Viadukts in Aachen-Burtscheid finanziert, für eine Eisenbahn, die laut Satzung »von Eupen anfangend, nach Aachen und von da nach Köln, und zwar über Düren« führen soll, »insofern das letztere von der Staatsregierung für zweckmäßig erkannt wird.« Damit hat Berlin den »Schwarzen Peter«, Hansemann verhandelt persönlich mit der Preußischen Staatsregierung und erreicht am 12. Februar 1837 die Kabinettsordre, welche den

Streit mit Köln zugunsten von Aachen und Düren entscheidet. Camphausen schreibt im März 1837 an seinen Freund Schnitzler über Hansemann:

Dieser Wollhändler sitzt dick in der Wolle ... man muß seiner Energie, seiner Ausdauer, seinen ungeheuren Erfolgen Respekt zollen ... Seine persönliche Bekanntschaft hat nicht den angenehmen Eindruck auf mich gemacht, den ich mir davon versprach. Ich fürchte, er gehört zu denjenigen Charakteren, die nur nach dem Ziele sehen, nicht nach dem Wege ...

Offenbar hat Camphausen sich über Hansemann geärgert. — Wer hätte damals geahnt, daß sich 1848 Ludolf Camphausen und David Hansemann in der Preußischen Staatsregierung wiederfinden würden, Camphausen als Ministerpräsident, Hansemann als Finanzminister? Man sieht, auch zwischen Köln und Aachen geht manches.

Angefügt sei, daß Hansemann das Bahnthema nicht »so nebenher« anpackt, sondern daß er es einbettet in sehr gründliche Studien, wie alles, was er tut. Er publiziert seine Erkenntnisse 1837 in zwei Schriften, die man getrost als erste Kalkulation und Betriebswirtschaftslehre der deutschen Eisenbahn bezeichnen darf: *Die Eisenbahnen und deren Aktionäre in ihrem Verhältnis zum Staate* und *Preußens wichtigste Eisenbahnfrage*.

Am 1. September 1841 ist es soweit:

Schon um 6 Uhr morgens verläßt ein Sonderzug Aachen, um die zu den Einweihungsfeierlichkeiten geladenen Ehren-gäste aus dieser Stadt, darunter alle Akti-onäre, nach Köln zu bringen. Unter dem Donner der Kanonen besteigen dort gegen 10 Uhr die nicht weniger als 1400 Teilnehmer 29 geschmückte Waggons, die von den Lokomotiven ›Rhein‹, ›Herkules‹ und ›Vorwärts‹ gezogen werden ... Fünfhundert Waisenkinder aus Aachen werden zu einer Sonderfahrt mit der neuen Eisenbahn eingeladen ...

So lesen wir in der Festschrift zum 150-jährigen Bestehen der Waggonfabrik Talbot in Aachen, die für die Aachen-Kölner Bahn ihre ersten Waggons liefert!

In dieser Festschrift sehen wir auch den ersten Fahrplan »während der Herbst-Monate 1841«: Zweimal am Tag fuhr der Zug von Aachen nach Köln und umgekehrt. Die Fahrtzeit zwischen beiden Städten betrug drei Stunden. — Bald wird der TGV in weniger als einer halben Stunde über die gleiche Strecke brausen, in Trassenführung und Haltepunkt ähnlich umstritten wie sein gemütlicher Vorgänger vor 150 Jahren ...

Es muß noch gesagt sein, daß der Eisenbahnpionier Hansemann bei einer Vielzahl weiterer Bahnlinien maßgeblich mitwirkte, so bei der Köln-Mindener Bahn, bei der Aachen-Maastrichter Bahn, bei der Aachen-Düsseldorfer Bahn. Sein Bemühen führte von der Einzelstrecke Köln-Antwerpen allmählich zu einem sich immer mehr verdichtenden Eisenbahnnetz in Preußen und hierüber hinaus nach Holland und Belgien. Er hatte die entscheidende Bedeutung guter Verkehrsstrukturen für das Gedeihen eines Landes klar erkannt und setzte diese Erkenntnis in Taten um, wie alles, was er für richtig und wichtig hielt.

Nun haben wir also schon den Kaufmann, den Versicherungsgründer und Sozialpraktiker, den Kammerpräsidenten und den Eisenbahnpionier gesehen — war es das? Nein, David Hansemann zieht weiter seine Kreise, in immer neuen »Grenzüberschreitungen«.

Bei der Eisenbahnfrage begegneten wir schon dem Schriftsteller, der seine Probleme klar durchdenkt und seine Gedanken zu Papier bringt, der Rechenschaft ablegt über seine Ideen und Pläne. Diese Gedankenarbeit gehört zu seiner Methode, er prüft und läßt sich überprüfen, er wirbt öffentlich für seine Vorhaben. — Hansemann ist kein Literat im ästhetischen Sinne, er betreibt nicht »l'art pour l'art«, er schreibt, um etwas zu erreichen. So kommen seine Themen aus den Realitäten der Zeit; Dieter Schäfer notiert in einer Festschrift zum 100. Todestag Hansemanns 1964:

Wenn man die 21 wichtigsten Druckschriften Hansemanns, zum Teil stattliche Bücher, dem Inhalt nach ordnet, bestehen sie aus sechs politischen Arbeiten, sechs Eisenbahnschriften, eine Publikation betrifft die Mahl- und Schlachtsteuer, eine andere die gewerblichen Verhältnisse in Aachen und Burtscheid, drei betreffen den Verein zur Beförderung der Arbeitsamkeit, eine die Einführung des Handelsgesetzbuches, drei weitere Bank- und Versicherungsfragen.

Schon 1830 verfaßt Hansemann eine Denkschrift an den König: *Über Preußens Lage und Politik am Ende des Jahres 1830.* Friedrich Wilhelm III. quittiert gnädig Hansemanns Brief und Denkschrift und überstellt beides 1831 dem Innenminister v. Schuckmann zur Beurteilung; die Denkschrift bleibt in der bürokratischen Sackgasse stecken. Doch Hansemann gibt nicht auf. Er publiziert 1833 über einen Leizpziger Verlag sein Buch *Preußen und Frankreich. Staatswirtschaftlich unter besonderer Berücksichtigung der Rheinprovinz. Von einem Rheinpreußen.* Zunächst also anonym, dann aber in einer Neuauflage 1834 mit vollem Namen: »Von David Hansemann«. Das Buch macht Furore. Es geht um die große Linie einer Modernisierung des Verwaltungs- und Steuerapparats, mit vielen kritischen Details und preußisch-französischen Vergleichen. Die Kritik ist teilweise infam. Der preußische Justizminister v. Kamptz lehnt 1834 die Wiederbestellung Hansemanns zum Handelsrichter in Aachen mit folgender Begründung ab, die ich nach Hansemanns großem Biographen Alexander Bergengrün zitiere:

Er hat das Buch ›Frankreich und Preußen‹ herausgegeben. Dies Buch atmet die entschiedenste Bitterkeit gegen die Verfassung und Verwaltung und hat die ebenso entscheidende Tendenz, die Annäherung an dieselbe zu erschweren ... Ein solcher Mann verdient meines ehrfurchtsvollen Erachtens die Bevorzugung einer Allerhöchsten Dispensation nicht und würde der letzteren den Charakter der Allerhöchsten Gnade und die Anerkennung des Verdienstes entziehen und auch für die Amtswirkung und den daraus hervorgehenden Einfluß auf die Geschäfte und die öffentliche Stimmung nachteilig sein.

So, dieses Zitat mußte sein. Sein Schwulst steht, nebenbei gesagt, in krassem Gegensatz zu dem sehr klaren Stil Hansemanns, der ohne Eitelkeit zur Sache kommt.

König Friedrich Wilhelm III. versagt Hansemann aufgrund des Kamptzschen Verdikts die Bestellung zum kleinen Handelsrichter in Aachen. Sein Nachfolger Friedrich Wilhelm IV. bestellt Hansemann 1848 zum Minister. »Lieber Hansemann ...«, schreibt der König!

Ehe Hansemann 1848 Minister in zwei preußischen Kabinetten wird, hat er politisch hart gearbeitet. Als rheinischer Liberaler kämpft er für eine preußische Verfassung, die schon 1815 versprochen wurde. Er stellt die Monarchie nicht in Frage; aber er will die Mitwirkung des Bürgers in der Politik; er kämpft für Zollverein und Wissenschaften; er ruft nach einer liberalen Bürokratie, die gerecht ist und Privilegien abbaut, vor allem die des Adels. Hansemanns politischer Weg führt 1845 in den Rheinischen Landtag zu Koblenz, dann 1847 in den Vereinigten Landtag zu Berlin. Das katholische Aachen macht dem Protestanten Hansemann seine Wahlerfolge nicht leicht, aber die allgemeine »liberale Welle« trägt ihn; von den 78 rheinischen Deputierten in Berlin sind 60 Liberale. Hansemann wird einer der fleißigsten, aktivsten, erfolgreichsten Abgeordneten.

Sein politisches Programm finden wir in dem Buch *Die politischen Tagesfragen mit Rücksicht auf den Rheinischen Landtag*, das 1846 im Verlag von Jakob Anton Mayer, Aachen und Leipzig, erscheint. (Den Verlag gibt es heute noch!) Die Grundelemente seines politischen Programms sind hier zu lesen: Steuerfragen, Verfassungsfragen, Fragen der Ausgewogenheit zwischen Herrscheranspruch und Volkswillen, zwischen Beamtenmacht und Freiheit. Hansemann hat dieses Programm unerschrocken, klug und auch mit großer Energie vertreten und sich dabei nicht nur Freunde gemacht. Mit einem Ausspruch schafft er sogar den Sprung in den allgemeinen Zitatenschatz der »Geflügelten Worte«; bei einer Sitzung des Vereinigten Landtages über Eisenbahnfragen am 8. Juni 1947 ruft er aus: »Bei Geldfragen hört die Gemütlichkeit auf!«

Sein Zeitgenosse Walter Däbritz schildert ihn so:

Sein Haupthaar war dünn, und die Mühen und Sorgen eines arbeitsreichen Lebens hatten ihm den Scheitel gebleicht. Aber seht ihn gehen, nachlässig und beweglich, rasch und bequem, in dieser feierlichen Versammlung wie zu Hause, mit leichter und lässiger Sicherheit! Gestehen wir es: Uns imponiert diese Erscheinung. Wir wissen seinen Wert zu schätzen in einer Versammlung wie dieser, die, unerfahren in parlamentarischem und politischem Wesen, so sehr des erfahrenen Führers bedarf!

Hier hat Hansemann offenbar in einem Anfangsstadium deutscher Demokratie ein Stück politische Kultur begründet.

Die Berufung in das Ministeramt im März 1948 ist eine politische Sensation: Hansemann und Camphausen sind die ersten Bürgerlichen in der bislang rein adligen Kabinettsriege. Die höfische Kamarilla tobt und wartet nur auf den ersten Fehler der bürgerlichen Reformpolitiker. Dieser »Fehler« kommt bald, wohl nicht ohne Absicht: Hansemann packt die schwierige Frage der Grundsteuerbefreiungen im Rahmen einer generellen Grundsteuerreform und die mindestens ebenso kritische Frage der Einführung einer Einkommensteuer an. Damit macht er sich in den herrschenden Kreisen natürlich keine Freunde.

Die Aufregung der großen Grundbesitzer im Osten der Monarchie war grenzenlos. Sie klagten, daß der Finanzminister es auf den Ruin der Landwirtschaft absehe und räuberisch in das Eigentumsrecht eingreife,

berichtet Bergengrün. Die *Kreuzzeitung*, das mächtige Organ des Adels, läßt an Hansemann kein gutes Haar. Schon nach einem halben Jahr, im September 1848, läßt König Friedrich Wilhelm seinen Minister, den »lieben Hansemann«, fallen.

Das heißt, so ganz fallen läßt der König seinen tüchtigen Finanzmann doch nicht. Schon einen Tag nach dem Ausscheiden als Minister wird Hansemann Chef der Preußischen Bank. Eine neue Karrierestufe beginnt, die Hansemann auf den Chefsessel der halb staatlichen, halb privaten Noten- und Darlehensbank führt und drei Jahre später, 1851, in das Gründerteam der Disconto-Gesellschaft, einer Privatbank in der neuen Rechtsform einer Kommanditgesellschaft auf Aktien (ab 1856), die einen stürmischen Aufstieg nimmt und Hansemann zum reichen Mann macht.

Die Disconto-Gesellschaft entwickelt sich unter David Hansemann und seinem sehr tüchtigen Sohn Adolph zur größten deutschen Kreditbank, ehe sie von der Deutschen Bank eingeholt wird und 1929 mit dieser fusioniert.

Auch ohne politisches Amt bleibt Hansemann gewichtiger Mitspieler in der Politik. 1861 wird er Gründungspräsident des Allgemeinen Deutschen Handelstages, des Vorläufers des heutigen DIHT, der

Dachorganisation aller deutschen Industrie- und Handelskammern. Fortbestand und Erweiterung des Zollvereins sind Hansemanns Anliegen; er stellt die Stärkung des Zollvereins über einen preußischen Einzelvertrag mit Frankreich; er strebt nach der großräumigen, im Ansatz europäischen Lösung. An dieser Frage scheitert er. Die Zeit ist noch nicht reif; Deutschland muß erst noch die »großpreußisch-kleindeutsche« Politik Bismarcks durchleben und durchleiden. 1862 tritt Hansemann vom Präsidentenamt des Handelstages zurück, 72jährig. 1863 begegnen wir ihm noch in Petersburg, wo er der russischen Regierung einen Plan zum Ausbau und zur Verstaatlichung des russischen Eisenbahnnetzes unterbreitet. Der alte Herr scheint in guter Form gewesen zu sein; er tätigt große Kreditgeschäfte und genießt auch die kleinen, sympathischen Freuden: Sein Petersburger Gastgeber schreibt an Hansemanns Sohn Adolph voller Verwunderung über Vater Hansemann, der nach einem Diner beim Finanzminister nächtlicherweise zu Fuß von einer Konditorei in die andere wanderte und nach Vanilleeis an Stelle des überall angebotenen Fruchteises suchte ...

Im Sommer 1864 fährt der Vierundsiebzigjährige zur Kur nach Schlangenbad. Bergengrün schreibt, daß die Kur

ihm vortrefflich bekam, so daß er sich in bester Stimmung befand, eifrig korrespondierte und täglich lange Spaziergänge machte. Er freute sich darauf, seine Tätigkeit bald wieder aufnehmen zu können. Nichts deutete darauf hin, daß seine Tage bereits gezählt waren.

Da kommt Hansemann am 2. August von einem Spaziergang stark erhitzt zurück, erkältet sich und bekommt eine Lungenentzündung, die ihn zu Bett zwingt. Zwei Tage später, am 4. August 1864, ist er tot. Die Leiche wird nach Berlin gebracht und auf dem Matthäikirchhof beigesetzt.

Am 30. September 1888 wurde in Aachen das Denkmal David Hansemanns eingeweiht. Der Aachener Oberbürgermeister Pelzer sagt damals:

Wir werden das Denkmal behüten als pietätvolles Andenken an den Mann, der mehr als 30 Jahre seines an Taten und Erfolgen reichen Lebens dieser Stadt angehört, der sein Genie und seine Tatkraft dieser Stadt in hervorragendem Maße gewidmet, der mit weitschauendem Blick in die Zukunft in rastloser Arbeit und zäher Energie dieser Stadt die größten Dienste geleistet hat.

Und weiter:

In unseren Augen gilt das Denkmal in erster Linie nicht dem hervorragenden Staatsmann, auf dessen Haupt sich Glanz und äußere Ehren häuften, es gilt in erster Linie dem schlichten Bürger, der dieser Stadt, die ihm zur zweiten Vaterstadt geworden war, die Wohltat einer großen Eisenbahnlinie rettete in einer Zeit wirtschaftlicher Umwälzung in ganz Europa, der in den Mauern dieser Stadt die beiden großen wirtschaftlichen Faktoren gründete, die damals zweifelsohne ihres Gleichen in der Welt suchten und vielleicht heute noch ihres Gleichen suchen.

Und schließlich:

Möge denn das Denkmal für alle Zeit eine Aufforderung an unsere besitzenden und wohlbemittelten Mitbürger sein, gleich Hansemann überall, wo es das Gemeinwohl gilt, von einseitigem, egoistischem Tun abzulassen, gleich ihm ihren Geist und ihr Herz, ihre Zeit und ihre Kraft in den Dienst des Gemeinwohls zu stellen.

Alle Quellen- und Literaturangaben bei Heinz Malangré, *David Hansemann 1790-1864, Lebensbild und Zeitbild*, Aachen: Einhard Verlag 1991.

Eisenbahn-Viadukt bei Burtscheid um 1849

David-Hansemann-Denkmal in Aachen

ALFRED RETHEL

1816-1859

Von Adam C. Oellers

Vor allen ist eine Anzahl von sehr schönen Briefen voller offener Freude, Entzücken und Anerkennung ... Mündlich wurde mir auch jeden Augenblick mein dortiger Triumph mitgeteilt; genug, mit großer Ruhe sah ich der Entscheidung entgegen, die denn auch auf das ehrenvollste und eclatanteste zu meinen Gunsten ausfiel.

... derart selbstbewußt berichtete Alfred Rethel am 4. August 1840 seiner Familie von seinem Gewinn des Wettbewerbs um die Ausmalung des Kaisersaales im Aachener Rathaus. Der 24-jährige Künstler hatte sich in Düsseldorf gegen die Konkurrenz mehrerer bekannter Historienmaler durchsetzen und sogleich die Bewunderung seiner Zeitgenossen erlangen können. Denn seine Darstellungen »waren wahrhaft historisch-dramatisch gefaßt. Es entrollte sich hier vor den Blicken ein gewaltiges Volksleben, das seinen Brennpunkt in der überall reformirenden und großartig fördernden Gestalt Karl's des Großen hat« (Wolfgang Müller von Königswinter, 1854).

Trotz des frühzeitigen Erfolges hatte Alfred Rethel zunächst einen beschwerlichen Weg zur Kunst gehen müssen. Geboren wurde er am 15. Mai 1816 auf Gut Diepenbenden bei Aachen. Haus und Hof hatte Vater Johann Rethel, der als französischer Präfekturrat aus Straßburg nach Aachen gekommen war und dort Johanna Schneider, eine einheimische Fabrikantentochter geheiratet hatte, auch zum Betrieb einer kleinen chemischen Fabrik genutzt. Der ganze Gutshof war 1813 durch einen Wirbelsturm verwüstet worden, ein Umstand, der die ökonomische Situation für die Familie zunehmend schwieriger werden ließ. Schließlich mußte Rethel den Betrieb aufgeben und eine Stelle in der Harkortschen Fabrik auf Burg Wetter annehmen (1829).

Alfred Rethels Kindheit war durch diese angespannte existentielle Lage, aber auch durch Krankheiten, Unfälle und lückenhaften Schulbesuch geprägt. Da schon frühzeitig seine zeichnerische Begabung erkannt worden war, erhielt er seit 1825 ersten Zeichenunterricht bei dem Aachener Maler Joh. Bapt. J. Bastiné, welcher in Paris Schüler bei J. L. David gewesen war. Dementsprechend enthalten die ersten Zeichnungen von Rethel neben Naturstudien auch häufiger historische Szenen und Schlachtenskizzen von der Antike bis zur napoleonischen Ära.

Rethels Interesse an Themen aus Dichtung und Sage mag auch durch seine Jugendfreundschaft mit dem Aachener Dichter Wilhelm Hackländer begünstigt worden sein. Daß Rethel nach dem Umzug der Familie schon als 13-jähriger ein Kunststudium an der Düsseldorfer Akademie aufnehmen konnte, sollte für ihn ein Schritt in eine ganz neue Kunstwelt sein — ebenso wie für seinen jüngeren Bruder Otto Rethel (1822-92), der einige Jahre später sein Akademiestudium aufnahm. Alfred Rethel hat in Düsseldorf zunächst eine ganz traditionelle künstlerische Grundausbildung erhalten: Kopieren, Zeichnen nach der Natur, nach Gipsen und lebenden Figuren, Gewand- und Architekturstudien, Perspektive, Proportionslehre u.a.; die nächsten Stufen beinhalteten das Studium der Ölmalerei und schließlich die Erarbeitung eigener Kompositionen. Seine wichtigsten Lehrer waren der Akademiedirektor Wilhelm von Schadow und Karl Friedrich Lessing, beide vor allem als Historien- und Landschaftsmaler bekannt.

Neben dem Kunststudium hatte aber auch das kulturelle Leben der Stadt einen prägenden Einfluß hinterlassen. Da gab es die berühmten Künstlerfeste, in denen gelegentlich nach alten Meistern auch lebende Bilder in historischen Kostümen nachgestellt wurden, oder den privaten Kompositionsverein des Juristen, Historikers und Dramatikers Friedrich von Uechtritz, wo man über literarische und geschichtliche Themen diskutierte bzw. ihre künstlerische Umsetzung erprobte. Rethels Freunde und Bekannte waren neben den Künstlern auch Literaten und Dichter (Müller von Königswinter, R. Reinick, Adelheid von Stolterfurth) oder Dramatiker wie K. L. Immermann. Von diesen Einflüssen geprägt ist die Zeichnung vom Sieg Karl Martells bei Tours (um 1832) — wohl eine seiner ersten großen Schlachtenkompositionen.

Auch Rethel widmete sich dem Brauch, eine »romantische Rheinreise« zu unternehmen (1833); im Jahr darauf erwanderte er mit Müller das Ahrtal — mit dem Skizzenbuch im Gepäck. Anschließend durchreiste er, von Nürnberg und München kommend, Bayern und Tirol. In diese Zeit einer romantischen Aufbruchsstimmung fallen auch seine Kontakte zu Anhängern der deutschen Freiheitsbewegung, deren Ideen er begeistert aufnahm. Ihr künstlerischer Ausdruck wird nicht zuletzt in seinen Zeichnungen und später dann in jenen graphischen Zyklen wiederzufinden sein, die sich der deutschen Sagenwelt und Geschichte widmen (u.a. zum Nibelungenlied, zum Rheinischen Sagenkreis, zur Hermannsschlacht oder zu den Habsburger- und Staufenkaisern).

In seinem ersten großen Zyklus, der neben graphischen Arbeiten auch monumentale Ölgemälde enthält — den Szenen aus dem Leben des Hl. Bonifatius (1833-36), läßt Rethel bereits seine Fähigkeiten zu einer neuen Historienmalerei erkennen: eine Verbindung von dramatischem Pathos mit sachlich genauer Beobachtung sowie eine besondere Integrationsfähigkeit von getreu überlieferter Historie, nationalgeschichtlich formulierter Legende und unantastbarem religiösem Gehalt. Das Hauptbild des Zyklus aus dem Aachener Museum zeigt Bonifatius, von Gefolgsleuten wie zweifelnden Heiden umgeben, als Prediger auf der gefällten Donar-Eiche stehend —

ein Vorgriff auf die Rolle, die Karl der Große später im Freskenzyklus übernehmen wird.

Die Unterschiede in den Zyklen sind jedoch auffallender: auf stilistischer Ebene ist es die mehr malerisch-athmospärische Behandlung des Sujets, inhaltlich zeichnet Bonifatius neben innerer Stärke auch eine demütige Gottergebenheit aus, die dem Kampf den Tod vorzieht. Gedanklich ließe sich hier der nur wenig bekannte »Saulus-Paulus«-Zyklus anschließen, ein Fragment aus fünf Zeichnungen, in denen Rethel das Thema nach einem ersten Blatt von 1839 dann um 1850 nochmals ausführlicher aufgegriffen hat. Die Schilderung der Legende kulminiert in den beiden dramatischen Szenen des Eingreifens Gottes, der den Reiter stürzen läßt, bzw. der Gotteserkenntnis des Saulus, dem Beginn seiner inneren Wandlung.

1836 kam es zu einem Eklat und künstlerischen Aderlaß an der Düsseldorfer Akademie, als Schadow die preussischen gegenüber den rheinischen Schülern zu privilegieren suchte. Einige der letzteren verließen die Akademie aus Protest; Andreas Achenbach und Rethel orientierten sich zunächst nach München. Rethel zog es allerdings nach kürzester Zeit an die Städel-Schule nach Frankfurt, um dort bei dem Nazarener Philipp Veit sein Studium fortzusetzen. Veit empfahl seinen Schülern neben dem Studium der Alten Meister auch die Beschäftigung mit einem klar konturierenden und flächenkolorierenden Umrißstil, wie er bei der griechischen Vasenmalerei oder spätklassizistischen Zeichnern wie Flaxman vorzufinden ist.

Neben seinem Kunststudium suchte Rethel wiederum seine Kenntnisse in der Geschichte zu verbessern und freundete sich mit dem Historiker J. D. Hechtel an. Ein erster Erfolg zeigte sich, als Rethel ab 1839 einige der Kaiserbilder für den Frankfurter Römer ausführen konnte. Im folgenden Jahr wurde der Wettbewerb für die Aachener Karlsfresken zu seinen Gunsten entschieden, doch es sollten noch ganze sieben Jahre vergehen, ehe Rethel endlich mit der Ausmalung des Kaisersaales beginnen konnte.

Während der langen Zeit des Wartens auf technische, finanzielle und denkmalpflegerische Entscheidungen sowie der verschiedenen Neukonzeptionen des Gesamtprogrammes beschäftigte sich Rethel neben einigen malerischen Aufträgen und freien Werken (Auferstehung Christi für die Frankfurter Nikolaikirche, 1845; Ottos I. Versöhnung mit Heinrich, 1840) wieder intensiv mit graphischen Arbeiten. Hier ragt vor allem die dramatische Aquarellserie über Hannibals Alpenzug heraus (1842-44). Studienreisen führten Rethel außer nach Dresden und Berlin auch nach Rom, wo er sich, nicht zuletzt für seine Arbeit an den Karlsfresken, ausführlich mit den Fresken Raffaels auseinandersetzte (1844/45). Zur Einübung in die ungewohnte Freskotechnik malte er die Figur des rettenden Engels aus dem Bild »Kaiser Max an der Martinswand« in Lebensgröße auf seine Frankfurter Atelierwand (um 1842/43).

Der 1829 zur Förderung von öffentlicher Kunst und Denkmalpflege gegründete Düsseldorfer Kunstverein hatte den beschränkten Wettbewerb, ersten Anregungen des Aachener Vereinsmitgliedes Gustav Schwenger folgend, Ende 1839 ausgeschrieben:

Der Gegenstand der Fresken sollen die bedeutenderen Momente aus dem Leben Kaiser Karls des Großen, in historischer und symbolischer Auffassung bilden, mit möglichster Beziehung sowohl auf ihre allgemeine geschichtliche Bedeutung, als auch auf die Stadt Aachen, als dessen Lieblingsaufenthalt.

Nach dem überlegenen Wettbewerbssieg Rethels, der sieben Entwürfe mit historischen Erläuterungen eingereicht hatte (Sturz der Irminsul, Schlacht bei Cordoba, Taufe Widukinds, Synode zu Frankfurt,

Kaiserkrönung in Rom, Krönung Ludwigs des Frommen, Otto III. in der Karlsgruft), erteilte auch der preussische König sein Plazet, während lediglich Akademiedirektor Schadow die Entwürfe zu verhindern suchte. In den Wettbewerbserläuterungen schrieb Rethel (wohl in Zusammenarbeit mit dem Historiker Hechtel):

In bezug auf die historischen Gegenstände ließ ich mich durch den Grundgedanken bestimmen, der sich in Karls Leben ausspricht und in seinen geschichtlichen folgenreichen Unternehmungen immer wiederkehrt: Durchdringung des Staates mit christlichen Prinzipien, Ausrottung und Umgestaltung der heidnischen Natur und Verhältnisse, bewerkstelligt durch Einführung des Christentums, als deren Haupt der Papst gedacht wurde. Karl erscheint wie überall als der christliche Held, der Gegensatz zu Heidentum und Mohammedanismus.

Mit diesem Bekenntnis stellt sich der Protestant Rethel ganz in die Tradition des nach Rom orientierten rheinischen Katholizismus und der in diesem Sinne geprägten Interpretation der Karlsvita. Es ist derselbe Geist, der 1841 den Philosophen Vischer eine neue Historienmalerei fordern ließ:

Die Geschichte, die Welt als Schauplatz des Herrn, die naturgemäße Wirklichkeit in scharfen, nicht romantisch schwankenden, festen Umrissen ... das ist das Feld des modernen Künstlers.

1841 beschließt auch der Aachener Stadtrat, der an der Finanzierung beteiligt ist, die Ausführung und beginnt zunächst mit der Wiederherstellung des gotischen, in der Barockzeit veränderten Krönungsfestsaales.

Langwierige Auseinandersetzungen über die Rathaus-Renovierung und das endgültige Freskenprogramm verzögerten die Weiterarbeit: Das Thema der »Synode« wurde aus konfessionellen Gründen ausgeschieden, neu hinzu kamen »Der Einzug in Pavia«, »Der Bau des Aachener Münsters« und »Die Reichsversammlung in Aachen« (wegen des neuen Treppenhauses aber später wieder ausgeschieden). Erst 1846 konnte Rethel mit neuen Verträgen die Arbeit wieder aufnehmen, die Kartons anfertigen, Farbskizzen anlegen, zeichnerische und malerische Detailstudien an lebenden Modellen erarbeiten.

Dieses Verfahren folgt der Tradition der Monumentalmalerei, die zunächst die Gesamtkomposition festlegt, um dann in Einzelstudien die Ausführung zu klären. Die unmittelbare Arbeit mit lebenden, kostümierten Modellen — festgehalten in Zeichnung oder farbiger Ölskizze — war für die physiognomische und gestische Charakteristik jeder einzelnen Figur innerhalb des Gesamtkonzeptes unerläßlich. Mittels Aktstudien wurden Bewegungsabläufe der handelnden Personen rekonstruiert. Rethel beschränkte seine Detailstudien jedoch nicht nur auf den Menschen (darunter manche Aachener Freunde), sondern bezog hier auch die Tiere und die Vegetation ein. Wenn der Maler mit dem Fresko begann, mußten alle diese diffizilen Bildelemente real und in der Vorstellungskraft vorentwickelt sein, denn die Freskotechnik erfordert ein schnelles und großflächiges Arbeiten. Das auf Fernsicht zu berechnende Werk lebt weniger von den farblichen Nuancen, sondern von der Klarheit und überzeugenden Größe der Komposition wie von der räumlichen Durchdringung in den rasch nebeneinander zu setzenden Farbflächen.

Im Juni 1847 begann Rethel mit dem ersten, kleineren Fresko Ottos III. an der Ostwand des Saales. Mit der Malerei in den noch feuchten Kalkputz — partiell aufgetragen unter Zuhilfenahme des Übertragungsrasters auf den Kartons — kam Rethel zügig voran; lediglich bei den nachträglichen Übermalungen mittels Temperafarben ergaben sich technische Probleme der Haltbarkeit.

Thematisch gesehen steht das Fresko

»Otto III. in der Gruft Karls des Großen« am Ende des ikonographischen Programmes, in welchem der Frankenkaiser als Schöpfer und Verteidiger eines werdenden christlichen Reiches gefeiert wird. Der alte Mythos des im Grabe wachenden Kaisers gilt als eine zentrale Geschichtsapotheose der deutschen Nation; übermittelt wird sie durch die Person Ottos III., der nach der Legende im Jahre 1000 das Grab geöffnet und den Körper Karls unverwest auf dem Thron sitzend vorgefunden hatte. An der Wirkungsstätte seines großen Vorbildes sollte auf Wunsch des jugendlichen Kaisers ein neues Zentrum des Reiches, ein »Rom des Nordens« entstehen. Es war, wie aus der Begleitschrift hervorgeht, eine passende Szene, in der »das niedergebeugte Nationalgefühl sich durch liebevolle Betrachtung seiner großen Vergangenheit für den Jammer der Gegenwart zu entschädigen« wusste.

Gegenüber dieser geheimnisvollen, in dramatisches Hell-Dunkel getauchten Szene sind die übrigen großen Wandbilder mit den Taten Karls des Großen in einer scheinbar viel sachlicheren Erzählweise gestaltet, so als wären sie die wahrhafte historische Grundlage, auf der sich erst Visionen, Hoffnungen und Träume der Deutschen zu entfalten vermögen. »Der Sturz der Irminsul« läßt die Sachsenkriege als eine Politik der Christianisierung erscheinen, in welcher das heidnische Götzenbild straflos umgestoßen werden konnte, während Karl als ›neue Säule‹ mit der Kreuzesfahne in der Bildmitte triumphiert. Neben der ausdruckshaften Gesamtkomposition weiß Rethel auch die Gebärdensprache der Beteiligten in theatralischem Sinne zu steigern: Den herrscherlichen Gesten der siegreichen Franken stehen Leid, Entsetzen und Demut der unterlegenen Sachsen gegenüber, während in der Ferne des Waldes zwei heidnische Priester heimlich den Ort des Geschehens verlassen. Das Bildprogramm hatten Rethel (und der Historiker Hechtel) bereits vorher festgelegt:

Karl erscheint überall als der christliche Held ... Dieser Gedanke spricht sich zunächst in der Komposition, die den Zyklus eröffnet, dem ersten Sieg Karls über die Sachsen bei Paderborn 772, aus. Durch diese Schlacht beginnt der junge Held seine Siegesbahn, die Irminsäule wird gestürzt, dem Sachsenvolke eine Warnung, daß dem Wachsen des christlichen Helden selbst der Pfeiler des Weltalls nicht zu widerstehen vermag.

Beim nächsten Fresko, der »Schlacht bei Cordoba« ging es nicht um eine Vereinigung des Reiches, der nach Auffassung des 19. Jahrhunderts die Sachsenkriege gedient hatten, sondern um die Abwehr äußerer Feinde, welche die christlichen Grundfesten bedrohten. Im Gegensatz zu den historisch eher bescheidenen Erfolgen der Spanienfeldzüge kolportiert Rethel hier ein dramatisches Schlachtengetümmel, in dem Kreuzzugsgedanken wiederaufleben und sich mit der Faszination orientalischer Pracht vermischen. Geübt in der Gestaltung vieler Kampfesbilder entwirft Rethel eine spannungsreiche Komposition, die die kämpfenden Gruppen schichtenförmig staffelt und einzelne zugleich diagonal hervorpreschen läßt. Im Zentrum der Angriff Karls auf den Kampfwagen des Kalifen: Der Kaiser schwingt das Schwert »Gaudiosa« in der Rechten und reißt die gegnerische Standarte herunter. Während rechts die Mauren zurückweichen, folgt von links das fränkische Heer mit Kreuz und Fahnen; den Pferden sind zum Schutz vor den furchteinflößenden Masken der Araber die Augen verbunden.

Wie sehr Rethel die Sarazenenschlacht auch als einen übertragbaren Freiheitskampf aufgefaßt hat, zeigt die Tatsache, daß er in der Ausführung des Freskos (1849/50) den Franken die Fahne der bürgerlichen Revolution — schwarz-gold-rot (sic!) — in die Hand gegeben hat. Zwei weitere Fresken, »Der Einzug in Pavia« und

»Die Taufe Widukinds« variieren noch einmal das zentrale Thema Machterweiterung und Christianisierung. Während mit dem Sieg über die arianischen Langobarden, die Feinde der römischen Kirche, Karls Herrschaft auf Italien ausgedehnt wird, ist mit der Taufe ihres Herzogs Widukind der Widerstand der Sachsen endgültig gebrochen. Um einen Rhythmus in das Gesamtprogramm des Saales zu geben, wechselt Rethel hier wieder die Szenarien. Im Pavia-Bild dominiert die Architektur, die hohe Stadtmauer, durch die der Franke, einem Reiterstandbild gemäß, vorbei an dem besiegten Königspaar in die eroberte Hauptstadt einzieht. Die Taufe wiederum vollzieht sich wie auf einer Theaterbühne: Oben agieren Bischof Turpin, Karl als kniender Taufpate und in der Mitte der demütig gebeugte Widukind; die Sockelzone bilden die niederknienden Sachsen und Widukinds Bruder, der der Taufe noch skeptisch gegenübertritt.

Es ist das erste der schon nicht mehr eigenhändig verfaßten Wandbilder; sie sind nach Rethels Entwürfen von seinem Gehilfen Josef Kehren in Ölfarben und teilweise verändert ausgeführt worden. Die Bedeutung der beiden Krönungsszenen liegt weniger in der künstlerischen Komposition als in den reichsgeschichtlichen Zusammenhängen. Die Krönung Karls durch Papst Leo III. in Rom im Jahre 800 — der Legende nach für den Kaiser recht überraschend — bekräftigt die Bindung des Frankenreiches an Rom. Diese Allianz von Thron und Altar erschien nicht zuletzt dem liberalen Bürgertum und gemeinen Volk seit 1849 sehr suspekt, was Rethel bildhaft in der Gegensätzlichkeit der Assistenzgruppen ausgedrückt haben mag. Den in der Krönung Ludwig des Frommen angesprochenen Gedanken der Herrschaftskontinuität hatte Kehren jedoch selbst wieder verunklärt, indem er den Krönungsstuhl im Wandbild durch den Kreuzaltar ersetzt hatte. An den Schluß der Wandbilder sei die detail- und erzählreiche Darstellung zum Bau des Aachener Münsters gestellt, die wie eine Gesamtwürdigung der Lieblingsstätte Karls des Großen erscheint. Die emporwachsende Kirche vor der Stadtsilhouette und das von Karl begutachtete Relief sind, im Gegensatz zum Rethel-Entwurf, von Kehren mit einer besonderen ortsspezifischen und baugeschichtlichen Genauigkeit ausgestattet worden. Anekdotisch sind die Schilderung Karls mit seinem Gefolge auf der Baustelle, Emmas verstohlener Blick zum Schreiber Eginhard, die heranreitenden Kardinäle mit den Säulen aus Ravenna oder die fleißig schaffenden Steinmetze im Vordergrund. Diese zwei Personen sind der letzte erhaltene Rest des Wandbildes, das ebenso wie die »Karlskrönung« und die »Widukindtaufe« im Krieg 1943/44 zerstört worden ist.

Wie sehr Rethel seine Karlsfresken als ein gesamträumliches Konzept verstanden wissen wollte, zeigt nicht zuletzt die Bedeutung, die er der dekorativen Ausmalung zuerkannt hatte. Rethel wollte auf die üblichen reichen, oft figural verzierten Rahmenleisten verzichten und statt dessen eine strenge, die Wirkung der Bildfelder nicht beeinträchtigende Malerei zur Ausführung kommen lassen. Nach Anfertigung einer Ideenskizze entschied er sich, unter Vermittlung seines Bruders, schließlich für die Entwürfe des Nazareners Andreas Müller, wobei er am 27.10.1852 aus Rom an Otto schrieb, daß sich Müller »jedoch mehr der carolingschen Zeit und Nordischen Caracktter als seiner tügtigen italienischen Orientic zuwenden« solle.

Rethel selbst hat die dekorative Ausmalung des Saales nicht mehr erlebt, erst viele Jahre später haben andere Künstler das Gesamtprogramm vollendet. Das gewaltige Werk der Karlsfresken hatte sich für Alfred Rethel allmählich zu einer Tragödie entwickelt. Allein die körperliche Anstrengung, mehrere Sommer lang mit seinen Gehilfen täglich auf dem Gerüst zu stehen sowie ständig von Besuchern und Schaulustigen gestört zu werden, zehrte so an seinen Kräften, daß er 1851 zur Kur nach Blankenberghe mußte. Im selben Jahre heiratete er Marie Grahl, die Tochter des Dresdener Malers August Grahl. Als er 1852 wieder zu einem Romaufenthalt aufbrach — diesmal mit seiner jungen Frau — sollte es zu dem verhängnisvollen Ausbruch seiner Geisteskrankheit kommen, die wahrscheinlich das Resultat einer Syphilisinfektion ist. Rethel erkannte seine 1852 geborene Tochter Else schon nicht mehr und wurde mit der Familie 1853 von Rom nach Dresden zurückgebracht. Nach kurzem Aufenthalt in der Bonn-Endenicher Heilanstalt wurde er in Düsseldorf von Mutter und Schwester in Pflege genommen. Er verstarb am 1. Dezember 1859.

Durch die Heirat seiner künstlerisch begabten Tochter Else mit dem aus einer Malerfamilie stammenden Carl Rudolph Sohn entstand gegen Ende des 19. Jahrhunderts eine Art Malerdynastie der Sohn-Rethel, deren Spuren bis heute zu verfolgen sind.

Der Tod und sein künstlerisches Abbild ziehen sich wie ein roter Faden durch das Werk Alfred Rethels: die Leichname Barbarossas, Rolands oder Heinrichs IV., ganz zu schweigen die unheimlichen Szenarien um Karls des Großen Grab bzw. den bei Lützen gefallenen Schwedenkönig Gustav Adolf — alle diese Könige und Ritter bilden in ihrer ruhigen, friedvollen Komposition einen Gegenpol zu dem wilden Schlachtengetümmel, in das die Menschheit immer wieder verstrickt ist. Rethel hat diese Ambivalenz des Todes denn auch in den heute vielleicht bekanntesten graphischen Blättern des 19. Jahrhunderts noch einmal programmatisch aufgenommen: »Der Tod als Feind« (1847) — eine schauerliche Verarbeitung eines Choleraausbruchs auf einem Pariser Maskenball, »Der Tod als Diener« (1848) — ein Memento mori des plötzlichen Todes inmitten einer Festgesellschaft und »Der Tod als Freund« (1851) — die Erlösung eines alten, auf das Sterben wartenden Mannes.

Kulminiert hat die Dramatik des Todes in Rethels berühmtem Holzschnitt-Zyklus »Auch ein Totentanz« (1849), in welchem der Künstler, unmittelbar angeregt durch die Revolution von 1848, durch selbst erlebte Barrikadenkämpfe in Aachen und Frankfurt, seine Stellung zur Zeitgeschichte niedergeschrieben hat. Sowohl in der künstlerischen Form — dem Rückgriff auf eine »altdeutsche« Holzschnitt-Technik und eine mittelalterliche Totentanz-Symbolik — als auch in der inhaltlichen Botschaft erwies sich dieser Zyklus als ambivalent, letztlich sogar als konterrevolutionär. Die Ideen der französischen Revolution und der deutschen Demokraten verbindet Rethel mit der Personifikation des Todes als eines Verführers des Volkes (in der Tracht des Demagogen Friedrich Hecker); die Verführten selbst erleiden schließlich den Tod auf den Barrikaden. Rethels Begeisterung für eine bürgerlich-nationale Erneuerung, überhöht durch eine Bindung an die großen Herrschergestalten aus der deutschen Geschichte, und seine Furcht vor Anarchie, Radikalisierung und roter Republik zeigen die typische Unsicherheit eines im Grunde politikfernen deutschen Künstlers um die Mitte des 19. Jahrhunderts. Neben den großen Erneuerungsvisionen wirken auch die Kräfte eines kleinbürgerlich-biedermeierlichen Milieus, die den Künstler noch nicht aus den engen Denksystemen in Politik und Religion heraustreten lassen. Nach der Niederschlagung der Dresdener Aufstände bekannte Rethel allerdings im Brief an die Mutter sein Mißtrauen und Fehlurteil über die klassenbeschränkte Rolle der Revolution und schrieb im Mai 1849:

Allein es war wahrhaftige allgemeine Volksbegeisterung im edelsten Sinne zur Herstellung eines großen edlen Deutschlands, eine Mission, die ihnen Gott in die Brust gelegt und nicht durch das radikale Geschwätz schlechter Zeitungen und Volksrednern hervorgerufen worden.

Daß Rethel sich so intensiv auch mit der Kunst der Graphik beschäftigt hat, kündet von einem Selbstverständnis, welches in der Produktion von Kunst eine besondere öffentliche Aufgabe sieht. Zu dem Vermittlungsanspruch der Geschichte und Religion mit Hilfe von großen, öffentlichkeitswirksamen (Wand-)Bildern tritt die massenhafte Verbreitung kleinerer Druckerzeugnisse in Buch- oder Flugblattform. In den ersten Werken war er noch an die feinsinnige Reproduktionsgraphik der Düsseldorfer Kupferstecherschule gebunden; später begeisterte er sich für die ›rohere‹, viel direkter ansprechende Technik des Holzschnittes. Rethel plante 1850 sogar, mit seinem Bruder Otto in Aachen ein Atelier für Holzschneidekunst einzurichten und seine graphischen Blätter selbst zu verlegen. Realisiert wurde dieses Vorhaben jedoch nie.

Tragisch bleiben nicht nur das persönliche Lebensschicksal Rethels oder die Nichtvollendung und Teilzerstörung seines größten Werkes, sondern auch der Umstand, daß eine ästhetisch hochstehende und zugleich nach politischen Idealen suchende Historienkunst sich immer dem Zugriff zweckbestimmter ideologischer Interpretationen erwehren mußte.

Die Überwindung von Romantik und Nazarenermalerei wie die Einbindung des aufkommenden Realismus in einen epischen Erzählstil waren künstlerisch gesehen die Bedingungen für Rethels Neukonzeption seiner Historienmalerei. Die ureigene schöpferische Qualität Rethels, das in sich stimmige, geschlossene Gesamtbild aus künstlerischer Form, verinnerlichter Idee und edler Gesinnung steht der nachfolgenden, mehr fabulierenden Historienmalerei in einsamer Größe gegenüber und muß in jeder Kulturepoche aus der eigenen Anschauung heraus wieder neu entdeckt werden.

Literaturempfehlungen

Alfred Rethels Werk ist — abgesehen von den fünf Wandfresken im Aachener Rathaus — nur bedingt öffentlich präsent. Neben einigen wichtigen Bildern in den Museen von Berlin, Hamburg und Stuttgart existieren größere Rethelsammlungen im Düsseldorfer Kunstmuseum, im Frankfurter Städel sowie in den Kupferstichkabinetten der Aachener und Dresdener Museen. Im Aachener stadtgeschichtlichen Museum in der Burg Frankenberg ist Rethel und den Karlsfresken eine eigene Abteilung gewidmet.

Aus der Fülle der Rethel-Literatur seien als ältere Standardwerke die Monographien von Josef Ponten (Stuttgart 1911), von Karl Koetschau (Düsseldorf 1929) und Heinrich Schmidt (Neuß 1958) genannt. Die Karlsfresken werden ausführlich bei K. Zoege von Manteuffel (Z. d. Aach. Gesch.vereins, 61, 1949), bei Herbert von Einem (Karl der Große, Bd.IV, Düsseldorf 1967) sowie in der Dissertation von Detlef Hoffmann (Freiburg 1968) behandelt. Weiterhin zu erwähnen: Adam C. Oellers, Die Karlsfresken und Ölstudien (Museum Burg Frankenberg Aachen 1985), Ausst.Kat. A. Rethel, Suermondt-Ludwig-Museum (Aachen 1991; von Dagmar Preising) sowie Karin Groll, A. Rethel — Auch ein Totentanz (Meßkirch 1989). Einen sehr persönlichen Einblick in Rethels Kunst und Lebensanschauungen vermittelt die von Josef Ponten herausgegebene Auswahl seiner Briefe (Berlin 1912).

Auch ein Totentanz, 1848/49

Bau des Aachener Münsters, 1858/60

Paul Julius Reuter

1816-1899

Von Christof Spuler

Das Reuter-Fest am 19. Oktober wird eine große Sache. Persönlichkeiten der britischen und der Weltpresse kommen (hierher), um nach 112 Jahren der Gründung des Reuter-Büros durch Julius Reuter in Aachen zu gedenken. Ein Fernschreiber im Rathaus wird einen Tag lang alle weltumspannenden Nachrichtenverbindungen ›im Griff‹ haben. Kein Zweifel, nicht nur für Reuter, auch für unsere Stadt wird es ein bedeutsamer Tag sein.
(AVZ; 12.10.1962)

Zwei bedeutsame, festliche Tage erlebte Aachen damals, am 18. und 19. Oktober 1962. Deren Höhepunkte waren zum einen am 18. Oktober um 10 Uhr ein fünfminütiges Telefongespräch des damaligen Oberbürgermeisters, Heusch, und des Aufsichtsratsvorsitzenden von Reuter's / London, Campbell, mit dem ›Chief of the Board‹ der *New York Times*, Turner Catledge (der aus diesem Anlaß seine Nachtruhe vorzeitig beenden mußte!), via *Telstar*, einem Nachrichtensatelliten, der erst wenige Monate zuvor, am 10. Juli, zur interkontinentalen Informationsübermittlung in den Weltraum geschossen worden war. Zum anderen wurden am 19. Oktober, 16 Uhr, die Schauräume des Internationalen Zeitungsmuseums in der Pontstraße 13 in Anwesenheit nationaler und internationaler Festgäste feierlich eröffnet. Dazu gehörte auch die Übergabe eines Gemäldes Paul Julius Reuters durch die damals höchsten Repräsentanten der britischen Zentrale der Agentur, John Burgess und Walton H. Cole, als Geschenk an die Stadt Aachen. Es zeigt den Geehrten im Jahre 1869, 53jährig, als Halbporträt von der Hand des Malers Rudolf Lehmann, in der Kopie von Angadi. Das Bild mit einer Plakette, die dieses Tages gedenkt, hängt noch heute an diesem Ort. Eigentlich hätte dieses Geschenk in einem anderen Haus der Pontstraße, in Nr. 117 seinen angestammten Platz finden müssen. Aber dort waren durch Umnutzung (Gastronomie) längst alle historischen Spuren verwischt, so daß man sich an jenem 19. Oktober damit begnügen mußte, eine Gedenktafel[1] für Paul Julius Reuter zu enthüllen — begleitet von mehreren hundert Brieftauben aus Aachen, Brüssel und London, die in jenem Augenblick in den Himmel aufstiegen..

Zur Chronologie:[2]

Am 21. Juli 1816 kam Reuter unter dem Namen Israel Beer Josaphat als dritter Sohn eines Rabbiners in Kassel zur Welt.[3] Nach dem frühen Tod des Vaters im Jahre 1829 gelangte er zu einem Verwandten nach Göttingen,[4] in dessen Bankhaus er schließlich eine Lehre begann. Dort begegnete ihm der berühmte Physiker und Mathematiker Karl-Friedrich Gauß, der gerade (1833) den ersten elektromagnetischen Nadeltelegraphen erfunden hatte und sich mit dem ehrgeizigen jungen Mann über dessen Zukunftsaussichten unterhielt. Die Vermutung erscheint nicht abwegig, daß dadurch eine wichtige Weichenstellung für seine weitere Entwicklung vollzogen wurde. Kurz nach 1840 ging Reuter nach Berlin, nahm durch seine Konversion zum Christentum 1844 jenen Namen an, unter dem er uns heute geläufig ist und heiratete im Jahr darauf Ida Maria Magnus, die Tochter eines Berliner Bankiers. Als seine engste Mitarbeiterin ergänzte sie ideal ihren als »klein, dunkel, lebhaft und energisch« beschriebenen Ehemann. Sie ermöglichte ihm auch die Beteiligung an der Buchhandlung J. A. Stargardt, die heute, in Marburg ansässig, noch immer einen exzellenten Namen als Antiquariat besitzt. Damals führte sie für kurze Zeit den Namen »Reuter und Stargardt« und publizierte, da Reuter an der demokratischen Bewegung, die zur Revolution von 1848 führte, sehr interessiert war, eine Reihe in diesem Sinne »fortschrittlicher Schriften«. Ende 1848 übersiedelte das Ehepaar nach Paris, da dort im Gegensatz zu Deutschland nach dem Scheitern der Demokratie politische Publikationen und Nachrichten unzensiert gedruckt werden konnten. Zunächst arbeitete Reuter in dem von Charles Havas 1835 gegründeten, weltweit ersten Nachrichtenbüro als Übersetzer: Auszüge aller großen europäischen Blätter waren ins Französische zu übertragen und an die Inlandszeitungen weiterzureichen. Neben der Postkutsche bediente sich Havas schon damals in besonderen Fällen der Brieftauben als Kuriere (was z. B. bei der Londoner *Times* schon seit 1837 üblich war). In Konkurrenz zu Havas begann Reuter als Selbständiger 1849 eine eigene Nachrichtenagentur aufzubauen und arbeitete vorwiegend für deutsche Regionalzeitungen. Ein Zeitzeuge berichtet über diesen Lebensabschnitt:

Reuter war Herausgeber, Redakteur und Drucker in einer Person, unterstützt lediglich von seiner schönen Frau, die vom frühen Morgen bis zum späten Abend geduldig Nachrichten sammelte, kürzte, sortierte, redigierte und sie mit ihrer sauberen, fehlerlosen Handschrift zu Papier brachte: Das einzige Zimmer des Ehepaares war ihr Büro — oder eher das Büro ihr einziges Zimmer —, dessen Vorhänge klamm und zerschlissen waren; der Kamin quoll über von den Resten halb verbrannter Manuskripte und hastig verzehrter Mahlzeiten. Über dem schäbigen, marmorverkleideten Kamin hing ein gesprungener Spiegel, dessen Blindheit warmherzig verhüllte, daß Not und Sorge in diesem Hausstand ungebetene, aber ständige Gäste waren.

Nach wenigen Monaten erkannte er die Aussichtslosigkeit dieses Vorhabens (seine einzige Mitarbeiterin blieb seine Frau) und gab sein Büro in Paris auf. Da am 1. Oktober 1849 die erste Telegraphenleitung von Berlin nach Aachen eröffnet wurde (die hiesige Station befand sich in der Jakobstraße 23, die Stadt zählte gut 50.000 Einwohner), hoffte Reuter, diese neue Möglichkeit für sich nutzen zu können. Für Berlin kam er zu spät, dort hatte bereits der Arzt Bernhard Wolff gemeinsam mit seinem Vetter Werner von Siemens *Wolffs Bureau* begründet, das für Jahrzehnte die führende deutsche Nachrichtenagentur blieb. So eröffnete Reuter am anderen Ende der Linie in Aachen ein »Institut zur Beförderung telegraphischer Depeschen« in der heutigen Theaterstraße. Er versorgte die Aachener, später auch die Kölner Kaufleute und Bankiers mit Börsen- und Marktkursen. Daneben versuchte er, Nachrichten dieser Art aus Mitteleuropa an den Finanzplätzen in Antwerpen und Brüssel zu verkaufen, wobei größtmögliche Schnelligkeit der Übermittlung absolute Priorität besaß. Allen Kunden gewährte er gleiche Bedingungen. So ist überliefert, daß sich die Boten seiner Bezieher in seinem Aachener Büro einschließen lassen mußten, um gleichzeitig den Raum zu verlassen!

Im Frühjahr 1850 eröffneten sich Reuter neue Perspektiven, als die französische Regierung eine Telegraphenlinie von Paris nach Brüssel fertigstellte. Nun kam es darauf an, die noch fehlende Strecke Aachen-Brüssel auf kürzestem Weg zu überwinden. Postwagen benötigten dafür bis zu neun, Brieftauben weniger als zwei Stunden. Im April 1850 übernahm Reuter von dem Aachener »Brenner, Brauer und Schankwirt« Heinrich Geller 40 Tauben, in dessen Haus Pontstraße 117 er schließlich auch einzog. Wir sind über die Modalitäten dieses Geschäfts zwischen Reuter und Geller sehr genau informiert:[5]

Am 22. April 1850 kam in Aachen mit dem Zug ein kleiner unscheinbarer Mann an. In seiner Begleitung befand sich eine ihn fast um Kopfeslänge überragende korpulente Dame. Das Paar nahm in dem in unmittelbarer Nähe des Rhein. Bahnhofs liegenden Hotel Schlembach Wohnung (heute: Bahnhofsplatz 1). Der Eintrag in das Fremdenbuch des Gasthofs lautet: ›Julius Reuter, Zeitungskorrespondent aus Paris, nebst Frau.‹ Gegen 8.00 Uhr früh am folgenden Tage erschien bei Schlembach der Brauerei- und Brennereibesitzer Heinrich Geller und verlangte nach dem tags zuvor aus Brüssel angekommenen Herrn Reuter. Während der Kellner diesen benachrichtigte, erzählte Geller dem Schlembach, daß Reuter in Aachen eine Brieftaubenpost einrichten wolle zur Beschleunigung der Beförderung von Nachrichten aller Art; in Brüssel hätten bereits Besprechungen stattgefunden, das Nähere solle nun hier in Aachen vereinbart werden; er — Geller — werde die Tauben stellen. Wenige Minuten später erschien Reuter. Nach kurzer Begrüßung trat er mit Geller den Weg nach dessen Wohnung in der Pontstraße an. Die Besichtigung der Brieftauben, deren Geller über 200 besaß, nahm nur geringe Zeit in Anspruch, dann begann die Besprechung eines Vertrags, den Reuter im Entwurf bei sich trug. Die Verhandlungen zogen sich bis in die Nachmittagsstunden hin. Am 24. April fand dann die Unterzeichnung des aus zehn Paragraphen bestehenden Vertrages statt.[6]

Jeden Tag, wenn die Brüsseler Börse geschlossen wurde und die Pariser Nachrichten eingelaufen waren, schrieb Reuters Agent in Brüssel, Steffens, die Ergebnisse auf Seidenpapier, faltete es und steckte es in wasserdichte Beutelchen, die zur Sicherheit gleich <u>drei </u>Tauben 6 oder 7 Stunden <u>vor</u> Eintreffen der regulären Post nach Aachen brachten. Hier wurden sie in Gellers Taubenschlag vom Ehepaar Reuters in Empfang genommen, die die Nachrichten kopierten und sie den lokalen Abnehmern direkt, den Kunden in Berlin telegraphisch zustellten. Danach kehrte Reuter zum Gellerschen Anwesen zurück, wo er bis 12 Uhr mittags blieb. Dann löste ihn seine Frau ab, die die jeweils aktuellen Nachrichten mit Gellerschen Dienstboten, darunter dessen Sohn Franz und einem gewissen F. A. Bacciocco[7], ins Hotel

Schlembach bringen ließ, wo Reuter sie entsprechend an seine Klientel weiterleitete. Der dadurch bewirkte Zeitgewinn zwischen den Handelsmetropolen Paris und Berlin betrug so fast einen ganzen Tag.

Kaum hatte Reuter begonnen, neben kommerziellen auch politische Nachrichten zu übermitteln, da wurde die Telegraphen-Lücke Brüssel-Aachen zu Weihnachten 1850 geschlossen — somit war die direkte Verbindung Berlin-Paris fertiggestellt! Schon im Oktober, nach Fertigstellung der Telegraphenlinie Aachen-Verviers (Belgien), war Reuter dorthin übergesiedelt, bald darauf weiter nach Quievrain an der belgisch-französischen Grenze, dem technischen Fortschritt quasi immer auf dem Fuße.

Werner von Siemens berichtet von der Enttäuschung der Frau Reuter, und daß er ihr den Rat gegeben habe, mit ihrem Mann nach London zu gehen. Die Zentrale des freien Welthandels und der freien Presse erreichte Reuter im Sommer 1851, pünktlich zur Weltausstellung. Schon am 14. Oktober eröffnet er ein »telegraphic office« (»Mr. Reuter's Office«), dessen einziger Angestellter ein 12jähriger Junge war, John Griffith, der später einmal eine steile Karriere machte. Wohnung nahm Reuter als Mieter des Physikers Herbert Davis am Finsbury Square 23. Das Telegraphenbüro, zwei Räume in den »Royal Exchange Buildings« Nr. 1. lag in unmittelbarer Nähe der Londoner Börse. Reuter besaß etwas Kapital aus seinen Aachener Unternehmungen, Geschäftsverbindungen durch seine alte Kundschaft und eine ganze Reihe von Agenten in den Hauptstädten des Kontinents. Am 13. November 1851 war die dauerhafte Verbindung zwischen Dover und Calais via Kabel geknüpft; bis dato war der Schnelligkeitsrekord für Nachrichten zwischen Insel und Festland <u>vier</u> <u>Tage</u> gewesen — die Mitteilung des Sieges der Preußen und Briten über Napoleon bei Waterloo durch den *Morning Chronicle*, 1815!

Die *Times* gehörte, da an allen großen Plätzen der Welt mit eigenen Korrespondenten vertreten, lange nicht zu den britischen Kunden Reuters, während die meisten anderen Tageszeitungen der britischen Insel auf der Basis eines Jahresabonnements zweimal täglich mit Handels- und politischen Nachrichten aus aller Welt beliefert wurden. Dafür hatten sie sich dazu verpflichtet, die erhaltenen Meldungen stets mit der Angabe »Reuter's« zu publizieren.

Paul Julius Reuter war zu dieser Zeit bereits britischer Staatsbürger geworden (1857) und lebte nach schwierigen Aufbaujahren in gesicherten finanziellen Verhältnissen. Er unterhielt ein florierendes Büro für Wirtschaftsnachrichten in der Londoner City. Von hier wollte er indessen nicht nur private Kunden beliefern, sondern auch die Presse. So schloß er 1858 den ersten Probevertrag mit Londoner Zeitungen. Am 8. Oktober jenes Jahres erreichte ihn die erste in einer Zeitung abgedruckte Reuter-Meldung durch das Wolff'sche Telegraphen-Büro Berlin, mit dem er zwei Jahre zuvor ebenso wie mit der Agentur Havas in Paris einen Vertrag über den Austausch von Nachrichten geschlossen hatte. Es war dabei zunächst nur um Börsenkurse und Preisinformationen gegangen. Erst 1859 wurde *Reuters Allgemeiner Nachrichtendienst* geboren und Reuters Korrespondenten in alle Welt entsandt. Dadurch, daß sein »Bureau« aus immer entlegeneren Teilen der Welt Nachrichten brachte und eine Depesche mit dem Vermerk »Reuter's Telegrams« bei den Zeitungslesern als völlig zuverlässig galt, war es ihm möglich, schon 1868 von den Zeitungen statt jährlich 30 britische Pfund 1000 Pfund für den erweiterten Reuter-Dienst zu verlangen.

Die allmähliche Ausbreitung seines Nachrichtendienstes hatte sich seit 1860 mit bewundernswerter Konsequenz vollzogen: Zweigbüros entstanden in Amsterdam, Brüssel, Den Haag, Antwerpen; in Bombay, Kalkutta, Shanghai, Singapur, Hongkong, Peking; in Alexandrien; Kairo und allen großen Seehäfen Afrikas; in Kanada, Westindien, Nord- und Südamerika — kurz: Reuters Verbindungen umfaßten die ganze Welt. In Deutschland fand er nicht immer und überall offene Türen. Zwar erteilte ihm König Georg V. von Hannover am 15.11.1865 die Erlaubnis, ein Büro in Hannover einzurichten und zwischen der englischen und »hannöverschen Küste« ein Kabel zu legen, was die preußische Regierung nicht nur sanktionierte, sondern sogar deren Fortführung bis zur russischen Grenze zusagte. Doch verweigerte dieselbe Regierung Reuter den 1867 nachgereichten Antrag zur Errichtung telegraphischer Zweigbüros in Berlin und Frankfurt am Main — man wollte die Position von Wolff in Berlin als führende deutsche Nachrichtenagentur nicht gefährden!

Politische Erwägungen, internationale Ereignisse und technische Entwicklungen gingen durchaus nicht immer Hand in Hand. Reuters Findigkeit auch in heikelsten Situationen belegt das Beispiel der Berichterstattung über den amerikanischen Sezessionskrieg von 1861-65, der in Europa auf lebhaftes Interesse stieß. Die Kabel zwischen Amerika und Europa, der alten Welt, lagen noch nicht. Nach zähen Verhandlungen erhielt er die Erlaubnis, eine eigene Telegraphenleitung nach Crookhaven in Irland zu verlegen. Dort stationierte er einen Taucher, der per Boot den Postschiffen entgegenfuhr, von denen die Berichte seiner Korrespondenten aus Übersee in verlöteten Kanistern abgeworfen, mit Wimpeln markiert, und mit Netzen aufgefischt wurden. Die Meldungen wurden unverzüglich nach London durchgegeben, wo Reuter sie acht Stunden früher verbreiten konnte als alle Konkurrenten. In wichtigen Fällen übermittelte Reuter seine Informationen persönlich an die Regierung. Die Nachricht von der Ermordung des amerikanischen Präsidenten Abraham Lincoln am 15.4.1865 beispielsweise: Sie erreichte Politiker und Leser über »Reuter's Office« deshalb zwei Tage (!) früher, weil sein New Yorker Repräsentant dem bereits ausgelaufenen Postschiff in einem gemieteten Schlepper nachgefahren war und den Kanister mit der unheilvollen Nachricht an Bord geschleudert hatte!

Wie sah in der damaligen Zeit ein Reuter Büro aus, wie war es organisiert, nach welchen journalistischen Gesichtspunkten arbeitete einer seiner Angestellten, wie sah dessen Berufsalltag aus? Glücklicherweise findet sich ein Dokument, das uns auf solche Fragen in anschaulichen Worten Antwort gibt. Ich zitiere daraus einzelne Passagen:[8]

Der Zweck des Reuter'schen Bureau's ist in kurzen Worten der: politische und commercielle Nachrichten aus den besten Quellen rechtzeitig zu schöpfen und dieselben auf dem schnellsten Wege an die Zeitungen und Kaufleute zu befördern. Dazu ist nöthig, überall solche Agenten zu besitzen, die wichtige Nachrichten ohne Zeitverlust in kurzen, aber klaren Worten an das Hauptbureau in London telegraphieren, von wo aus dann die verschiedenen Agenturen gespeist werden. Bei der Wahl eines derartigen Agenten muß man vorsichtig zu Werke gehen. Zuverlässigkeit, Unbestechlichkeit, klare Einsicht und namentliche Grundkenntniße (sic!) dessen, was ihm obliegt — das sind Haupteigenschaften, die das Reuter'sche Bureau fordert und fordern muß, da von den Nachrichten, die von diesem Institut in die Welt gesandt werden, viel abhängt. (...) In Politik das richtige zu treffen, ist wohl Niemandem möglich. Die Reuter'schen Agenten werden durch ein sehr einfaches Verfahren vorsichtig gemacht, und zwar besteht es darin, daß sofortige Entlassung die Strafe ist für eine in diesem Departement begangene Nachlässigkeit, eine Drohung, der die Strafe auf dem

Fuße folgt, wie es einige der früheren Agenten nur zu wohl bestätigen konnten. (...) Das Reuter'sche Bureau ist nie geschlossen, sondern Tag und Nacht offen. Damit das geschehen kann, besitzt das Institut zwei Abteilungen, deren eine den Tagdienst und deren andere den Nachtdienst versieht, die zu letzterer gehörigen machen die Nacht zum Tage und nehmen während derselben ihre Mahlzeiten ein, die für sie im Bureau, welches (eine) eigene Küche hat, zubereitet werden. Es finden sich auch Schlafsophas, Waschtische und dergleichen in dem zum Nachtdienst bestimmten Zimmern vor, so daß die Herren, falls es nichts zu thun geben sollte, der Ruhe pflegen können. Der Nachtdienst ist sehr anstrengend, und das scharfe Gaslicht wirkt höchst unangenehm auf die Augen ein. Der Tagdienst beginnt um zehn Uhr Morgens und dauert bis sechs Uhr Abends, worauf der Nachtdienst um sieben Uhr seinen Anfang nimmt und um neun Uhr am nächsten Morgen endet. Die Zahl der in Londoner Bureau Angestellten beläuft sich auf 35, von denen die meisten drei, manche mehrere Sprachen sprechen.

Mit seinen großen Konkurrenten, Havas in Paris und Wolff in Berlin, schloß Reuter 1869 ein Abkommen, das die jeweiligen Interessensphären abgrenzte und klarlegen sollte. Havas, sein erster Lehrmeister, sollte aus allen romanischen Ländern und Südamerika berichten, Wolff aus Deutschland, Österreich-Ungarn und Skandinavien — alle übrigen Kontinente sollte Reuter übernehmen. Ein Nachrichtentausch zwischen den Agenturen wurde gewährleistet, Rivalitätskämpfen weitestgehend vorgebeugt. Reuters Berichterstattung vom deutsch-französischen Krieg 1870/71 profitierte z. B. auch von den Ballons, die Havas nachts aus dem belagerten Paris ausfliegen ließ. In London löste die Konkurrenz zweier jüngerer Nachrichtenagenturen eine Reihe technischer Neuerungen bei Reuters aus. So begann 1882 ein <u>Telefon</u> die Boten abzulösen, <u>Schreibmaschinen</u> wurden angeschafft und 1883 ein Vorläufer des modernen Fernschreibers installiert. Noch lange aber wurde jede damit durchgegebene Meldung durch eine handschriftliche Fassung bestätigt.

Ausgezeichnet wurde Paul Julius Reuter am 7.9.1871 durch Herzog Ernst II. von Sachsen, Coburg und Gotha mit dem erblichen Titel eines Freiherrn.[9] Seither führte Reuter das Wappen, das auf blauem Grund die Erdkugel zeigt, von der nach den Ecken silberne Blitze ausgehen und als Helmzier einen galoppierenden »Ruyter« trägt, der ein Bündel Blitze in der Hand hält. Der Wahlspruch der Familie lautet: »per mare et terram«, sinngemäß: über Meere und Kontinente hinweg. Seither war Reuter als Baron Julius de Reuter bekannt, »the Baron«, wie seine Mitarbeiter ihn nannten. Queen Victoria anerkannte den Titel für Großbritannien zwanzig Jahre später. Verstorben ist Reuter am 25. Februar 1899 in seiner Villa an der »Promenade des Anglais« in Nizza. Seinem Wunsch gemäß wurde er in aller Stille in London beigesetzt. Die Weltpresse druckte diese Nachricht seiner eigenen Agentur:

Baron von Reuter, der Gründer der Reuter-Agentur, ist heute morgen in Nizza im 83. Lebensjahr verstorben. — Reuter.

Im Nachruf, den der *Daily Telegraph* ihm widmete, hieß es:

Diese Nachrichtenagentur ist im Angesicht großer Anfechtungen in so hohem Maße unparteiisch und rechtschaffen geleitet worden, daß sich jedes Lob verbietet.

Johannes Gross, allseits geschätzter und gefürchteter Altmeister der Zunft, veröffentlichte jüngst ein Bonmot im FAZ-Magazin:

Die Lebensregel für Reporter: Wenn der andere schneller ist, mußt du besser sein, wenn der andere besser ist, mußt du schneller sein.

(890, 21.3.97)

Diese Alternative ließe ein »Reuter-Mann« so nicht gelten. Seine Devise lautet, salopp verkürzt: Du mußt schneller und besser sein (mit dem Akzent auf letzterem), im englischen Original: »Be first, but first be right.«

Anmerkungen

1. Unter dem Emblem einer Taube steht dort geschrieben:»Paul Julius Reuter. 1816-1899. Gründer der Nachrichtenagentur Reuter, ließ im Jahre 1850 durch Brieftauben auf das Dach dieses Hauses Nachrichten aus Brüssel tragen. Damit begann sein Lebenswerk im Dienste des Nachrichtenverkehrs der Welt.«
2. Die Geschichte der Nachrichtenagentur Reuter bis zum heutigen Tage kann nicht Gegenstand dieser Porträtskizze sein. Hier deshalb die wichtigsten Daten in Stichworten. 1865 Umwandlung in eine AG, »Reuter's Telegram Company«,, die Reuter noch selbst bis 1878 leitete, um sie dann seinem ältesten Sohn Herbert (1852-1915) zu übergeben. Mit dessen Tod (durch Selbstmord) endet die Herrschaft der Familie Reuter über das Unternehmen. 1916 erfolgt eine Reorganisation des damals schon weltweit größten Pressedienstes — die Konzentration auf das Agenturgeschäft. Seit 1941 ist *Reuter's* ein Gemeinschaftsunternehmen der britischen Presse, seit 1946 auch der führenden Verlegerorganisationen des Commenwealth. (s. dazu Raffelberg, Jochen / Szandar, Alex: *Reuters nach Reuter*, in: Katalog Kassel, 1978, S. 33ff, s. Lit. Verz.) — Eine aktuelle »Profilbeschreibung« kann bei Reuters-Deutschland angefordert werden.
3. Der Vater, Samuel Levi Josaphat, stammte aus Witzenhausen an der Werra, war erst 1814 hierher zugezogen; verheiratet mit Betty, geb. Sanders. Das elterliche Wohnhaus, in dem R. zur Welt kam, ein fünfgeschossiger Fachwerkbau an der Ecke Druselgasse / Mittelgasse, ist nach schweren Luftangriffen 1942 durch Feuer total zerstört und, wie die gesamte Altstadt Kassels, nicht wieder aufgebaut worden.
4. Schon in Göttingen hatte er — ausweislich eines Registereintrags — seinen Vornamen»Israel« abgelegt und gegen»Julius« eingetauscht.

5. F. Grimme - Erbach, in: *Politisches Tageblatt*, Aachen, 28. XI. 1906 (s. Lit. Verz.); daraus auch das Zitat. Unter den zahlreichen Taubenliebhabern des vergangenen Jhdts. in Aachen, den sogen.»Duvvejecke«, war Geller einer der größten.
6. Eine Ausfertigung des Vertrages liegt heute im Reuter'schen Zentralarchiv in London. Das IZM besitzt Photo und Kopie desselben.
7. Dieser Junge, dessen Aachener Nachfahren seine Lebensdokumente — gerade auch dieser Phase — sammeln und hüten, später ein geachteter Schriftsteller und Journalist. hat über seine damalige Tätigkeit etwa 50 Jahre später, möglicherweise aus Anlaß des Todes von Reuter, in einer deutschen Zeitung sehr anschaulich berichtet. Wir besitzen zwar Kopien des Artikels, wissen jedoch (bisher) nicht, wann genau und in welcher Zeitung er verfaßt wurde. Reuter's in London kennt bis jetzt nur eine englische Zusammenfassung dieser Schilderung und ist an der Vita Friedrich Albert Bacciocos brennend interessiert (Brief der Agentur vom 9.1.1989 an Hermann Johnen, der mir freundlicherweise sein Dossier zugänglich machte).
8. E. Woltmann, in: *Die Gartenlaube* 17, 1873.
9. In seinem Buch *England und die Presse*« Hamburg 1915, entwirft Paul Dehn nicht nur ein stark antibritisches pressegeschichtliches Szenario (das durch die Zeitsituation mitten im 1. Weltkrieg erklärbar ist), er verzerrt die Person Paul Julius Reuters, indem er Mitteilungen macht, wie ich sie nirgendwo sonst gelesen habe und deshalb auch nicht verifizieren kann. So heißt es (S. 98, Anmerkung) zur Adelsverleihung an ihn:»Herzog Ernst hat Reuter in den Freiherrenstand erhoben, nachdem er veranlaßt worden war, ein Stück Land (wertlos und billig) anzukaufen, um als Großgrundbesitzer eine Art von Anspruch an die Standeserhöhung machen zu können ...«.

Literaturempfehlungen

a) Biographisches
Wynter, Andrew: *Who is Mr. Reuter?*« in: Our social Bees — London, 1861.
Meyer's Konversationslexikon, 3. Aufl.,1878, Bd.15, s.v. J. P. Reuter (dort ist seltsamerweise weder etwas von seiner jüdischen Geburt und seinem Geburtsnamen noch von der Verleihung des Freiherrentitels 1871 zu lesen!)
Grimme-Erbach, Ferdinand: (zu den Verhandlungen zwischen Reuter und Geller), in: *Politisches Tageblatt*, Aachen, 28.11.1906.
Fränkel, Ludwig: *Paul Julius Reuter*, in: Allg. Deutsche Biographie, Bd. 53, München, 1907.
Collins, Henry M.: *From Pigeon Post to Wireless.* London ,1925.

Jones, Roderick: *A Live in Reuters.* London, 1951.

Storey, Graham: *Reuter' Century 1851-1951.* London, 1951.

Scharffenberg, Renate: *Paul Julius Reuter, 1816-1899, Gründer von Reuters Agentur*, in: Lebensbilder aus Kurhessen und Waldeck, Bd.6; Marburg / Lahn, 1958, S.276ff.

Kulle, Gerd / Huber, Jörg (u.a.): *Paul Julius v. Reuter. Ein bewegtes Leben.* Ausst.-Kat., hrsg. v. d. Stadtsparkasse Kassel. Kassel, 1978.

Gielen, Viktor: *Für schnellere Nachrichtenvermittlung. Aachener Brieftauben tragen bei zur Gründung von Reuters Telegrafenbüro*, in: Aachen und Eupen unter dem Eisernen Kanzler. Eupen, 1984, S. 189ff.

b) Reuter's Agentur / Pressegeschichte allgemein

Woltmann, E.: in: Gartenlaube, Nr.17, Leipzig, 1873.

Trollope, Anthony: *The way we live now.* London, 1875.

Dehn, Paul: *England und die Presse«* Hamburg, 1915, bes. S. 98.

(anonym): *The History of the Times,* Bd. 2:»The Tradition Established 1841 - 1884«. London, 1939.

Dovifat, Emil: *Zeitungslehre,.* 3. Auflage 1944.

Williams, Francis: *Transmitting World News*, Paris,1953.

UNESCO (Hrsg.): *Les Agences Telegraphiques,* Paris, 1953.

Kratz, Wilfried: *Schnell, teuer, Reuters. Die traditionsreiche Nachrichtenagentur hat sich als weltweit erfolgreicher Konzern etabliert*, in: DIE ZEIT, 13. 10. 1995.

Rudolph, Jochen: *Reuter erzielt Umsatz - und Gewinnrekord*, in: FAZ, 26.II.1996.

Hogg, Christopher: *Completing the Picture.* Reuters Holdings PLC Annual Report1995. London, 1996.

chs: *Reuters steigert die Umsatzrendite auf 22 Prozent*, in: FAZ, 12.II.1997.

Porträt des Brieftaubenzüchters Heinrich Geller (1801-1897)

Reuter-Fest, Aachen, 19. Oktober 1962. Aufstieg der Brieftauben vor dem Hause Pontstraße 117

Franziska Schervier

1819-1876

Gründerin des Ordens der Armen-Schwestern vom heiligen Franziskus in Aachen

Von Sabine Rother

Am Haus Nr. 28 an der Lütticher Straße, wo heute noch in einer Fassaden-Nische eine kleine Muttergottes mit Kind lächelt, fließt laut dröhnend der Verkehr vorbei, manchmal hört man auch die naheliegende Bahnlinie — ein ungemütlicher, wenig beschaulicher Ort, an dem die Menschen stadteinwärts oder -auswärts hetzen und sich die Autofaherer nur fragen: »Schaffe ich das Ampelgrün an der Kreuzung noch?« Wer die Schanz passiert hat, rollt Richtung Innenstadt, die Jakobstraße ist inzwischen für den hereinkommenden Strom gesperrt, nur der 86 Meter hohe Turm der mächtigen Pfarrkirche St. Jakob ragt unbeirrt aus diesem Trubel auf.

Auf den Spuren der Franziska Schervier

Und doch bedeutet das unscheinbare Haus an der Lütticher Straße (ursprünglich »Chaussee«, Nr. 12), erbaut aus Feldbrandsteinen mit Fensterumrahmungen aus edlem Blaustein eine von zahlreichen Stationen, die man zur Spurensuche nutzen sollte. Im Hinterhof ist jetzt eine Autoreparaturwerkstatt und dort wird kaum jemand an jene Frau denken, die hier wichtige Spuren hinterlassen hat: Die brave Aachener Fabrikantentochter Franziska, von ihren Schulkameradinnen und in der Familie gern »Fränzchen« genannt.

Als Franziska Schervier wurde sie am 3. Januar 1819 in Aachen geboren, daheim natürlich, das war damals so üblich. Ihr Zuhause stand an der Eilfschornsteinstrasse Nr. 15. Hier ist von der prächtigen

Villa des Nadelfabrikanten Johann Heinrich Caspar Schervier noch der barocke Torbogen erhalten — ein Andenken aus alter Zeit, das jetzt mitten im Gewimmel des universitären Lebens der RWTH Aachen ein eher anonymes Dasein fristet. Auf einer bronzenen Tafel liest man Erstaunliches. Erbaut wurde der Torbogen 1786. Seit 1536 befand sich an gleicher Stelle als Stadthaus der Abtei Rolduc (im holländischen Limburg) der »Klosterrather Hof«. Im 19. Jahrhundert wurde es Wohnhaus und Fabrikationsgebäude des Stecknadelfabrikanten Schervier und damit Geburtshaus der Franziska.

Sie persönlich hätte es gar nicht gewollt, daß man sie mit Inschriften ehrt. Franziska hat schon als Kind mit eisernem Willen das Gebot der Nächstenliebe wörtlich genommen, setzte sich über alle Konventionen hinweg.

Das Haus an der Lütticher Straße war eine erste, bedeutende Station für jene Gemeinschaft, die bis heute als »Armen-Schwestern vom heiligen Franziskus« weltweit wirkt. Hier im Jakobsviertel vor der Stadt gründeten am 3. Oktober 1845 fünf junge Frauen eine Art Wohngemeinschaft: Franziska Schervier, Gertrud Frank, Katharina Daverkosen, Johanna Bruchhaus und Katharina Lassen. Franziska wählten sie zu ihrer Führerin — sie war gerade 26 Jahre alt, gestaltete eine Hausordnung, einen Tagesablauf, in dem das Gebet einen festen Platz hatte, und ging an die Arbeit, denn das Elend lag buchstäblich vor der Tür. Ihr Motto zitieren die Franziskanerinnen noch immer gern:

Jeder Tag ist eine neue Berufung und so lassen wir uns täglich neu auf die Begegnung mit Jesus Christus ein, der unser Vorbild, unser Leben, die Kraft und Begeisterung unserer Seele ist.

Die Industriealisierung forderte viele Opfer

Was für eine Zeit! Die frühe Industriealisierung forderte ihre Opfer, die »Industrielle Revolution« prägte das Leben der Menschen. Das arme Volk strömte vom Land in die Stadt, wo man in den sich rasch entwickelnden Fabriken auf Lohn und Brot hoffte. Gerade Aachen mit seiner Tuch- und Metallindustrie (von der Nadel bis zum Maschinenteil) war ein Magnet. Doch mit dem Überangebot an Arbeitskraft kam die Verelendung der Arbeiterschaft. Kinderarbeit war an der Tagesordnung, es entwickelte sich ein Proletariat, dessen Not und schließlich körperliche wie psychische Verwahrlosung man sich kaum vorstellen kann.

Viele Menschen bettelten, die Tuberkulose, gefördert durch Unterernährung und schlechte Wohnverhältnisse, herrschte in den feuchten, dunklen, stinkenden Unterkünften; nur eine von zahlreichen Krankheiten. Es kam zu Seuchen. Doch hinter edlen Fassaden ließ das die meisten besseren Bürger so ziemlich kalt. Nicht nur Industriearbeiter waren arm. 1869 gab es in der Kaiserstadt rund 230 Wäscherinnen, 350 Näherinnen; war die Zahl der Einwohner in den letzten vier Jahrzehnten von 37000 auf 74000 Bürger angestiegen.

Die Fabrikanten kamen gar nicht auf die Idee, daß sie etwas mit der Not zu tun haben könnten. Und Franziskas Vater, der den in seiner Fabrik arbeitenden Kindern einen bescheidenen Schulunterricht zukommen ließ, wurde deshalb sogar mit Verwunderung betrachtet. Manche haben bestimmt auch die Köpfe geschüttelt und so etwas wie »Vergeudung« gemurmelt. Man schuf Mauern, damit weder Ausdünstungen noch Not die Reichen stören konnten.

Die politische Lage nach dem Wiener Kongreß 1815

In diese Zeit wurde Franziska Schervier hineingeboren. Napolen war gestürzt, der Wiener Kongreß 1814/15 hatte unter der Führung des Fürsten Metternich (1773-1859) die Neuordnung Europas eingeleitet. An diesem Kongreß beteiligten sich fast alle Staaten und Fürsten in Europa. Als Vertreter der fünf Großmächte saßen neben Metternich für Großbritannien Castlereagh, Zar Alexander und Nesselrode für Rußland, Preußen vertraten Hardenberg und Wilhelm von Humboldt, Frankreich Talleyrand. Auch in Deutschland war das staatliche Leben in Bewegung. Seit 1815 gibt es den Deutschen Bund und im September des gleichen Jahres stiftet man die »Heilige Allianz«, in der die Monarchen des griechisch-orthodoxen Rußland, des katholischen Österreich und des protestantischen Preußen sich zur christlich patriarchalischen Regierung verpflichten — »nach innen gemäß den Worten der Heiligen Schrift und zur Solidarität nach außen«.

Mit der Erfindung der Dampfmaschine Ende des 18. Jahrhunderts setzt zunächst in England, später dann in ganz Europa die »Industrielle Revolution« ein, in ihrem Gefolge der Beginn der Arbeiterbewegung. Die Rechnung ist simpel: Ohne den Besitz von Produktionsmitteln kann die »Arbeiterklasse«, auch »Vierter Stand« genannt, nur ihre Arbeitskraft veräußern, Lohnarbeit führt zur Ausbeutung der schwachen Schicht. Man stellt zum ersten Mal die »soziale Frage«. Die Not führt zu Solidarität und schließlich ruft Karl Marx dazu auf, »Proletarier aller Länder, vereinigt euch«.

Eine hohe Zahl von Ordensgründerinnen

Ob Franziska Schervier in der Schule etwas von den Umwälzungen ihrer Zeit erfahren hat? Immerhin kann man gerade in der ersten Hälfte des 19. Jahrhunderts zahlreiche Frauengestalten aufspüren, die prägenden Einfluß hatten. In Aachen wurde Franziska Schervier die bekannteste, da sie mit ihrer Heimat stets verbunden blieb und hier auch ihr Werk vollenden konnte. Im heutigen Gymnasium, der damaligen Töchterschule St. Leonhard war sie Schülerin der bedeutenden Pädagogin und frommen Schriftstellerin Luise Hensel, die ihren Schülerinnen (nicht immer zur Freude der Familien) christliches Denken und Handeln nahebrachte. Neben Franziska besuchten auch die anderen namhaften Ordensgründerinnen Pauline von Mallinkkrodt (1817-1881; Genossenschaft der Schwestern der Christlichen Liebe, seit 1849) und Clara Fey (1815-1894; Orden der Schwestern vom armen Kinde Jesus, seit 1852) diese Schule. Paulines Wirken konzentrierte sich jedoch auf den westfälischen Raum, Clara Fey wurde durch den »Kulturkampf« gezwungen, ihre Ziele im benachbarten Holland zu realisieren. Sie geriet in die Auseinandersetzungen zwischen dem preußischen Staat und der katholischen Kirche (1871-1878), bei der das »moderne Staatsdenken« sich der katholischen Lehrautorität entgegenstellte (Stichworte: Zivilehe, Verbot der Orden).

Drei Persönlichkeiten gingen ganz eigene Wege

Fest steht: Die drei Persönlichkeiten kannten sich, doch jede ging einen anderen, persönlichen Weg.

Die politischen Bewegungen dieser Jahre trafen Franziska Schervier schon vor der Geburt. Noch strampelte sie als Baby im Mutterleib, da gab es hohen Besuch im Hause Schervier: Kaiser Franz I. von Österreich gehörte zur Runde des Aachener Monarchenkongresses 1818, bei dem neben dem Österreicher ab 27. September auch Zar Alexander I. von Rußland und der preußische König Friedrich Wilhelm III. zusammentrafen. Da man nicht nur verhandeln und beraten wollte, sondern sich auch gern ein wenig umsah, meldete sich Seine Hoheit zur Besichtigung der als besonders fortschrittlich geltenden Industrieanlage Migeon & Schervier an, eine echte Auszeichnung für den Nadelfabrikanten. In seiner Fabrik konnte er dem Kaiser mit Stolz eine Maschine vorführen, die 450.000 Nadeln in einer Stunde und 22 Minuten auf Karten stekken konnte — mit Menschenhand waren in gleicher Zeit nur 440.000 Nadeln möglich.

Als sich der Besuch verabschiedete, durfte das Ehepaar Schervier einen Wunsch äußern, und es soll Scherviers Ehefrau, die Französin Maria Aloysia Victoire, genannt Marie-Luise, gewesen sein, die den Kaiser darum bat, die Patenschaft für das Kind, das sie erwartete, zu übernehmen. Die Majestät sagte sogleich zu. Am 3. Januar kam dann des Kaisers Patenkind zur Welt — allerdings nicht der erhoffte »Franz«, sondern die kleine, kräftige »Franziska«.

Das Tafelsilber des Kanonikus Deboeur

In Vertretung des Österreichers kümmerte sich Anton Wilhelm Deboeur, Kanonikus am Aachener Münster, als wohlhabender Patenonkel um das Mädchen. Zu allen Gelegenheiten bescherte er sie mit silbernem Tafelgeschirr, damit sie einmal »eine besonders gute Partie« darstellen sollte, noch besser, als sie es ohnehin schon von

Geburt war. Doch es ist bekannt, daß das Franziska schon in ganz jungen Jahren überhaupt nicht gefiel, daß sie sich eingeengt fühlte, und vielleicht schon früh ahnte, daß ihr Weg anders verlaufen sollte.

Franz — der Name wurde mehr und mehr Programm, aber ganz anders, als es sich die (wenn auch frommen und überzeugt katholischen) Eltern vorgestellt hatten. Franziska begriff, daß im Armutsideal des heiligen Franz von Assisi, der seinen Bettelorden in der konsequenten Nachfolge Christi gegründet hatte, auch ihre Ideen eine Antwort fanden. Franz von Assisi kam — wie sie — aus reicher Familie, gab sein Vermögen den Notleidenden, lebte mit ihnen, half, mochte den »üblichen« Luxus nicht. Für das reiche Kind Franziska begann mit dieser Erkenntnis ein komplizierter Weg der inneren und äußeren Entwicklung, und zunächst hielt sie alles geheim, strickte unbeobachtet im Bett Strümpfe für die Armen aus Garn, daß sie sich von heimlich Erspartem gekauft hatte.

Franziska, ein Mädchen aus den besten Kreisen

Franziska, ein Mädchen aus besten Kreisen. Ihr Urgroßvater kam Mitte des 18. Jahrhunderts als Kupferschläger nach Aachen und übte seinen Beruf mit handwerklichem und geschäftlichem Erfolg aus. Industrialisierung und Verbindungen mit kapitalkräftigen anderen Familien sorgten für den Aufstieg der Scherviers. Enkel Johann Heinrich Josef Caspar Schervier wurde schon im Alter von 24 Jahren Witwer. Er hatte bereits eine Tochter, Maria-Elisabeth, mit seiner ersten Frau Gertrud Therese Priem. Sieben weitere Kinder sollte er mit der Französin Marie-Luise Migeon haben. Er heiratete die 30jährige drei Jahre später, eine auch geschäftlich günstige Verbindung, denn auch die Migeons waren Fabrikanten, und so hieß es schließlich »Migeon & Schervier«. Marie-Luise wurde als Ausländerin stets ein wenig von oben herab betrachtet, sie hat auch Zeit ihres Lebens die deutsche Sprache nie so richtig erlernt. Die Achtung, die man der Familie dennoch zukommen ließ (zukommen lassen mußte) basiert unter anderem auf der Tatsache, daß Vater Schervier viele Jahre zweiter Bürgermeister der Stadt Aachen war. Die Migeons waren übrigens im Zuge der Französischen Revolution als Flüchtlinge aus Charleville nach Aachen gekommen.

Tragische Todesfälle in der Familie Schervier

Als sich Franziska bereits mit den Gedanken beschäftigt war, die sie später als eine wichtige Gestalt des sozialen Katholizismus ausweisen sollten, geschah das Unglück in der Familie: Ihre Mutter starb an Tuberkulose, die beiden älteren Schwestern Marie-Henriette und Julie gleichfalls. Es gab noch eine jüngere Schwester Pauline, die in einem belgischen Internat erzogen wurde, und zwei ältere Brüder Karl Gerhard und Ludwig Heinrich: Der eine wurde Priester, der andere sollte später die elterliche Fabrik übernehmen. Da war alles ganz klar: Die 13jährige hatte die Schule zu verlassen und die Führung des Haushaltes zu übernehmen. Das gelang ihr wohl recht gut, das Personal akzeptierte sie. Ein junges Mädchen mit Organisationstalent und Durchhaltevermögen.

Die zierliche Franziska mit den dunklen Augen wird als lebhaftes, heute würde man sagen dynamisches junges Mädchen beschrieben. Die Fähigkeit zu Führung und Organisation sollte ihr später als Ordensgründerin zugute kommen. Sie dachte auch jetzt voraus. Die jüngere Schwester wurde nach und nach in die Haushaltspflichten eingearbeitet.

Je mehr sie übernehmen konnte, umso intensiver wandte sich Franziska caritativer Tätigkeit zu. Sie kümmerte sich um die Notleidenden im Pfarrbezirk St. Paul, der Heimatpfarre der Familie. Nach und nach verkaufte sie das Aussteuer-Silber des Paten — sehr zum Ärger des Vaters, mit dem es hierüber manchen Streit gab. Franziska, die Ungehorsame? Ja, wenn sie spürte, daß man sie am guten Werk hindern wollte, konnte sie auch konsequent »Nein« sagen. Die preußischen Behörden, die später nur zu gern den Spendenzufluß ihrer Gemeinschaft kontrollieren wollten, sollten das noch heftig zu spüren bekommen. Der Vater verbot ihr übrigens, in einen Orden einzutreten. Daß seine Tochter eine eigene Genossenschaft gründen würde (und damit sein Verbot unterlaufen könnte), hätte er wohl nie für möglich gehalten.

In St. Paul wurde ihre Arbeit bald sehr konkret

Doch noch befand sich Franziska in der Phase des Suchens. Wichtige Gestalt auf diesem Weg war ein junger Kaplan von St. Paul, Johann Josef Istas (1807-1843), der mit zündenden Predigten die Menschen aufrütteln, ihnen die Augen für das herrschenden Leid und Unrecht öffnen wollte. Die Pfarre selbst hatte 1840 eine große Hilfsaktion veranstaltet, Geld- und Sachspenden gesammelt und sogenannte »Freitische« bei Pfarrangehörigen organisiert, die daraufhin Kranke mit Essen versorgten. Mit ihm hat Franziska eine »Johanneskuche« gegründet, unternimmt »Kollektengänge«, bei denen sie um Kohle, Holz, Kleidung und Nahrung bittet. Auf dem Markt sieht man sie an den Verkaufsständen, wo sie nach übriggebliebene Ware fragt. Das wird sie auch später, als Ordensfrau, noch tun.

In einer seiner überlieferten Predigten beschreibt Istas anschaulich die dunklen, von Gestank erfüllten Behausungen, in denen die Ärmsten der Armen dahinvegetieren müssen, wenn sie in Not geraten sind. Gleichzeitig prangert er als Kind seiner Zeit natürlich auch das Fehlverhalten, die »eigene Schuld am Elend« an, denn in den Wirtshäusern wanderte häufig noch der letzte Pfennig für Schnaps über den Tresen, Mädchen gingen in die Prostitution. Doch er prägte auch den Satz:

Dann erst predige, mache Vorwürfe, wenn Du geholfen hast. ja, Brüder! Schuld oder nicht Schuld: darüber ist beim Kranken und bei den durch Arbeitslosigkeit des Familienvaters nach Brot schreienden Kindern nicht mehr zu fragen.

Für Franziska eine eindeutige Aufforderung, eine Antwort auf den Impuls, den sie schon als Kind spürte. Doch auch die inneren Kämpfe blieben Franziska (wie allen Ordensgründern, selbst dem heiligen Franziskus) nicht erspart. 1841 erkrankte die 22jährige an einem »Nervenfieber«, und sie spricht in ihren Lebenserinnerungen von »schauerlichen Seelenleiden und Versuchungen«.

Sie durchlitt eine schwere psychosomatische Krise

Was sie psychisch durchlitt, was ihr Körper als fiebrige Erkrankung signaisierte, war ein tief verankerter Konflikt. Elisabeth Fischer-Holz schreibt dazu in ihrem Werk *Anruf und Antwort. Bedeutende Frauen aus dem Dreiländereck* (Einhard Verlag Aachen):

Sicherlich spielte hier eine bedeutende Rolle die Sicht der katholischen Kirche der damaligen Zeit in bezug auf Ehe und Jungfräulichkeit. Obwohl die Ehe das Sakrament der Liebe ist, hat die katholische Kirche bis vor noch nicht allzu langer Zeit deren ausschließlichen Sinn in der Fortpflanzung gesehen. Der gesamte sexuelle Bereich war tabuisiert und nahezu alles, was damit verbunden war, wurde als »unrein« oder »Sünde« bezeichnet. In der Mädchenerziehung fand keine Aufklärung statt (...) Für ein frommes Mädchen im 19. Jahrhundert hieß das: willst du heilig werden, dann darfst du nur Gott lieben. Jesus ist dein Bräutigam. Alles, was dich von diesem Weg ablenkt, ist Sünde; und die schwerste Sünde ist die Unkeuschheit. Der Beichtspiegel lehrt: jede Anfechtung zur Sünde kann in dreifacher Gestalt auftreten — in Gedanken — in Worten — in Werken. Worte und Taten konnten die Mädchen beherrschen, aber gegen die Anfechtungen durch Gedanken und Vorstellungen der Phantasie ist niemand gefeit. Sie unterliegen nicht dem Willen. Erotische Phantasien verselbständigen sich (...).Unter solchen Phantasien haben nachweislich Franziska Schervier, Clara Fey, Josephine Koch und Marie Tauscher gelitten. Auch das Tagebuch der Luise Hensel weist daraufhin. (...) Da niemand den Mädchen in ihren Nöten half und ihr Gewissen beruhigte, verfielen sie oft in das sogenannte Nervenfieber.

Franziska überstand diese psychosomatische Erkrankung als Krise, zu der, wie sie selbst berichtete, auch eine ihr bisher »unbekannte Versuchung gegen den Glauben an Gott« gehörte. Mit tröstenden Gebeten stand Kaplan Istas am Bett der Kranken, die sich in dieser Phase endgültig für die Werke der tätigen Nächstenliebe entschlossen hatte. Ein anderes Leben kam nun nicht mehr in Frage, und es ist auch nicht mehr vom Zweifel am gewählten Weg die Rede. 1843 stirbt Istats, der sich vermutlich bei der Sorge um die Kranken mit Tuberkulose infiziert hatte. 1845 stirbt auch Franziskas Vater, sie ist 26 Jahre alt und bereits 1843/44 mit ein paar Freundinnen der Laiengemeinschaft des »Dritten Ordens vom heiligen Franziskus« beigetreten. Sie selbst schreibt über diese Entscheidung:

Am Feste des hl. Antonius von Padua (13. Juni 1844; Anm. d. A.) besuchte ich den Nachmittagsgottesdienst in der ehemaligen Franziskanerkirche St. Nikolaus und die Festpredigt des Herrn van der Meulen, der geistliche Leiter (sogen. Regelpater) des Dritten Ordens war. Die Darstellung der Tugenden des Heiligen und des Ordens, in welchem er sich geheiligt hatte, machten großen Eindruck auf mich. Nachdem die Predigt beendigt war, eilte ich zu dem Altare des hl. Franziskus, warf mich dort zur Erde und gelobte ihm, noch an demselben Tag Schritte zu thun, mich seinem heiligen Orden einzuverleiben. Ich war in einer Weise, die ich gar nicht beschreiben kann, wie außer mir und kann den unvergeßlichen Eindruck, den meine Seele erhielt, nur der Gnade Gottes zuschreibe.« (Aus: Ignatius Jeiler, OFM, S. 79).

Der Planung steht nichts mehr im Wege

Jetzt steht ihrer Planung nichts mehr im Wege und Franziska sieht sich vom franziskanischen Ideal vollkommen erfaßt. Die eigentliche Ordensgründung ist jedoch einer Vision der Freundin Gertrud Frank zu verdanken. Zu Pfingsten 1845 spricht sie mit ihr darüber, wenig später treffen die jungen Frauen ihren Entschluß. Im Juli 1845 schreibt Franziska über den Entschluß der zunächst drei Aachenerinnen, »nach dem Beispiel des göttlichen Heilands, unseres Vorbildes und Vorgängers, uns den Werken der Barmherzigkeit zu ergeben«, faßt sie den Vorsatz der Ordensmitglieder, in Gehorsam, Armut, Demut, Keuschheit und Liebe zusammenzuleben.

Das damalige Haus Lütticher Straße Nr. 12 wurde unter kärglichsten Bedingungen bezogen. Eine Witwe namens Beißel war die Vermieterin. Franziska übernahm die Leitung, wurde »Mutter« genannt, untereinander sprachen sich die Frauen (bald waren es elf) mit »Schwester« an. Noch vor dieser Gründung hatte Franziska in Lüttich Einblick in die Arbeit dortiger Kreuz-Schwestern erhalten, die sich um Prostituierte kümmerten. Sie folgte dem Beispiel, man nahm Frauen auf, die von allen geächtet waren, und manchmal lebten bis zu 30 Menschen auf engem Raum — und die Bürger? Sie hatten vielfach keinerlei Verständnis für dieses Tun, sprachen von Abschaum, von den »schlechten Weibern vorm Jakobstor«, die man nicht »füttern« wolle. So mancher strich seine Spende.

Doch die Schwestern ließen sich nicht beirren. Als sich drei Jahre später Ordensfrauen vom Guten Hirten (Reste der großen Klosteranlage stehen heute noch an der Süsterfeldstraße, wo auch der Friedhof der Schwestern erhalten ist) in Aachen niederließen, gaben sie diesen Wirkungsbereich ab.

Pflege der Prostituierten, Begleitung zum Schafott

Sie pflegten ab 1846 an Syphillis erkrankte Frauen, kümmerten sich auch später um weibliche Strafgefangene, von denen Franziska eine ganze Reihe bis aufs Schafott begleitet, mit ihnen die Nacht vor der Hinrichtung durchwacht hat.

Das Armutsideal gebot den christlichtapferen Frauen nach dem Vorbild des Franz von Assisi das Betteln. Man zog durch Stadt und Land, wurde nicht müde, um Almosen zu bitten, und der Spott der Gassenjungen, die sie als »Quieselchen« (Betschwestern) necken wollten, machte ihnen nichts aus.

Noch bis zum Zweiten Weltkrieg zogen zur Erntezeit Gruppen von Schwestern mit Handwagen durch die Dörfer, um Kartoffeln und Obst für die Klöster zu sammeln

berichtet E. Fischer-Holz in ihrem Buch.

Ein Bürger, der sich einen dummen Spaß erlauben wollte, stellte die Gabe eines lebendigen Schweins in Aussicht — wenn die Schwestern es persönlich abholen und durch die Stadt treiben wollten. Er hatte sie unterschätzt, denn das machte ihnen überhaupt nichts aus.

In Aachen wurden die guten Taten der »heiligen Fräulein« mit Verwunderung und Dankbarkeit von den Armen registriert. Die Frauen, die in ihrer Gemeinschaft — so heißt es jedenfalls — vielfach nur ein einziges Kopfkissen und ein Paar Schuhe besaßen, die abwechselnd benutzt wurden, pflegten nicht nur, sie griffen zu, wo andere einen weiten Bogen um eitrige Wunden, verkommene Kinder und ungesunde Wohnstätten machten. Sie putzten, pflegten, griffen zu als, so Franziska, »Dienstmägde Jesu, der in den Armen zugegen ist.« Sogar der Klerus kritisierte ihr Tun, einer der wenigen, die dennoch zu ihnen hielt, war der Pfarrer von St. Jakob, der wohl ganz genau wußte, was diese Frauen leisteten.

Der Kanonikus vergaß Franziska im Testament

Übrigens: Kanonikus Deboeur, der schon bei Franziskas Entschluß eher wütend reagiert hatte (zumal seine Geschenke für die Armen »versilbert« worden waren), hat Franziska nie verziehen. In Seinem Testament fand das kaiserliche Patenkind keinerlei Erwähnung ...

Noch bevor 1850 Franziska die Satzung für ihre Gemeinschaft aufschrieb, gab es Unruhen in Aachen. 1848, das Jahr der Revolution, brachte in ihrem Gefolge die Cholera mit sich. In einem ehemaligen Dominikanerkloster nahe St. Paul, Franziskas Heimatkirche, wurde ein Choleraspital eingerichtet, das die Schwestern betreuten. Zusätzlich zur Cholera brachen die Pocken aus. Die furchtlosen Pflegerinnen waren nun »unsere Franziskanerinnen«, zu denen bald auch Pauline Schervier, Franziskas jüngere Schwester, gehörte. Die Infektionskrankheiten traten immer wieder auf, und immer wieder waren es die Franziskanerinnen, die zupackten.

So hat eine der Schervier-Schwestern bei der Pockenepidemie 1866 aufgeschrieben:

Außer eisernen Bettstellen und dem bloßen Strohsack war in den kahlen Sälen des Pokkenspitals nichts anderes vorhanden. Mutter Franziska setzte ihre ganze Kraft ein, um sich alles Notwendige für die Pflege zu besorgen. Die schwersten Krankheitsfälle und die mit ihrem Schicksal Unzufriedenen aber behielt sie sich selber vor.

Die Not damals, die Not heute. Wieder wenden sich Franziskanerinnen jenen zu, die andere nicht berühren wollen — Nichtseßhafte, Aidskranke, Drogensüchtige — doch davon später.

1850 schrieb Franziska eine Satzung, bei der das strikte Armutsideal im Vordergrund steht, sehr zum Mißfallen der kirchlichen Behörden, die in Sorge waren, man würde durch übertriebene Bescheidenheit das bereits sehr erwünschte Werk der Genossenschaft gefährden. Unterstützt und beraten wurde sie dabei von Bischof Johann Theodor Laurent. Laurent, 1804 in Aachen geboren, hatte eigentlich das Amt eines Apostolischen Vikars in Hamburg. Doch der Widerstand der protestantischen Regierung war zu groß. 1841 sollte er das entsprechende Amt in Luxemburg ausüben, doch 1848 wich er hier dem Druck der Freimaurer und ging nach Aachen. Hier war er Nachbar der Familie Schervier.

1851: Die kirchliche Bestätigung erfolgt

Franziska gab in ihrer Ordensplanung nicht nach. 1851 schließlich der Sieg. Die kirchliche Bestätigung der Kongregation »Genossenschaft der Armen-Schwestern vom heiligen Franziskus« wird durch den Kölner Erzbischof Kardinal von Geissel bestätigt, obwohl sein Generalvikariat zuvor sogar noch den Titel als »unangenehm« und sogar »abschreckend« kritisiert hatte.

Zuvor hatte Franziska die kleine Gemeinschaft der Reklusen innerhalb des Ordens gebildet, die es heute noch (Lindenplatz) gibt. Als Klarissen leben sie in absoluter Klausur im Gebet um Gottes Segen und Hilfe für das Werk der Gemeinschaft.

Am 12. August — dem Fest der heiligen Klara — erhalten die ersten 24 Schwestern das Ordenskleid in St. Paul: das braune Gewand der Franziskaner, auf dem Skapulier leuchtet ein rotes Kreuz mit den Symbolen der Passion Christi. Ein Jahr später legten sie an gleicher Stelle die Ewigen Gelübde ab. Zur Feier des Tages — so erzählt man vom 12. August 1851 — gab es für jede der Frauen als freudig entgegen genommene Festtagsgabe ein Hühnerei! 1852 erwarb man das bis heute bestehende Mutterhaus an der Kleinmarschierstraße/Ecke Elisabethstraße, ehemals ein Klarissenkloster. 1853 unterzeichnete Friedrich Wilhelm IV. die staatliche Anerkennung der Kongregation. Schon in diesen ersten Jahren entstehen neue Häuser in Köln und Aachen-Burtscheid (heute zeugt noch das Marienhospital davon) sowie in Ratingen, Mainz und Koblenz.

Als Königin Augusta 1865 zur Feier der 50jährigen Zugehörigkeit der Rheinlande zu Preußen nach Aachen kam, suchte sie auch die damals erkrankte Ordensfrau, ihr WunschMütterchen Franziska«, auf. Ihr Wunsch war es übrigens, daß sich die Ordensschwestern verstärkt um weibliche Strafgefangene kümmerten.

Der ewige Kampf mit den Behörden

Nach der Anerkennung entwickelte sich der Orden mit atemberaubender Geschwindigkeit, wobei sich die sonst so sanftmütige Franziska konsequent weigerte, den Behörden über Höhe und Verwendungszweck der Kollekten Auskunft zu gebe. Man erhalte keine staatliche Zuwendung, wolle sie auch gar nicht, und damit habe wiederum der Staat keinen Anspruch auf Auskünfte. Zahlreich wurden nun die Bitten um Einsatz des Ordens; man forderte Franziska auf, Filialgemeinschaften zu gründen, doch die Ordensfrau erwies sich als vorsichtig, sprach auch häufig ihr Nein aus, wenn es nötig war. Sie trug eine hohe Verantwortung, wußte, daß sie ihre Schwestern bei allem harten Einsatz nicht überfordern durfte. Oft gelangte man ohnehin an die Grenzen der Kraft. So übernahm man 1850 ein Armenhaus in Jülich, sorgte seit 1851 für das Seelenheil der weiblichen Strafgefangenen in Aachen — auf Wunsch der Regierung. Und Franziska Schervier selbst litt an Asthma und einer lebensgefährlichen Hüft- und Rückgraterkrankung. Die Pflege der Cholera-Kranken führt sie nach Wattenscheid, Hegemannsdorf, auf die Zeche »Zollverein« und (1867) nach Köln-Ehrenfeld, wo es heute noch das St.-Franziskus-Hospital gibt.

Einsatz der Schwestern bei Kriegsverletzten

1864 kam gleich zweifach die Bitte um Hilfe: Das preußische Königshaus und die österreichische Regierung forderten den

Orden auf, im deutsch-dänischen Krieg den Lazarettdienst zu versehen. Im evangelischen Schleswig-Holstein entwickelte sich eine aktive katholische Gemeinde Flensburg und das auch später noch von den Schwestern geleitete Franziskus-Hospital. Verwundete pflegte man zudem im deutsch-österreichischen Krieg 1866 und im deutsch-französischen Krieg 1870/71, wo tausende Menschen an Ruhr und Typhus starben. Kriege waren für Franziska und ihre Schwestern schreckliche aber beständige Begleiter. Und sogar in den Wirren des amerikanischen Bürgerkrieges geriet sie zwischen Nord- und Südstaaten.

Die Aachener Ordensfrau in Amerika? Eine Tatsache. Schon längst hatte sie der Ruf erreicht, daß zahlreiche Auswanderer in der Neuen Welt verelendet lebten, weil sie sich falsche Hoffnungen gemacht hatten. Mutig waren sie, die ersten sechs Schwestern, die aus dem Aachener Mutterhaus am 7. September 1858 in New York ankamen und auf Einladung des Erzbischofs John B. Purcell und einer Frau namens Sarah Peter nach Cincinati/Ohio gingen. Sie bezogen ein ehemaliges Waisenhaus, wo sie Kranke und Arme — ganz besonders unter den deutschen Einwanderern — betreuten. Franziska unternahm zweimal als Passagierin der dritten Klasse im Elend des Zwischendecks die harte Schiffsreise nach Amerika (16. Juni 1863; 14. April 1868).

Johannes Höver gründet die neue Bruderschaft

Mit nur 57 Jahren stirbt Franziska Schervier am 14. Dezember 1876 nach der Operation eines eingeklemmten Bruchs. Zu diesem Zeitpunkt gab es bereits 36 Klöster und Filialen in Deutschland sowie Gründungen in Belgien. 815 Frauen waren in Deutschland, 272 in Amerika (neun Häuser) dem Orden beigetreten. Durch ihren Einfluß gründete der Lehrer Philipp Höver 1857 in Aachen als »Bruder Johannes Höver« die Genossenschaft der »Armen-Brüder vom heiligen Franziskus«, die sich der elternlosen und schwer erziehbaren Jungen annahm, betrieb die Rückführung der Redemptoristen und der Franziskaner nach Aachen. Sie hatte man in den Jahren der Säkularisation (Aufhebung aller Klöster) zu Beginn des 19. Jahrhunderts vertrieben.

Als man Franziska Schervier auf dem Ostfriedhof beisetzte, läuteten in Aachen alle Glocken. Dies sollte sich 98 Jahre später wiederholen. Nach einem Seligsprechungsprozeß, der über 25 Jahre gedauert und vom Bischöflichen Offizial in Aachen, Prälat Dr. Joseph Brosch betrieben wurde, hatte am 18. Oktober 1973 Papst Paul VI. das Dekret zur Seligsprechung unterzeichnet. Der »zuständige« Aachener Bischof, Bischof Dr. Johannes Pohlschneider, durfte den Termin bestimmen und wählte den zweiten Sonntag nach Ostern, den 28. April 1974. An diesem Tag erfolgte im Petersdom die Seligsprechung durch den Papst. Der Aachener Bischof zelebrierte die Messe. Als Papst Paul VI. die Seligsprechungsformel ausgesprochen hatte, mit der er zugleich das Fest der neuen Seligen auf den 14. Dezember, den Todestag Franziskas, gelegt hatte, wurde ein Bild der Ordensgründerin in der Gloriole Berninis, in der Apsis des Petersdomes sowie in der Loggia von St. Peter enthüllt.

Ordensgründungen in der ganzen Welt folgten

Franziska und die Zukunft ihres Ordens: Da hat sich eine Menge getan. So gründete man Pfingsten 1947 in Belgien eine eigene Ordensprovinz »Jungfrau der Armen« mit dem Provinzhaus in Mehagne-

Chenee. Im gleichen Jahr gab der Heilige Stuhl die Erlaubnis, das Generalat der Kongregation nach Rom zu verlegen — offiziell wurde es 1950 in Frascati eröffnet. Neun Jahre später erfolgte die Teilung der Armen-Schwestern in zwei eigenständige Gemeinschaften, Frascati blieb Sitz der neuen Genossenschaft, die als »Franziskanerinnen der Armen« die amerikanischen und italienischen Gründungen vereinigte. Stichwort Brasilien: Hier, in Pires do Rio helfen seit 1960/61 Schervier-Schwestern, die Not zu lindern, 1978 schließlich schickte man helfende Hände in den Senegal/Westafrika, wo die Schwestern in und um Dakar und Koungheul arbeiten.

Zielsetzungen des Ordens in heutiger Zeit

Der Orden heute? »Es gibt neue Armut, neue Arme, die unsere Hilfe erwarten«, sagt Generaloberin Schwester Maria Claudia Bos in Aachen.

Wir finden sie überall in der Welt, heimat- und obdachlose Menschen, Hungernde, Aids-Kranke, alleinstehende Mütter, auch viele junge Menschen, ohne Glauben, abhängig in jeder Form, Alte und Kranke.

Was Franziska damals bewegt hat, dem spüren auch die Schwestern von heute nach. »Sie hat die Botschaft Christi verstanden und konsequent umgesetzt«, betonen Schwester Amabilis und Schwester Christa Maria. »Tabu-Themen gibt es auch heute noch, Menschen, die von anderen nicht berührt werden wollen.« Vom allgemeinen Mangel an Ordensnachwuchs sind auch die Franziskanerinnen betroffen. »Es entstehen neue Strukturen, bei Altenheimen, die früher von Orden geleitet wurden, ist es nun eine GmbH mit Geschäftsführer, auch die Zusammenarbeit mit anderen Orden hat zugenommen, man ergänzt sich«, berichtet Schwester Christa Maria.

Die Fortführung des Gedankens der Aachener Ordensgründerin wird unter anderem im Mutterhaus sehr konsequent fortgesetzt. Hier richtete man 1995 eine Schervier-Stube ein, in der die Gäste nicht nur frühstücken können und eine Mittagssuppe erhalten, hier kann inzwischen auch Wäsche gewaschen werden, gibt es Duschen, eine Kleiderkammer und die Möglichkeit zum Gespräch. »Wir arbeiten eng mit anderen Institutionen der Stadt zusammen, treffen uns auch regelmäßig«, so Schwester Maria Ursula, Leiterin der Einrichtung. Selbst die medizinische Grundversorgung ist jetzt möglich — und der Strom der Hilfesuchenden nimmt zu. Ob sich das Elend der Menschen seit Franziskas Zeiten geändert hat? »Das Gesicht der Armut ist ein anderes geworden«, sagt Schwester Maria Ursula. »Arbeitslosigkeit, Drogenprobleme und Einsamkeit stehen im Vordergrund. Die Menschen werden immer jünger ...«. Aber heute wie damals ist ein Butterbrotpaket nicht selten der erste, wichtige Kontakt, um einem Menschen aus seiner Not herauszuhelfen dem Jesus-Wort (Matthäus 25, 31-40) entsprechen: »Was ihr für einen meiner geringsten Brüder getan habt, das habt ihr mir getan.«

Die fast lebensgroße Bronze-Plastik des Aachener Künstlers Hubert Löneke, die 1976 vor der Pfarrkirche St. Paul aufgestellt wurde, zeigt Franziska Schervier, die einen schwachen, kranken Menschen bei der schlaff herabhängenden Hand nimmt, ihm die Linke ermutigend auf die Schulter legt. Franziska Schervier; eine Frau, die bis heute ein Vorbild bleibt.

Literaturempfehlungen

Hans Steffens: *Franziska Schervier*. In: ders. *Pioniere des Bistums Aachen. Religiöse Lebensbilder aus dem Land zwischen Maas und Rur*. Mönchengladbach 1980.

Ernst Wilhelm Nusselein: *Franziska Schervier — die Selige von Aachen*. In: ders. *Gottes Freunde, unsere Freunde*. Freiburg: Herder Verlag.

Theodore Maynard: *Trough my gift. The life of Franziska Schervier*. New York 1951.

Ignatius Jeiler OFM: *Die gottselige Mutter Franziska Schervier*. Feiburg: M. Schneiderwirth Verlag.

Erich Kock: *Franziska Schervier. Zeugin der dienenden Kirche*. Mainz: Matthias Grünewald Verlag.

Elisabeth Fischer-Holz: *Abruf und Antwort*. Bd.2. Aachen: Einhard Verlag.

Denkmal Franziska Scherviers vor St. Paul

Theodore von Kármán

1881-1963

Von Klaus Habetha, Egon Krause, Ulrich Kalkmann

Im Februar 1913, an einem klaren, kalten Morgen, kam ich an der Technischen Hochschule in Aachen an, die für sechzehn Jahre meine geistige Heimat sein sollte. Ich erwartete, dem Rector Magnificus vorgestellt zu werden und einige Studenten und Professoren zu treffen, aber keine Seele war zu sehen. Ich sah auf die Uhr — zehn. Ich konnte das nicht verstehen.

Ich stöberte schließlich den Portier auf, der mir erklärte, daß Aachen Karneval feierte, ein Fest, das im katholischen Rheinland und in Bayern gefeiert wurde, aber nicht bei uns in Göttingen, einer typischen deutschen Protestantenstadt. Ich war gerade am Aschermittwoch angekommen. Die ganze Nacht hatten die jungen Paare in den Straßen und auf den Plätzen bis zur Erschöpfung getanzt, und jetzt schliefen sie wahrscheinlich bis zu Mittag, während die alten Leute mit Kreuzen aus Asche auf der Stirn in der Kirche beteten. Der Portier riet mir, um vier Uhr wiederzukommen und in ein bestimmtes Restaurant zu gehen, wo ich einige meiner Kollegen und die Stadtgrößen beim Fischessen antreffen würde, mit dem die kommende Fastenperiode eingeleitet wurde. [...] Am späten Nachmittag, nach meinem kurzen Rundgang durch die Stadt, begab ich mich zu dem vom Portier der Hochschule bezeichneten Restaurant. Es waren mehrere Aachener Professoren dort, und ich stellte mich vor. Das Ergebnis dieses Treffens war, daß man mir auf gemütliche Aachener Art zu verstehen gab, daß während des Karnevals niemand viel tat.

So beschrieb von Kármán seine ersten Eindrücke von der Stadt und von der Technischen Hochschule Aachen. Für ihn wurde Aachen eine neue Heimat, die er sein ganzes Leben lag in guter Erinnerung behielt, obwohl er 1934 von den Nationalsozialisten aus Deutschland vertrieben wurde.

Theodore von Kármán war Ungar. Geboren am 11. Mai 1881 in Budapest, besuchte er dort ein von seinem Vater gegründetes Gymnasium und studierte anschließend von 1898 bis 1902 Maschinenbau an der Königlichen Josephs-Universität für Polytechnik und Ökonomie. Nach seinem Militärdienst in der österreichisch-ungarischen Armee sammelte er die ersten Erfahrungen als Universitätsassistent sowie in der Privatindustrie. Schon früh machte er durch sein wissenschaftliches Talent auf sich aufmerksam und die ungarische Akademie der Wissenschaften gewährte ihm ein Stipendium für einen Auslandsaufenthalt. Er entschied sich für Göttingen, wo er 1908 bei Ludwig Prandtl mit einer Arbeit über Knickfestigkeit promovierte. Prandtls Ruf als einer der bedeutendsten Aerodynamiker der Welt war schon damals weit über die Grenzen des Deutschen Reiches gedrungen und es bleibt zu vermuten, daß er von Kármán nicht unwesentlich beeinflußte. In Göttingen entstanden 1911 von Kármáns später so berühmt gewordenen Arbeiten über Wirbelstraßen. Er habilitierte sich für das Lehrgebiet Mechanik und Wärmelehre, mußte aber dann erkennen, daß ihm in Göttingen ein Fortkommen nicht möglich schien — für von Kármán, der damals 31 Jahre alt war, eine »beunruhigende Tatsache«. Er hatte aber nicht nur in Prandtl einen Förderer, sondern auch im berühmten Göttinger Mathematiker Felix Klein, der das Talent von Kármáns erkannt hatte. Klein sicherte ihm zu, daß er den nächsten freiwerdenden deutschen Lehrstuhl erhalten werde — das war einer an der TH München. Daß von Kármán zur dortigen TH wechselte, verhinderte zum Glück für Aachen der emeritierte Münchener Professor. Er lancierte seinen eigenen Schwiegersohn als Nachfolger auf den vakanten Lehrstuhl.

So nahm von Kármán 1913 einen Ruf nach Aachen auf den Lehrstuhl für Mechanik und flugtechnische Aerodynamik an. Mit seiner Mutter und seiner Schwester bezog er ein Haus in Vaals — ausschlaggebend für diese Wahl war nicht zuletzt, daß in den Niederlanden die Mieten und die steuerlichen Abgaben geringer als in Deutschland waren.

Während der ersten Tage in meiner neuen Stellung erregte ich Aufsehen durch mein geringes Alter. Aachen war an alte, weißbärtige Professoren gewöhnt, nicht so einen glattrasierten ›Jüngling‹ von einunddreißig, und manche der Kollegen und Studenten betrachteten mich mit Mißtrauen. Als ich meine erste Vorlesung halten sollte, kam ich ziemlich spät und gesellte mich zu der Schlange, die durch die Tür mit der Aufschrift ›Professoren‹ ging. Ein Angestellter der Schule hielt mich an und winkte mich zu dem Eingang für Studenten. Es dauerte eine Weile, bis ich ihn überzeugt hatte, daß ich der Lehrer war, auf den die Studenten und Professoren warteten.

Von Kármán versuchte sich nach dem Ersten Weltkrieg zusammen mit Hugo Junkers, der erst kurz vor der Ernennung von Kármáns seinen Aachener Lehrstuhl aufgegeben hatte und durch seine Flugzeugentwicklungen berühmt wurde, als Industrieller. Zwar endete dieses erste kommerzielle Engagement in einem finanziellen Mißerfolg, doch dokumentiert es die Praxisnähe des jungen Wissenschaftlers. In späteren Jahren, als er in den Vereinigten Staaten von Amerika lebte und lehrte, gründeten er und einige Mitarbeiter die Firma Aerojet Engineering Corporation, die sich in den sechziger Jahren zu einem Unternehmen mit 700 Millionen Dollar Umsatz und einer Belegschaft von ca. 34 000 Personen entwickelte.

Nach Ausbruch des Ersten Weltkriegs wurde von Kármán von der österreichisch-ungarischen Armee eingezogen. Ab Ende 1915 arbeitete er als Flugexperte in Fischamend bei Wien an verschiedenen technischen Problemen und baute u.a. einen Fesselhubschrauber für militärische Beobachtungszwecke. Erst 1919 kehrte er wieder nach Deutschland zurück und setzte sein erfolgreiches akademisches Wirken an der TH Aachen fort. Hier entstanden wichtige Arbeiten über Probleme der Festigkeit, der Strömungsmechanik und der Luftfahrttechnik. Ein besonderes Augenmerk richtete er auf den Segelflug, der vom Versailler Vertrag nicht verboten war. Einem Angehörigen seines Instituts, Wolfgang Klemperer, gelangen 1920 und 1921 mehrere Segelflug-Weltrekordflüge in der Rhön. Zu seinen Studenten unterhielt er ein enges Verhältnis, nicht nur durch die Segelfliegerei, sondern auch durch gemeinsame wöchentliche Teestunden. Sein Unterrichtsstil war eher unkonventionell. Manches Mal »verrannte« er sich auf der Hörsaaltafel in selbst gestellte mathematische Aufgaben, um dann geschickt wieder den Faden und die Lösung zu finden. Er erschien oft unordentlich, mit Kreideflecken auf der Weste oder ungebügelten Hosen zur Vorlesung, verstand es aber, sich gegen ungebührliches Benehmen Studierender durchzusetzen. Lee Edson, mit dem von Kármán seine Autobiographie *Die Wirbelstraße* verfaßte, erzählt darüber:

Einmal kam ein Student in den Hörsaal, faltete eine Zeitung auseinander und begann zu lesen, während der Professor sprach. Er tat es mehrere Tage lang, und von Kármáns Ärger wuchs. Als er die Unaufmerksamkeit schließlich nicht länger ertragen konnte, trug er einem jungen Mann auf, dem Studenten eine Tasse Kaffee zu servieren. Das Gelächter im Hörsaal war groß. Der arme Kerl öffnete nie wieder seine Zeitung während der Vorlesung.

Von Kármán verstand Wissenschaft als den internationalen Austausch von Wissen, und das über geographische oder ideologische Grenzen hinweg. Eine seiner wichtigsten Initiativen nach dem Ersten Weltkrieg zielte auf die Reintegration deutscher Wissenschaftler in die internationalen Forschungskreise. Besonders die französische Seite hatte versucht, deutsche Fachvertreter zu isolieren, doch von Kármáns Einladung zu einem großen internationalen Wissenschaftskongreß für Mechanik in Innsbruck im Jahre 1922 wurde ein großer Erfolg — auch für die deutschen Teilnehmer. Folgekonferenzen während der nächsten Jahre führten dazu, daß sich daraus die Internationale Union für Theoretische und Angewandte Mechanik (IUTAM) entwickelte, der heute 38 nationale und 11 affiliierte Gesellschaften angehören. Auch nach dem Zweiten Weltkrieg setzte er sich für eine engere Verbindung zwischen westlichen und östlichen Wissenschaftlern ein.

Innerhalb Deutschlands entwickelte sich von Kármán nach dem Ersten Weltkrieg zu einem der anerkanntesten Wissenschaftler auf den Gebieten Aerodynamik und Flugzeugbau. Aber die finanzielle Lage des Deutschen Reiches war desolat. Forschungsgelder flossen immer spärlicher und Deutschland drohte, im Flugzeugbau weiter hinter das internationale Niveau zurückzufallen. Als im Mai 1928 die Deutsche Versuchsanstalt für Luftfahrt (DVL) die organisatorische Lenkung sämtlicher deutscher Luftfahrtforschungszentren übernehmen wollte, war die Autonomie der Hochschulforschung in Gefahr. Von Kármán und Prandtl schlugen statt dessen die Bildung eines Deutschen Forschungsrates für Luftfahrt vor, mit ihnen in der Führungsspitze. Der Vorschlag wurde akzeptiert. Der Luftfahrtforschungsrat koordinierte in den folgenden Jahren die verschiedenen Arbeitsprogramme auf dem Gebiet der Luftfahrt. Doch nicht nur die Hochschulautonomie blieb so gewahrt, als besonderes Ziel wurde eine vermehrte Praxisnähe der Wissenschaft angestrebt. Als Professor an einer Technischen Hochschule war von Kármán mit dem Prinzip der Finanzierung durch sogenannte Drittmittel aus der Industrie

— die Verbindung zwischen Hochschulwissenschaft und industrieller Praxis ist noch heute eines der wichtigsten ›Markenzeichen‹ der RWTH Aachen — vertraut, welche einen Ausweg aus der finanziellen Misere bieten sollte. Der Luftfahrtforschungsrat war nicht die erste Initiative zur notwendigen Koordination der Luftfahrtforschung, aber er blieb bis 1933 die effektivste. Interessanterweise entwickelte sich gerade die deutsche Luftfahrtforschung ab 1935 zu einem der wenigen Bereiche, bei denen die Nationalsozialisten eine planvolle Wissenschaftskoordinierung aller beteiligter Kräfte vornahmen.

Von Kármán beschränkte seinen Wirkungskreis nicht allein auf Deutschland. In verschiedenen Ländern, unter anderem in China und Japan, half er bei der Entwicklung der Aerodynamik und baute dort Windkanäle. Im Sommer 1926 bahnte sich eine entscheidende Wende in seinem Leben an. Er erhielt ein Telegramm des berühmten Nobelpreisträgers Robert A. Millikan, dem Leiter des California Institute of Technology in Pasadena (CALTECH), der ihn für den Aufbau eines neuen Aerodynamischen Instituts in den Vereinigten Staaten verpflichten wollte. Beide kannten sich seit dem Innsbrucker Kongreß, doch auch als wenig später ein Freund von Kármáns, der Physiker Paul Epstein, ihn zur Annahme des Angebots drängte, zog von Kármán die Möglichkeit eines Wechsels in die Vereinigten Staaten noch nicht ernsthaft in Erwägung. Jedoch beschloß er, seinen im Oktober 1926 beginnenden Japan-Aufenthalt zu verkürzen und nach Pasadena zu fahren.

Das deutsche Kultusministerium wußte nichts von diesen Plänen, wurde aber im September 1926 vom Generalkonsulat in San Francisco vage darüber informiert. Erst Anfang November berichtete von Kármán dem Ministerium vom Angebot Millikans und ersuchte eine Verlängerung seines Urlaubs um drei Monate. Natürlich stellte er die Vorzüge des Angebots nicht nur für seine Person, sondern für die deutsche Seite besonders heraus.

Ich bitte dabei zu berücksichtigen, dass ich bes. hier in Amerika der Sache der deutschen Wissenschaft viele Dienste leisten kann. Die Guggenheimstiftung will die aerodynamische Wissenschaft — sozusagen — international organisieren, europäische Sachverständige einladen und dadurch, dass ich der erste bin, der die Reihe angefangen hat, kann ich natürlich auf viele Sachen Einfluß nehmen.

Die Aussicht auf bessere Verbindungen zu den bedeutendsten amerikanischen Forschungseinrichtungen überzeugte das Ministerium. Wenig später konkretisierte von Kármán das Projekt und schlug vor, mit Professor Epstein einen »Austausch« zwischen Pasadena und Aachen aufzubauen, wonach er selbst jedes zweite Jahr für jeweils drei Monate in Pasadena und Epstein in dieser Zeit in Aachen lehren sollte. Das Berliner Ministerium wußte, eine Ablehnung des Angebots hätte von Kármán verärgert, und so blieb ihm nichts anderes übrig, als zuzustimmen.

Daß sich die Amerikaner die Mitarbeit des nach Prandtl berühmtesten Aerodynamikers sichern wollten, war verständlich, mußte aber die TH Aachen benachteiligen. Die Hochschule befand sich jetzt in einer ähnlichen Lage wie das Ministerium. Auch sie mußte ›gute Miene zum bösen Spiel‹ zeigen und versuchte, das Beste daraus zu machen. Der Dekan der Fakultät für Allgemeine Wissenschaften, der Physiker Hennann Starke, teilte Anfang Dezember dem Ministerium die Zustimmung der Hochschule mit:

Obwohl wir nicht verkennen, dass das Projekt durch die mit seiner Ausführung verbundene mehrmonatige Abwesenheit des Kollegen v. Kármán von hiesiger Hochschule mit gewissen Schwierigkeiten in Bezug auf den Unterricht verbunden ist, so halten wir auf der anderen Seite Erstens diese Schwierigkeiten für nicht unüberwindlich, ganz besonders dann, wenn, wie zu erhoffen und zu erwarten, die Frage der 2ten Professur für Mechanik bis dahin gelöst sein wird. [...] Zweitens erkennen wir aber die Vorteile, welche der Aachener Hochschule aus solchem internationalen Gelehrtenaustausch mit einer der wissenschaftlich bedeutendsten amerikanischen Universitäten erwachsen können, als so hoch an, dass wir die Nachteile einer vorübergehenden periodischen Abwesenheit von Professor von Kármán als wohl kompensiert glauben.

Besonders die Aussichten auf eine engere Verbindung zwischen Aachen und Millikan sollten, so hoffte Starke, sich von großem Nutzen erweisen. Mit Epstein, der in Deutschland ein Schüler des bekannten Physikers Arnold Sommerfeld — von 1900 bis 1906 Ordinarius für Mechanik an der TH Aachen — gewesen war, kam aus Pasadena eine anerkannte Autorität in der höheren Mechanik nach Aachen. Er las hier über Quantentheorie und Relativitätstheorie. Starke bezeichnete das als »die ersten kostenlosen Anfänge« eines von der Fakultät schon länger geplanten Projektes, welche die Intensivierung von Gastprofessuren vorsah. So ›beeilte‹ er sich, Millikan die Zustimmung der TH Aachen mitzuteilen:

Wir freuen uns, dass einer der Unserigen dazu berufen ist, Ihnen ersprießliche Dienste zu leisten und dass Ihr Vorschlag uns beweist, dass solche Dienste von Ihnen wertgeschätzt werden.

Das Antwortschreiben Millikans an Starke von Ende Januar 1927 schien diese Hoffnungen zu rechtfertigen:

We at the California Institute look forward to such an interchange with great satisfaction, not merely because of the mutual benefits which we hope to derive and to give as institutions, but in addition because of our conviction that there are large world purposes to be served in deepening the ties of friendship and mutual understanding between different countries through such interchange.

Die weitreichenden Pläne der Aachener Fakultät sollten sich allerdings nicht erfüllen. Mit der ›Machtergreifung‹ der Nationalsozialisten und der Vertreibung jüdischer und politisch andersdenkender Hochschullehrer brachen die Verbindungen zwischen der TH Aachen und dem CALTECH ab.

Daß von Kármán anfänglich das verlockende Angebot eines endgültigen Wechsels in die Vereinigten Staaten ablehnte, hatte verschiedene Gründe: Er fühlte sich mit fast fünfzig Jahren zu alt für einen solchen Schritt, dann die im Vergleich zu Deutschland niedrigere soziale Stellung eines Professors in den Vereinigten Staaten, die Bedenken seiner Mutter und schließlich seine persönliche Verbindung zu Aachen.

Tatsache ist, so von Kárrnán, *daß mir das Leben in Aachen gefiel. Ich wollte nicht gern die Schule verlassen und die vielen guten wissenschaftlichen Verbindungen aufgeben, die ich mir im Laufe der Jahre in Europa geschaffen hatte.*

Allerdings muß ihm das Angebot Millikans gerade recht gekommen sein. Er versuchte, das Ministerium von verschiedenen Ausbauplänen für sein Aachener Institut zu überzeugen. Im November 1926 stellte er brieflich von den Vereinigten Staaten aus Forderungen, die einer Erpressung gleichkamen:

Ausser meiner persönlichen Angelegenheit — möchte ich Sie sehr bitten, die laufenden Angelegenheiten meines Instituts insbes. Neubau und Neueinrichtungen wohlwollend zu unterstützen. Wenn ich hier die Mittel sehe (in diesen Jahren werden etwa hier 1 1/2 Millionen Dollar nur für Windkanalbauten verwendet), wird es mir etwas bange, dass wir mit unseren bescheidenen Einrichtungen bald nicht nachkommen können. [...] Andererseits sehe ich hier mit gewisser Genugtuung, dass in Flugwissenschaft und Flugzeugbau — wenigstens augenblicklich die hiesigen Leute mehr von uns als umgekehrt lernen können.

Erpressungen haben natürlich nur Aussicht auf Erfolg, wenn die erpreßte Seite überhaupt in der Lage ist, die Bedingungen zu erfüllen. Die preußische Wissenschaftsverwaltung jedenfalls konnte wegen der einsetzenden Weltwirtschaftskrise den Wünschen von Kármáns nicht entsprechen, im Gegenteil, drastische Haushaltskürzungen verschlechterten die Situation an den Hochschulen wesentlich. Allein zwischen 1930 und 1933 sollte der Etat des Ministeriums von 700 auf ca. 530 Millionen Reichsmark schrumpfen. Statt auf innovative Zukunftsinvestitionen setzte die deutsche Regierung auf eine Deflationspolitik, d.h. rigorose Einsparungen. So mußte das Ministerium die Ausbaupläne von Kármáns ablehnen, mit der Folge, daß er im Frühjahr 1929 offen mit einem Wechsel in die Vereinigten Staaten drohte.

Ich muß ganz entschieden erklären, dass ich ohne Errichtung einer Professur für Flugtechnik neben meinem Lehrstuhl und ohne ein grosszügiges Ausbauprogramm für die Aerodynamik in Aachen zu haben, keine Möglichkeit sehe, meine Tätigkeit in Deutschland fortzusetzen. Wenn mir jeder bescheidene Ausbau gestrichen wird und in Göttingen und für die D.V.L. Millionen ausgegeben werden, so kann ich daraus nur schliessen, dass meine Tätigkeit als für überflüssig angesehen wird und ich glaube, ich muss daraus die Konsequenzen ziehen. Sie wissen, dass ich seit Jahren die Möglichkeit hatte, meine Aachener Stellung gegen viel günstigere Bedingungen einzutauschen und ich habe — in der Hoffnung, dass mir von Berlin geholfen wird — Alles abgelehnt. Ich kann dies leider nicht weiter tun, wenn ich keine Hilfe bekomme, und in Aachen die ganze Last des Unterrichts, der Institutsleitung und der Forschungsarbeit selbst tragen muß. Dabei verlange ich keine Massnahmen in meinem Interesse, sondern das, was in der Aachener Hochschule seit Jahren eine allgemein anerkannte Notwendigkeit bildet. Ich bitte zu beachten, dass — während z.B. an amerikanischen Universitäten 3 Lehrstühle für Flugzeugtechnik vorhanden sind, in Aachen der Zustand derselbe ist, wie im Jahre 1909, d.h. eine Professur für Mechanik und Flugzeugtechnik zusammen. Es ist dies ein so lächerlicher Zustand, dass ihn mir keiner im Ausland glauben wollte. Die Frage ist, ob das Ministerium die Aerodynamik in Aachen aufrechterhalten und entwickeln will oder nicht. In bejahendem Falle müssen die entsprechenden Lehrstühle geschaffen werden; wenn neben Göttingen und Berlin Aachen als aerodynamisches Zentrum überflüssig erscheint, so ist dies auch ein Standpunkt, den ich anerkennen will, nur möchte ich über diesen Punkt Gewissheit gewinnen.

Unterstützung erhielt er dabei aus dem Reichsverkehrsministerium, wo die Verantwortlichen sehr daran interessiert waren, den Aachener Wissenschaftler in Deutschland zu halten. Es hatte bereits seit einigen Jahren das Aerodynamische Institut finanziell unterstützt und drängte Mitte 1929 das Kultusministerium, »Maßnahmen in der von Herrn v. Kármán offenbar gewünschten Richtung in Angriff zu nehmen.«

Von Kármán forderte, neben einem Ausbau des Instituts, ihn selbst in der Lehre zu entlasten und eine zweite ordentliche Professur für Flugwissenschaft in Aachen zu errichten. Dafür schlug er Carl Wieselsberger vor, den er in Japan kennengelernt hatte. Doch aufgrund der Weltwirtschaftskrise konnte im gesamten preußischen Etat kein neuer Lehrstuhl durchgesetzt werden. Daraufhin ließ von Kármán dem Kultusministerium zwei an ihn gerichtete Briefe zukommen, die offen die Abwerbabsicht der Amerikaner vermittelten. Der erste Brief stammte von Daniel

F. Guggenheim, einem amerikanischen Millionär und Hauptgeldgeber für das Aerodynamische Institut in Pasadena, der von Kármán seit dessen ersten Amerikaaufenthalt 1926 persönlich kannte. Er schrieb:

Dr. Millikan has written you in regard to our proposed Airship Institute and so it will not be necessary for me to say anything further relative to it. However, if possible, before its inauguration I should like to have assurance that a man of outstanding experience and ability will become its first director. I should indeed be happy if you, in your capacity as Head of the Aerodynamic Institute at California Institute of Technology, would also be the Head of the Daniel Guggenheim Airship Institute. [...] I would feel that your leadership in the project would give it an impetus that would be of greatest benefit. [...] I feel that if you do accept this post it will be a very happy decision, for it will certainly be of inestimable value to the development of aeronautics not only in America, but so throughout the world. I think it fair to say that upon your appearance in America you will immediately become the Dean of and have an unrivaled position in our profession in this country. I feel that the California Institute of Technology, under Dr. Millikan's direction, is going to do very great things in a great section of a very great country. [...] Most important of all, I think would be the untrammeled opportunity that you would have to express yourself and bring to frnition those contributions that are constituting your life work.

Das zweite dem Ministerium zur Kenntnis gebrachte Schreiben stammte von Millikan, der von Kármán die Vorzüge eines Wechsels in die Vereinigten Staaten schmackhaft machen wollte:

There are movements under foot now which if they succeed will be the financing of our own Aeronautics Laboratory at the Institute into the finest possible shape; but even if this particular possibility should not be realized, the prospects of the success of the Laboratory and its influence on the aviation of the future are extremely bright. I hope that by the time this has reached you you will have been able to make altogether definite the prospect held out in your cable of July 7th, that you will start your duties here next spring term. I will faciliate our own development very largely if I can receive a cable to that effect as soon as possible after you receive this.

Aber nicht nur die verlockenden Angebote aus den Vereinigten Staaten, auch politische Veränderungen in Deutschland waren geeignet, von Kármáns Entscheidung zu beeinflussen. Er selbst schilderte das wie folgt:

Der Anstoß, der mich am Ende doch dazu führte, ganz nach Amerika zu gehen, war nicht wissenschaftlich, sondern politisch. Die Situation in Deutschland verschlechterte sich Ende 1928 und während des Jahres 1929 sehr schnell durch die Ausbreitung der nationalsozialistischen Propaganda. Ich selbst merkte die ersten Anzeichen von Rassendiskriminierung gar nicht, und mein Interesse für Politik ging seit meiner kurzen Verbindung mit der ungarischen Revolutionsregierung nicht übers Zeitunglesen hinaus. Aber leider begannen die Auswirkungen des Übels, das Deutschland erfaßte, sich auch im akademischen Leben in Aachen bemerkbar zu machen. Eines Tages kam einer meiner Assistenten, der Jude war, zu mir, und beschwerte sich bitter über einen graduierten Studenten, der mit einem Hakenkreuz auf dem Jackenaufschlag zur Arbeit kam. Es traf sich gut, daß es sich gerade um einen Studenten handelte, der mich sehr verehrte. Ich rief ihn in mein Büro und sagte ihm, daß die Hottentotten und einige primitive Indianerstämme Symbole trügen, an denen man ihre gesellschaftliche Herkunft ablesen kann, daß mir aber kein Grund bekannt sei, warum ein Bürger eines zivilisierten Landes wie Deutschland sie tragen sollte, besonders wenn sie andere beleidigten. Er schien ehrlich entsetzt und nahm das Hakenkreuz ab.

Mochte von Kármán sich 1929 noch verbal gegen nationalsozialistische Studenten durchgesetzt haben, einige Jahre später hatte sich die Lage dramatisch verändert. Nach der ›Machtergreifung‹ der NSDAP mußten alle jüdischen und angeblich kommunistischen Hochschulangehörigen die TH Aachen verlassen. Neben von Kármán waren davon elf Professoren, vier Assistenten, ein Angestellter und einige Studierende betroffen. Nur wenige hatten das relative Glück, im Exil eine neue Arbeit zu finden. Für einige bedeutete die Vertreibung Verhaftung, Zuchthaus oder, wie im Fall des Mathematikprofessors Otto Blumenthal, die Ermordung im Konzentrationslager Theresienstadt.

Die erhaltenen Schriftstücke aus den späten zwanziger Jahren selbst verraten uns nicht, ob von Kármán tatsächlich schon damals ernsthaft einen Wechsel in die Vereinigten Staaten erwog. Immerhin ließ er sich im Sommer 1929 zum Dekan der Fakultät für Allgemeine Wissenschaft wählen. Auch der von Kármán in Aussicht gestellte Wechsel an die wesentlich besser ausgestattete Technische Hochschule Berlin sollte ihn in seiner Entscheidung für Deutschland bestätigen. »Ich würde es unendlich bedauern im Interesse der gesamten deutschen Wissenschaft,« so der zuständige Referent im Kultusministerium, »wenn es nicht gelingen würde, einen Weg zu finden, um Ihnen ein Verbleiben in Deutschland zu ermöglichen.« Von Kármán sollte diesen Vorschlag »streng vertraulich« behandeln, doch müssen die Aachener Kollegen davon erfahren haben, denn sie versuchten alles, ihr ›wissenschaftliches Aushängeschild‹ für Aachen zu erhalten. Als 1930 in Berlin eine Professur frei wurde, schien der Wechsel von Kármáns an die dortige Technische Hochschule besiegelt, doch auch in Aachen hatte sich jetzt eine neue Möglichkeit ergeben. 1930 nahm der Aachener Ordinarius für Darstellende Geometrie, Heinrich Brandt, einen Ruf an die Universität Halle an. Damit war eine Stelle freigeworden, die in einen Lehrstuhl für Angewandte Mathematik und Strömungslehre umgewandelt werden konnte. Die Hochschule schlug vor, auf die Brandtsche Professur den von von Kármán gewünschten Carl Wieselsberger zu berufen. Auf diese Art, so die Hoffnung, sollte von Kármán entlastet und damit nicht nur für Deutschland, sondern auch für Aachen erhalten bleiben. Obwohl von Kármán sich, wie er später sagte, bereits im Sommer 1929 weitgehend für »eine neue Karriere beim Cal Tech« entschieden hatte, stimmte er dem vorgeschlagenen Arrangement zu. Ganz wollte er offensichtlich seine Bindungen an Aachen nicht lösen. Wieselsberger wurde nach Aachen berufen und leitete bis zu seinem Tod im April 1941 das Aerodynamische Institut.

Ob von Kármán auch ohne die politischen und gesellschaftlichen Umwälzungen nach der ›Machtergreifung‹ der Nationalsozialisten Deutschland endgültig verlassen hätte, kann nicht beantwortet werden. Im Wintersemester 1932/33 befand er sich in Pasadena. Dort erreichte ihn ein Fragebogen der neuen nationalsozialistischen Wissenschaftsverwaltung, in dem er über seine »rassische Abstammung« Auskunft geben sollte. Daß von Kármán Jude war, brauchte er allerdings nicht offiziell mitzuteilen — den Fragebogen ignorierte er dann auch —, der Aachener AStA hatte längst ihn und einige seiner Kollegen als ›Juden‹ oder ›Kommunisten‹ denunziert. Nach den ersten Entlassungen deutscher Hochschullehrer versuchte von Kármán am 23. Mai 1933, sich durch die Beantragung der amerikanischen Staatsbürgerschaft abzusichern. Drei Jahre später wurde er amerikanischer Staatsbürger.

Einerseits war es das Ziel der Nationalsozialisten, alle Juden und Regimegegner rücksichtslos aus dem Staatsdienst zu entfernen, andererseits wollten sowohl die TH Aachen als auch das neu gebildete Luftfahrtministerium auf den möglichen

Nutzen, den der berühmte Wissenschaftler Deutschland eventuell bringen konnte, nicht verzichten. Inwieweit die persönlichen Beziehungen von Kármáns zu Adolf Baeumker, dem Leiter der deutschen Luftfahrtforschung, eine Rolle gespielt haben, ist nicht mehr nachzuvollziehen. Das Votum dieses Ministeriums fiel jedenfalls erstaunlich positiv aus:

In Anbetracht der wissenschaftlichen Geltung des Professors Dr. von Kármán und seiner grundlegenden Arbeiten auf dem Gebiet der Aerodynamik, die auch in Zukunft für die gesamte Entwicklung des Flugwesens von grosser Bedeutung sein werden, würde ich es begrüssen, wenn Professor Dr. von Kármán weiter in seiner Stellung als Preussischer Professor belassen werden kann. Im Interesse der Weiterentwicklung des deutschen Flugwesens erscheint es mir jedoch angebracht, dass ein etwaiger weiterer Urlaub möglichst abgekürzt wird.

Aus formal-juristischer Sicht wäre ein Verbleib von Kármáns im deutschen Staatsdienst (bis zu den ›Reichsbürgergesetzen‹ 1935) möglich gewesen, da er unter eine der beiden Ausnahmeregelungen des berüchtigten Gesetzes zur Wiederherstellung des Berufsbeamtentums vom 7. April 1933 fiel, doch er zeigte keinerlei Interesse an einer Rückkehr:

Eines Tages teilte mir das Reichserziehungsministerium in einem Schreiben mit, daß mein Urlaub nicht mehr verlängert werden könnte. Sie stellten mir anheim, meine volle Tätigkeit mit Beginn des nächsten Studienjahres wieder aufzunehmen oder zu gehen. Mir blieb nicht viel Auswahl. Ich reichte meinen Abschied ein, aber nicht ohne das schmerzliche Gefühl, das man empfindet, wenn man eine alte Bindung durchtrennt.

Nach diesem Ultimatum des Ministeriums im Januar 1934 verzichtete von Kármán auf alle Ansprüche, wie Gehalt, Ruhegehalt und Hinterbliebenenbezüge und wurde mit Wirkung vom 1. April 1934 entlassen. Repressalien von deutscher Seite, wie ein im Februar 1933 von Aachener Landgericht gegen ihn ausgesprochener »Arrestbefehl und Pfändungsbeschluß«, konnten ihn nicht mehr treffen.

Zusammen mit seiner Mutter und seiner Schwester richtete er sich in Pasadena ein. Das Privatleben in dem großen Haus in der Marengo Avenue kam mit seiner Betriebsamkeit einer Fortführung des Aachener Lebens gleich. In den folgenden Jahren entfaltete er große Aktivitäten, die sich nicht nur auf wissenschaftliche, sondern auch auf organisatorische, beratende und wirtschaftliche Bereiche erstreckten. Hier seien nur die Leitung des von ihm gegründeten Jet Propulsion Laboratory in Pasadena oder die auf seine Initiative und Mitarbeit zurückgehende Advisory Group for Aeronautical Research and Development (AGARD) genannt. Eine besonders enge Verbindung bestand mit der amerikanischen Luftwaffe, die ihn 1944 zum Leiter der Wissenschaftlichen Beratungsgruppe beim Stab der amerikanischen Luftwaffe ernannte. In dieser Eigenschaft reiste er 1945 in das von den Nationalsozialisten befreite Deutschland und besuchte auch Aachen:

In Aachen kamen die Erinnerungen, zum Beispiel an Orte wie den Elisenbrunnen, wo ich das heilende Wasser trank, und an Menschen, die ich einmal gekannt hatte. Wo waren meine Freunde, die Talbots, die mich einmal bei meiner Arbeit an Segelflugzeugen unterstützt hatten? Ich hätte sie gern wiedergesehen. Aber keine Seele zeigte sich. Sie waren alle nach Bayern evakuiert worden. Die Stadt von ehemals 170000 Einwohnern — die fröhliche Stadt, die im Karneval überschäumte — war tot, eine durch Bomben, Invasion und Zerstörungen durch abziehende deutsche Truppen in Schutt gelegte Stadt. Ich hörte, daß fast achtzig Prozent dem Erdboden gleich waren. Die Hochschule stand noch, wenn auch zu etwa zwanzig Prozent zerstört, samt einem großen

Baum, den ich vom Fenster meines Büros sehen konnte.

Von Kármáns Verhältnis zu den ehemaligen deutschen Kollegen blieb in der ersten Zeit sehr gespannt, nicht zuletzt wegen der Verbrechen in den Konzentrationslagern. Besonders die grauenvollen und menschenverachtenden Zustände in der V-2-Fabrik in Nordhausen hatten einen tiefen Eindruck bei ihm hinterlassen Das prägte sein erstes Zusammentreffen mit seinem alten Lehrer Prandtl, dessen Göttinger Institut eine wichtige Stellung innerhalb der deutschen Luftrüstung eingenommen hatte.

Scheinbar war alles, was Prandtl zu sagen hatte, daß ein amerikanischer Bomber sein Dach zerstört hatte. Warum pickten die Amerikaner gerade ihn heraus? wollte er wissen.

Daß sich Mitläufer und Täter nach dem Krieg in eine Opferrolle hineinstilisierten, wollte und konnte von Kármán nicht akzeptieren.

In späteren Gesprächen sagte Prandtl, daß er kein Nazi sei, daß er aber sein Land verteidigen müsse. Nordhausen war noch frisch in meinem Gedächtnis. Ich sagte, man dürfe für so etwas Übles kein Treuegefühl haben, es gäbe eine Grenze für die Treue. Prandtl erwiderte, er wüßte nichts von Nordhausen und könnte für die dortigen Verbrechen nicht verantwortlich gemacht werden. Daß ein intelligenter Mann nicht wußte, was in seinem eigenen Land los war, wollte mir nicht in den Kopf. Aber sogar wenn es stimmte, mußte ich zu dem Schluß kommen, daß manche Leute es ganz bequem fanden, die Ohren zu verschließen. Ich glaube nicht, daß sie sich ernsthaft bemühten, die Wahrheit zu erfahren.

In Braunschweig traf von Kármán auf seinen ehemaligen Aachener Assistenten Bernhard Dirksen, der im Oktober 1936 an die dortige TH berufen worden war.

Dirksen konnte man in eine Klasse von deutschen Wissenschaftlern einreihen, die zwar glaubten, daß die Nazis Unrecht taten, aber Befehle ausführten, weil sie keine andere Möglichkeit sahen. Eine andere Klasse, und eine viel lautere, beteuerte ihre Unschuld, aber Nachforschungen ergaben, daß sie Nazis waren. Andere sagten, daß sie nur für die reine Wissenschaft arbeiteten und entgegen den Befehlen der SS Dokumente gerettet hätten, weil sie wissenschaftliche Ergebnisse nicht vernichten wollten. Ich fand viele verachtungswürdige Leute in dieser Gruppe.

Trotz seiner Erfahrungen setzte sich von Kármán später für viele seiner deutschen Kollegen ein und vermittelte ihnen die Möglichkeit eines beruflichen Neuanfangs.

Die Bedeutung des von Kármánschen Lebenswerks für die Wissenschaft ist unumstritten. Er war einer der bedeutendsten Aerodynamiker der Welt, mit großen Verdiensten für die Luftfahrt und die Weltraumforschung. Sich selbst reihte er in die Reihe »der Unsterblichen«, d.h. hinter Newton und Einstein ein, was vielleicht etwas übertrieben ist. Die Aachener Hochschule war sehr stolz darauf — und ist es noch heute —, daß er mehr als 20 Jahre lang ihrem Lehrkörper angehörte. Seine Kollegen drückten noch 1934, ein Jahr nach der ›Machtergreifung‹ der Nationalsozialisten, ihre Hochachtung für den jüdischen Professor in einem Dankschreiben aus:

Die Hochschule [...] hält es für ihre Pflicht, Ihnen beim Scheiden von unserer Hochschule einen besonderen Dank auszusprechen. Die Arbeiten, die Sie als Gelehrter hier durchführten, und die grundlegend für die Entwicklung der von Ihnen vertretenen Wissenschaftszweige sind, sowie ihre Erfolge als Lehrer hier aufzuführen, dürfte müßig sein, da Ihre Tätigkeit in den wissenschaftlichen Kreisen der ganzen Welt bekannt ist. Die Technische Hochschule zu Aachen fühlt sich veranlaßt, Ihnen besonders zu danken, für die unermüdli-

chen energischen Arbeiten an Ihrem Lehrstuhl und in dem von Ihnen geleiteten Institut, die nicht nur diesem, sondern auch der ganzen Hochschule zum Weltruf verholfen haben. [...] Die Technische Hochschule Aachen wird stets gerne und mit Stolz an Sie denken [...].

Die RWTH Aachen verlieh ihm 1953 die Ehrendoktorwürde und benannte zwei Gebäude nach ihm. Im Zentrum der Stadt Aachen heißt heute eine Straße »Kármánstraße«.

Im Umgang mit seinen Mitmenschen rief von Kármán verschiedenste Reaktionen hervor. Alfred Benrath, Ordinarius für Chemie an der TH Aachen, beschrieb ihn in seinen Lebenserinnerungen folgendermaßen:

Der Mechaniker war von Kármán, ein ungarischer Jude, einer der scharfsinnigsten, gescheitesten und unverschämtesten Menschen, denen ich in meinem Leben begegnet bin. [...] Den Studenten redete er über die Köpfe hinweg und war deshalb als Lehrer wenig beliebt. Die Kollegen mieden ihn gern, um nicht seinen Ungezogenheiten ausgesetzt zu sein, und man weinte ihm keine Träne nach, als er Aachen verliess, um nach Japan und den Vereinigten Staaten zu gehen.

Diese Meinung bildet aber eher eine Ausnahme. Bei den meisten Menschen, die ihn kannten, erfreute er sich großer Beliebtheit, was nicht zuletzt seiner Erzählkunst zuzuschreiben ist. Gerne unterhielt er eine Gesellschaft mit Witzen, wobei sein ungarischer Akzent, den er Zeit seines Lebens beibehielt, besonders wirkungsvoll war. Seit seiner Kindheit war er schwerhörig, doch dies bezeichnete er selbst einmal als einen seiner größten Vorteile, da ihm diese Behinderung ermöglicht habe, sich zu konzentrieren.

Von Kármán zeigte keine falsche Bescheidenheit, was in manchen Fällen als Arroganz oder Selbstüberschätzung ausgelegt werden konnte. »Er hielt es mit Goethe: ›Nur Lumpe sind bescheiden.‹« Lee Edson charakterisiert ihn als offen, ehrlich, tolerant, als genialen Wissenschaftler, fesselnden und witzigen Erzähler, aufmerksamen Zuhörer, doch auch als eine manchmal launische, eitle und sensible Persönlichkeit. Von den vielen über ihn berichteten Anekdoten hält Edson die folgende für typisch für von Kármáns Persönlichkeit:

Am Morgen des 18. Februar 1963 stand Theodore von Kármán, damals der bedeutendste Aerodynamik-Wissenschaftler, im Rosengarten des Weißen Hauses in Washington, umringt von Freunden aus aller Welt. Er war gekommen, um eine Auszeichnung in Empfang zu nehmen, die vor ihm noch keinem amerikanischen Wissenschaftler zuteil geworden war: die Verleihung der ersten National Medal of Science. Der einundachtzigjährige von Kármán war aus Dutzenden von Kandidaten ausgewählt worden, um für seine unübertroffenen Leistungen in Forschung und Technik und in der Ausbildung von Studenten geehrt zu werden. John F. Kennedy sollte von Kármán die Medaille überreichen. Als der Präsident mit seinem Gefolge ankam, begab sich die Gruppe in den Empfangsraum. Der von Gicht geplagte Kármán hielt am oberen Ende der Treppe an, und der Präsident — in der Meinung, Kármán könne vor Schmerzen nicht weiter gehen — kam ihm schnell zu Hilfe und ergriff seinen Arm. Von Kármán sah den jungen Staatschef an und entzog sich der angebotenen Hilfe. ›Herr Präsident‹, sagte er mit einem leichten Lächeln, ›ich brauche nur Hilfe, wenn ich nach oben will, hinunter komme ich allein‹.

Am 7. Mai 1963, nur wenige Monate nach der Verleihung der National Medal of Science, verstarb von Kármán während eines Kuraufenthaltes in Aachen.

Hinweise und Literaturempfehlungen

Im Text verwendete direkte und indirekte Zitate stammen überwiegend aus folgenden Werken oder Archiven:

Theodor von Kármán/unter Mitarbeit von Lee Edson: *The Wind and Beyond*. Boston/Toronto 1967; dt.: *Die Wirbelstraße*. Hamburg 1968 (Autobiographie).

Egon Krause/unter Mitwirkung von Ulrich Kalkmann: *Theodor von Kármán 1881-1963*, in: Klaus Habetha (Hrsg.), Wissenschaft zwischen technischer und gesellschaftlicher Herausforderung: Die Rheinisch-Westfälische Technische Hochschule Aachen 1970 bis 1995. Aachen 1995, 267ff.

Helmuth Trischler: *Luft- und Raumfahrtforschung in Deutschland 1900-1970*. Frankfurt a.M./New York 1992.

Ulrich Kalkmann: *Von Kármán zwischen Aachen und Pasadena*, in: Abhandlungen aus dem Aerodynamischen Institut der RWTH Aachen. H. 32, 1996).

Ernst-August Müller: *Theodor von Kármán und die angewandte Mathematik*, in: Zeitschrift für Flugwissenschaft und Weltraumforschung 6, 1982, 12ff.

50 Jahre Aerodynamisches Institut der RWTH 1913-1963 (Abhandlungen aus dem Aerodynamischen Institut der RWTH Aachen. H. 17, 1963).

Geheimes Staatsarchiv Preußischer Kulturbesitz, Berlin-Dahlem.

Geheimes Staatsarchiv Preußischer Kulturbesitz, Abteilung Merseburg.

Hochschularchiv Aachen.

Bundesarchiv, Abteilung Potsdam.

Hauptstaatsarchiv Düsseldorf.

Archiv des US-Justizministeriums, Washington, D.C.

Nach dem Zweiten Weltkrieg vor dem Aerodynamischen Institut der RWTH Aachen

Sonderbriefmarke 1991

Bei der Verleihung der 'National Medal of Science' durch US-Präsident John F. Kennedy

Ludwig Mies van der Rohe

1886-1969

Rationalist und Ästhet —
Ein Weltbürger der Baukunst

Von Wolfgang Richter

Man hat ihn »Architekt des Jahrhunderts« genannt. Man hat ihn als »Baumeister einer neuen Welt« gefeiert. Zusammen mit Frank Lloyd Wright, Walter Gropius und Le Corbusier wurde er zu einem der »vier Evangelisten des modernen Bauens« stilisiert. Orden, Auszeichnungen und Ehrendoktorwürden galten dem Mann, der »das Bild der Metropolen beeinflußt hat wie kein anderer«. Wenn es nach der Weltgeltung geht, ist Ludwig Mies van der Rohe der berühmteste Aachener nach Karl dem Großen. Aber was weiß man wirklich von ihm?

Aachener Anfänge (1886-1905)

Am 27. März 1886 wurde Maria Ludwig Michael um 10 Uhr morgens als fünftes Kind des Steinmetzmeisters Michael Mies und seiner Frau Amalie, geborene Rohe, geboren. Das war in einem der neuen Häuser des Rehmviertels in Aachen, Steinkaulstraße 29. Das Haus steht noch. Es überdauerte den Zweiten Weltkrieg. Aber seine konfektionierte Historismus-Fassade mit der simplen Toreinfahrt läßt kaum vermuten, daß hier ein Genie das Licht der Welt erblickte. Die Stadt hat nichts getan, diesem Ort Würde und Weihe zu geben. Vielleicht wäre das auch falsch gewesen. Zu weit ist der Weg, den Ludwig Mies, der sich später mit »van der Rohe« den Mädchennamen seiner Mutter anhängte, von hier aus zurückgelegt hat. Es ist der Weg eines Selfmademan, wie man ihn nur aus Amerika zu kennen glaubt. Dieser Weg endete bezeichnenderweise in Chicago.

Aber er begann in Aachen.

Die handwerklich orientierten Eltern schickten den Jungen natürlich nicht aufs Gymnasium. »Mein Vater hatte für schöngeistige Dinge keine Antenne«, erzählte Ludwig später. »Er predigte uns Kindern immer: Was wollt ihr mit den dummen Büchern. Erlernt etwas Handfestes.«

Von 1896 bis 1899 besuchte er die katholische Domschule. Das brachte ihn in enge Beziehung zu einem der bedeutendsten Bauwerke europäischer Baukunst, zum Aachener Dom. Später gestand er, daß er als Meßdiener im Aachener Dom sein Herz für die Baukunst entdeckt habe. Während der Messen habe er das Gotteshaus Stein für Stein mit den Augen abgetastet und die Baustruktur studiert.

Karolingisches Oktogon und gotische Chorhalle als Inspiration für die Baukunst des 20. Jahrhunderts? Der Gedanke erscheint absurd. Aber es ist nachweisbar, daß Mies van der Rohe hohen Respekt vor der antiken und der mittelalterlichen Baukunst hatte und schließlich in dem preußischen Baumeister Karl Friedrich von Schinkel eines seiner bedeutendsten Vorbilder erkannte. Neue Ideen entwickeln kann man nur auf dem Fundament der alten.

So bekannte Mies van der Rohe, als er schon 75 war, im Gespräch mit Peter Carter:

Ich erinnere mich, daß ich als Knabe in meiner Heimatstadt viele alte Bauten gesehen habe. Nur wenige dieser Bauten waren von Bedeutung. Sie waren meist sehr einfach und sehr klar. Ich war von der Strenge dieser Bauten beeindruckt, weil sie nicht einer bestimmten Epoche angehörten ... Es waren mittelalterliche Bauten ohne besonderen Charakter, aber sie waren wirklich ›gebaut‹.

Von 1900-1902 besuchte der junge Ludwig Mies die von Oberlehrer Josef Spennrath gegründete Gewerbliche Fachschule mit Tagesunterricht an der Martinstraße.

Hier erhielt er — so unwahrscheinlich es klingt — das erste theoretische Rüstzeug, das ihn später befähigen sollte, sich als Autodidakt ohne Hochschulabschluß zu einem der berühmtesten Architekten dieses Jahrhunderts zu entwickeln, der als Direktor des Bauhauses in Deutschland und später als Hochschullehrer in den USA prägende Kraft entfaltete. Er hat diese zweijährige Ausbildung nie vergessen. In seinem Testament widmete er dem Nachfolgeinstitut der Schule an der Martinstraße, der Gewerblichen Schule I an der Neuköllner Straße, die heute seinen Namen trägt, eine finanzielle Stiftung zur Förderung bedürftiger Jugendlicher. Es war der späte Dank für das Stipendium, das ihm damals in jungen Jahren gewährt worden war.

Als 15jähriger begann Ludwig Mies van der Rohe eine Maurerlehre. Er arbeitete auf verschiedenen Baustellen in Aachen, später auch in einem Stukkateurbetrieb. Doch sein eigentliches Talent war das Zeichnen und Entwerfen, das er in mehreren Aachener Architekturbüros entfalten konnte, so bei Albert Schneiders am Bergdriesch 42, wo er am Fassadenentwurf für das neue Kaufhaus Leonhard Tietz am Markt arbeitete. Da die Oberbauleitung bei dem Berliner Büro Bossler & Knorr lag, kam der junge Ludwig Mies in Kontakt zu Berliner Architekten. Die erkannten sein Talent und lockten ihn in die Hauptstadt des Reiches. 1905 siedelte der 19jährige nach Berlin über. Das war der entscheidende Schritt von der Provinz in die große Welt.

Berliner Lehrjahre (1905-1912)

Zunächst begann er als Zeichner in der Gemeinde Rixdorf südlich von Berlin. Nach kurzer Dienstzeit im kaiserlichen Heer, aus dem er nach einer Lungenentzündung als dienstuntauglich entlassen worden war, begegnete er 1906 dem Architekten Bruno Paul, der gerade von München nach Berlin umgesiedelt war. In Pauls Büro arbeitete Mies als Zeichner und Möbelentwerfer, besuchte aber gleichzeitig dessen Lehrveranstaltungen an der Kunstgewerbeschule und an der Hochschule für bildende Künste, wo Mies von 1906 bis 1908 immatrikuliert war. Also doch eine Hochschulausbildung! Sie sollte Früchte tragen.

Wichtig für seine Zukunft war jedoch ein Auftrag, den der Zwanzigjährige 1906 durch Vermittlung von Freunden von dem Philosophieprofessor Alois Riehl erhielt. 1907 wurde das Haus Riehl in Neubabelsberg bei Potsdam gebaut, ein verputzter Backsteinbau an einem Waldhang. Das Haus, das heute noch existiert, fand das Lob der Fachwelt und ebnete dem jungen Architekten den Weg zu einflußreichen Kreisen der Hauptstadt, etwa dem Industriellen Emil Rathenau, dem Altphilologen Werner Jaeger und dem Kunsthistoriker Heinrich Wölfflin. Bald gehörten so prominente Bauherren wie Herbert Gericke, Emil Nolde, Walter Dexel und Erich Wolf zu seinen Auftraggebern. Ludwig Mies van der Rohe begann sich in der Hauptstadt Berlin als Architekt durchzusetzen.

Seine entscheidende Lernphase erlebte van der Rohe im Büro des renommierten Architekten Peter Behrens, wo er ab Oktober 1908 tätig war. Behrens, der in Düsseldorf lehrte und als führender Architekt galt, plante damals ein Gesamtprogramm für Emil Rathenaus AEG-Konzern. Er beschäftigte in seinem Büro eine Reihe junger Talente, zu denen auch Walter Gropius gehörte. Behrens war es, der seinen Mitarbeitern zielstrebig durch Exkursionen zu den Schinkelschen Bauten in und um Berlin das strenge Denken des preußischen Baumeisters und sein klassisches Vorbild nahebrachte. Für Mies van der Rohe war das ein Schlüsselerlebnis.

In den Jahren 1911-12 reiste Mies nach Sankt Petersburg, um dort für Behrens den Bau der deutschen Botschaft zu überwachen. Es handelte sich um »eine Art Palastarchitektur«, die an irgend etwas in Berlin erinnerte, »und das paßte für Sankt Petersburg«, erklärte der reife Mies 50 Jahre später in einem Interview. Bei dieser Gelegenheit gestand er: »Bei Behrens habe ich wirklich die große Form erlernt.«

1912 trennte er sich von Behrens, nachdem es wegen eines Entwurfs für das Haus Kröller-Müller bei Otterlo zu Differenzen gekommen war. Die Zeit war reif für den 26jährigen Mies. Er machte sich selbständig.

Eigene Wege (1913-1929)

Noch strahlte Preußens Gloria, als der junge Mies van der Rohe 1913 in Berlin-Steglitz ein eigenes Architekturbüro eröffnete und am 10. April Ada Bruhn heiratete. An Aufträgen herrschte kein Mangel. Bankiers und Industrielle ließen sich von dem erfolgreichen Architekten ihre Villen bauen. Ein Jahr später konnte Mies sein eigenes Haus planen, für das er ein Grundstück in Werder bei Potsdam erworben hatte. Doch dann kam der Krieg. 1914 wußte niemand, daß es ein Weltkrieg war, der alles verändern würde.

1915 wurde Mies van der Rohe Soldat. Über Frankfurt am Main und Berlin kam er 1917 nach Rumänien. Dort erlebte er das Kriegsende. Es war gleichzeitig das Ende des deutschen Kaiserreichs. Mit der Errichtung der Weimarer Republik begann eine neue Epoche deutscher Geschichte.

Wirtschaftliche Krisen und politische Machtkämpfe führten die im Umgang mit der Demokratie noch unerfahrenen Deutschen in die Diktatur und schließlich in einen neuen Weltkrieg. Dennoch bleibt als Resümee der Weimarer Epoche, daß sie eine der geistig und künstlerisch fruchtbarsten unserer Geschichte war. Das haben wir nicht zuletzt den großen Baumeistern wie Walter Gropius und Mies van der Rohe zu verdanken.

Nach einer kriegsbedingten Zeit der Stagnation, in der Mies kaum neue Ideen entwickelte, griff er um 1919 nach den Sternen. Er plante seinen ersten Wolkenkratzer. Der Wettbewerbsentwurf für ein zwanziggeschossiges Hochhaus in der Nähe des Bahnhofs Friedrichstraße in Berlin antwortet auf die Dreiecksform des Grundstücks mit einer prismatischen Gliederung des verglasten Stahlskeletts. Anfang 1922 führte er das Wettbewerbsthema mit einem weiteren Entwurf fort, der die Glasprismen über 30 Stockwerke hinweg noch kühner strukturierte.

Beide Entwürfe wurden zwar nie realisiert, aber sie markieren eine entscheidende Wende im Schaffen des Meisters. Im Nachhinein erscheint es folgerichtig, daß Mies van der Rohe nach Amerika gehen mußte, um seine Träume vom neuen Bauen zu verwirklichen.

Doch zunächst beteiligte er sich in der jungen Weimarer Republik aktiv an den Aufbruchsbewegungen der zwanziger Jahre, die von Berliner Dadaisten wie Raoul Hausmann, Hannah Höch und Kurt Schwitters ebenso mitgetragen wurden wie von den Vertretern eines internationalen Konstruktivismus, zu denen Hans Richter, El Lissitzky und Theo van Doesburg zählten. 1923 wurde Mies van der Rohe Vorsitzender der Novembergruppe, der er 1922 beigetreten war und deren Ausstellungen er organisierte. In der Zeitschrift *G — Material für elementare Gestaltung* veröffentlichte er seine Thesen zum neuen Bauen. Im Juli 1923 erschien darin sein Entwurf für ein Bürohaus in Eisenbeton, das übrigens nie realisiert wurde. Die Skizze zeigt einen streng geometrischen Bau von der kompakten Schlichtheit eines modernen Parkhauses. Dazu Mies van der Rohes Erklärung:

Das Bürohaus ist ein Haus der Arbeit, der Organisation, der Klarheit, der Ökonomie. Helle weite Arbeitsräume, übersichtlich, ungeteilt, nur gegliedert wie der Organismus des Betriebes. Größter Effekt mit geringstem Aufwand an Mitteln. Die Materialien sind Beton, Eisen, Glas.

Die einleitenden Grundsatzerklärungen hierzu wirken wie ein Manifest des neuen Bauens:

Jede ästhetische Spekulation, jede Doktrin, jeden Formalismus lehnen wir ab.
Baukunst ist raumgefaßter Zeitwille. Lebendig. Wechselnd. Neu.
Nicht das Gestern, nicht das Morgen, nur das Heute ist formbar. Nur dieses Bauen gestaltet.
Gestaltet die Form aus dem Wesen der Aufgabe mit den Mitteln unserer Zeit.
Das ist unsere Arbeit.

In einem weiteren Beitrag für *G* im Jahre 1924 verstärkt Mies diese Thesen noch einmal:

Man wird begreifen müssen, daß jede Baukunst an ihre Zeit gebunden ist und sich nur an lebendigen Aufgaben und durch die Mittel ihrer Zeit manifestieren läßt. In keiner Zeit ist es anders gewesen.

Diese Thesen blieben nicht Papier. Mies van der Rohe tat alles, sie auch in die Praxis umzusetzen, so etwa bei dem — leider im Krieg zerstörten — Wohnhaus für den Industriellen Erich Wolf, das 1925-27 im schlesischen Guben auf einem Hanggrundstück über dem Neißetal entstand. Bezeichnend sind die Klinkerfassaden, wie er sie später auch bei den Wohnhäusern Esters und Lange in Krefeld verwendete.

Der spektakulärste Auftrag jener Jahre — wenn auch nicht der größte — ist jedoch ein Denkmal für die beiden in Berlin ermordeten Kommunisten Karl Liebknecht und Rosa Luxemburg. Als Eduard

Fuchs, Autor einer mehrbändigen »Illustrierten Sittengeschichte«, ihm 1926 einen Entwurf des von der KPD geplanten Monuments zeigte, reagierte Mies ironisch: »Ein hübsches Denkmal für einen Bankier.« Sein Gegenvorschlag:

Da die meisten dieser Leute vor einer Mauer erschossen wurden, würde ich eine Backsteinwand vorschlagen.

Mies bekam den Auftrag und baute einen mächtigen, aus Backsteinwänden geschichteten Block, auf dessen rechter Seite ein aus Kruppstahl gefertigter Sowjetstern mit Hammer und Sichel prangte. Zeitgenössische Aufnahmen zeigen, wie die Kommunisten dieses Denkmal auf dem Friedhof Berlin-Friedrichsfelde als Kundgebungstribüne zu nutzen wußten. Im amerikanischen Exil mußte der große Baumeister sich später wegen dieses ideologischen »Fehltritts« entschuldigen. Dennoch war auch dieses Denkmal nichts anderes als »raumgefaßter Zeitwille«.

Dabei folgte Mies van der Rohe einer idealistischen Denkweise, wie sie von der katholischen Jugendbewegung Quickborn und ihrem geistigen Mentor Romano Guardini vertreten wurde. Erst in jüngster Zeit hat Johannes Malms in seinem kenntnisreichen Beitrag zu Werner Blasers Buch *West meets East — Mies van der Rohe* auf den engen Zusammenhang zwischen den programmatischen Äußerungen des Baumeisters und den Schriften des katholischen Theologen und Denkers Guardini hingewiesen. Malms weist nach, daß Mies diese Schriften nicht nur kannte, sondern sie in den Jahren 1926-1930 systematisch auswertete, wie aus Anstreichungen, Randbemerkungen und Exzerpten hervorgeht. Manche Textstelle habe er sogar wörtlich übernommen, etwa in seinem berühmten Vortrag von 1926 über das Wesen der Baukunst.

In diesem Vortrag postulierte Mies:

Baukunst ist nicht die Durchführung bestimmter Formprobleme, so sehr diese auch in ihr enthalten sind. Sondern sie ist immer, ich wiederhole es, der räumliche Vollzug geistiger Entscheidungen.

Das sollte sichtbar werden, als er für den Deutschen Werkbund, dessen stellvertretender Vorsitzender er 1926 geworden war, die Ausrichtung der für 1927 in Stuttgart-Weißenhof geplanten Ausstellung mit der Planung einer Mustersiedlung übernahm. Bedeutende Architekten waren daran beteiligt, unter ihnen Peter Behrens, Walter Gropius, die Gebrüder Taut, Hans Scharoun und Le Corbusier. Mies selbst übernahm den Entwurf des wichtigsten Mehrfamilienhauses. Für den Wohnungsbau jener Zeit war die Weißenhofsiedlung ein vieldiskutiertes und wegweisendes Modell.

Internationales Renommee gewann Mies 1929 mit seinem Beitrag zur Weltausstellung in Barcelona. Der von ihm entworfene Pavillon für die deutsche Abteilung, der, mit kostbarem Material gebaut, rein repräsentativen Zwecken diente, gilt noch heute als eine entscheidende Wegmarke in der Architektur des 20. Jahrhunderts. Ein Fünftel der Kosten entfiel allein auf einen aus dem Atlas stammenden Onyx-Block, dessen honiggelbe Platten den Raum teilten und seine Höhe von 3,10 m bestimmten. Die originalgetreue Rekonstruktion von 1986 läßt nur ahnen, welche Wirkung das Bauwerk am Ende der zwanziger Jahre auf die Besucher gehabt haben mag.

An der Ausstattung hatte Lilly Reich mitgewirkt, zu der Mies van der Rohe seit 1925 eine enge Beziehung unterhielt, die bis zu seiner Emigration im Jahre 1939 andauern sollte. Ergebnis dieser Zusammenarbeit sind u.a. die berühmten Barcelona-Sessel aus Stahl mit weißen Lederkissen. Sie gelten auch heute noch als Musterstücke modernen Designs. Im Foyer der Aachener Mies-van-der-Rohe-Schule bilden einige von ihnen eine Sitzgruppe zu Füßen einer Bronzebüste des großen Meisters.

Das Bauhaus (1930-1933)

Während der Arbeit am Barcelona-Pavillon entwarf Mies van der Rohe für die Eheleute Grete und Fritz Tugendhat in Brünn ein Wohnhaus in Hanglage, das nicht nur großzügig bemessen war, sondern von Lilly Reich auch mit modernem Interieur ausgestattet wurde. Onyxwand und elektrisch versenkbare große Glasscheibe gefielen den Bewohnern ebenso wie die ungewöhnliche Gliederung der Räume. Aber Mies mußte sich von Architekturkritikern vorwerfen lassen, mit diesem »Luxus« die Prinzipien des Neuen Bauens verraten zu haben.

Dennoch ging er unbeirrt seinen Weg. Es lag nicht an ihm, sondern an der politischen Entwicklung in seinem Vaterland, daß es ein schwieriger und steiniger Weg werden sollte. Zunächst stellte er sich der Herausforderung, sein Wissen und seine Erfahrung als Lehrer weiterzugeben.

Schon 1928 hatte man ihm die Leitung des Bauhauses angetragen, das Walter Gropius 1919 in Weimar gegründet hatte und das 1925 nach Dessau übergesiedelt war. Damals wollte Mies nicht. Daraufhin wurde der Schweizer Architekt Hannes Meyer, der vorher die Architekturabteilung geleitet hatte, Nachfolger von Walter Gropius am Bauhaus. Doch Meyer konnte sich nicht halten. 1930 kam es zur Krise. Der Bürgermeister von Dessau, Fritz Hesse, und Walter Gropius suchten Mies van der Rohe als Retter zu gewinnen. »Ohne Sie bricht es zusammen«, sagten sie ihm. Und Mies nahm an. Im August 1930 wurde er mit einem Fünfjahresvertrag Leiter des Bauhauses.

Sicher waren es auch ökonomische Erwägungen, die ihn in diesem Entschluß bestärkt haben mögen. Es gab kaum noch Aufträge. Deutschland steuerte in die wirtschaftliche Depression und in die Arbeitslosigkeit hinein. Hitler stand vor der Tür. Es war eine Zeit des Überlebenskampfes und des politischen Umbruchs.

Damals lernte Mies van der Rohe den amerikanischen Architekten Philip Johnson kennen, der mit Mutter und Schwester nach Berlin gekommen war. Johnson übertrug Mies die Einrichtung seiner New Yorker Wohnung mit zerlegbaren Möbeln und Barcelonasesseln. Später plante er eine Architekturausstellung im Museum of Modern Art, deren Aufbau er Mies zugedacht hatte. Bei seinen Bauten in den Vereinigten Staaten sollte Johnson sich als gelehriger Schüler des großen Bauhausmeisters erweisen.

Inzwischen steuerte das Bauhaus, dessen legendärer Ruf sich in der ganzen Fachwelt verbreitet hatte, dem Ende zu. Mies van der Rohe konnte es nicht aufhalten. In Dessau galt das Bauhaus als Hort der Linken und der »Kulturbolschewisten«. Der von Nationalsozialisten beherrschte Stadtrat zog die Konsequenzen und vertrieb das Institut. 1932 mußte es die Stadt verlassen. In einer ehemaligen Telefonfabrik in Berlin-Steglitz fand Mies ein neues Domizil. Hier konnte die Schule zunächst als private Einrichtung weitergeführt werden. Doch kurz nach der Machtübernahme durch Hitler im Januar 1933 schlug die letzte Stunde des Bauhauses:

Am 11. April 1933 wurde es auf Grund einer Anzeige aus Dessau polizeilich durchsucht und schließlich versiegelt. Studenten, die sich nicht ausweisen konnten, wurden festgenommen. Die Freiheit von Lehre und Forschung endete mit einem Willkürakt der Diktatur.

Sicher wäre es aus heutiger Sicht konsequent gewesen, wenn Mies van der Rohe aus diesem Vorgehen gegen das Bauhaus die richtigen Schlußfolgerungen gezogen und mit den Nazis gebrochen hätte. Später sollte man ihm vorwerfen, daß er sich angepaßt habe, um zu retten, was längst verloren war.

Zunächst suchte er Hitlers Chefideologen Alfred Rosenberg auf, um ihn für die Weiterführung des Bauhauses zu gewinnen. Dann sprach er mit Rudolph Diels, dem Leiter der Berliner Gestapo. Der ließ wissen, man habe keine Einwände gegen die Wiedereröffnung der Schule, wenn man sich von den Lehrern Hilberseimer und Kandinsky trenne. Das lehnte das Kollegium ab. Damit war das Bauhaus endgültig gestorben.

Selbstbesinnung und Aufbruch (1933-1938)

Dennoch glaubte Mies wohl im Anfang an eine mögliche Partnerschaft mit den neuen Machthabern, deren gewaltige Bauprogramme ihn als den anerkannten Exponenten der Moderne reizen mochten. Er beteiligte sich am Wettbewerb für die Reichsbank und legte einen Entwurf für den deutschen Pavillon auf der Brüsseler Weltausstellung 1935 vor, ohne zum Zuge zu kommen. 1934 erschien sein Name zusammen mit denen anderer Künstler wie Emil Nolde und Richard Strauss unter einem »Aufruf der Kulturschaffenden«. Darin machte man Adolf Hitler Elogen und bekannte:

Wir glauben an diesen Führer, der unsern heißen Wunsch nach Eintracht erfüllt hat.

Während Walter Gropius das Land verließ, suchte Mies van der Rohe sich mit den neuen Machthabern zu arrangieren. So trat er 1934 der NS-Volkswohlfahrt bei, was freilich nicht viel bedeutete. Der *Spiegel* formulierte es 1989 in einer Besprechung des Buches *Architects of Fortune — Mies van der Rohe and the Third Reich* von Elaine S. Hochman so:

Mies sah die Welt mit den Augen des Künstlers. Ihn interessierte seine Kunst und sonst nichts ... Mies wollte bauen, egal für wen — und so baute er für Kommunisten und Kapitalisten und für die Republik, am liebsten für Mäzene, die ihn machen ließen.

Auf die Frage, ob er naiv und ohne Durchblick oder abgebrüht und amoralisch war, antwortet der *Spiegel*:

Mies war nicht rechts, nicht links, kein Mann der Mitte — das Baugenie war so politisch wie ein Sack Zement.

Er brauchte Jahre, um zu begreifen. Es wurde eine lange Durststrecke.

Zwar hatte die von Philip Johnson arrangierte Architekturausstellung, die vom Museum of Modern Art in New York aus durch viele amerikanische Städte gewandert war, Mies van der Rohes Ruhm auch in der Neuen Welt weiter gemehrt. Ein erstes Lehrangebot vom Mills College in Oakland lehnte er 1935 ab. Im Jahr darauf warb man in Chicago um ihn — zunächst vergeblich. Doch dann häuften sich in der Heimat die Rückschläge. Göring entzog ihm die Vorbereitung der Textilausstellung 1937. Der Präsident der Preussischen Akademie der Künste forderte ihn auf, seinen Austritt zu erklären, was Mies tat. Die Luft wurde dünn für ihn in Deutschland.

Im August 1937 reiste er für einige Monate in die USA, um dort an einem Projekt zu arbeiten. In Wisconsin besuchte er Frank Lloyd Wright, der ihn sehr verehrte und ihm wohl riet, sich neue Lebensperspektiven zu suchen. Noch einmal kehrte er im Frühjahr 1938 für einige Wochen nach Berlin zurück. Dann schlug die Stunde des Abschieds von Europa. Diesmal für immer.

Der Meister setzt Maßstäbe
(1938-1969)

Ludwig Mies van der Rohe war 52, als er begann, sich eine neue Existenz aufzubauen. Er mußte nicht von unten anfangen, sondern man legte ihm gleichsam einen roten Teppich aus. Als er die Leitung der Architekturabteilung am Armour Institute in Chicago übernahm, hielt Frank Lloyd Wright am 18. Oktober 1938 die Festansprache. Dabei sagte er:

Armour Institute, ich gebe dir Mies van der Rohe. Behandle ihn gut und liebe ihn so wie ich. Er wird es dir vergelten.

Ein guter Wunsch, vermischt mit Prophetie. Beides sollte in Erfüllung gehen. Am Armour Institute in Chicago, aus dem 1940 das Illinois Institute of Technology (IIT) hervorging, konnte der letzte Direktor des Bauhauses in Dessau und Berlin seine Erfahrungen als Lehrer und Architekt weitergeben an eine Generation, die nach dem Zweiten Weltkrieg das neue Bauen in Amerika und Europa maßgebend bestimmen sollte.

Verkürzt kann man sagen, daß mit Mies van der Rohe das Bauhaus nach Amerika ausgewandert war und in Chicago eine neue Heimstatt gefunden hatte. Der Einfluß des Lehrers wuchs mit der Größe seiner Aufträge als Architekt. Endlich konnte Mies die Hochhäuser bauen, die man zu seiner Zeit in Berlin noch nicht zu bauen gewagt hatte. Nun setzte er Maßstäbe, nicht nur für Amerika, sondern für die ganze Welt.

Bald nach seinem Amtsantritt in Chicago faßte er die Grundgedanken seines Bauens in einer Schrift zusammen, die in der Einfachheit und Klarheit ihrer Kernsätze die Prinzipien seiner Architektur widerspiegelt.

Auch die neuen Materialien sichern uns keine Überlegenheit. Jeder Stoff ist nur das wert, was wir aus ihm machen. So wie wir uns eine Kenntnis der Materialien verschaffen — so wie wir die Natur unserer Zwecke kennenlernen wollen —, so wollen wir auch den geistigen Ort kennenlernen, in dem wir stehen.

Mies van der Rohe, der Steinmetzsohn, der nie ein Hochschulstudium absolviert hatte, aber dann selbst Hochschullehrer und Direktor wurde, kannte seinen geistigen Ort. Vielleicht läßt er sich zusammenfassen in seinem heute — mit Recht — meistzitierten Credo. »Less is more — Weniger ist mehr.« Wahrscheinlich kann einen solchen Satz nur ein Mensch prägen, der Wolkenkratzer baut.

Es folgen die großen, die fruchtbaren Jahre, in denen Mies van der Rohe nicht nur als Lehrer, sondern auch als Architekt prägende Kraft entfaltet. Zunächst baut er für sein eigenes Institut. Dann setzt er Maßstäbe im Wohnbau mit dem Haus Edith Farnsworth in Plano, Illinois. Es folgen die Crown Hall des Illinois Institute of Technology und die Appartmenthäuser in Chicago in den fünfziger und sechziger Jahren. Schließlich setzt Mies van der Rohe mit dem Seagram Building an der Park Avenue 1954-1958 an einem der markantesten Plätze mitten in New York eines der architektonischen Markzeichen dieses Jahrhunderts.

Am Ende seines Lebens kehrte er, nach Arbeiten für das Museum of Fine Arts in Houston, Texas, an die Stätte seiner ersten Erfolge als Architekt zurück, nach Berlin. Hier schuf er die Pläne für die Neue Nationalgalerie, die zwischen 1965 und 1968 entstand. Mies machte daraus einen gewaltigen Tempel, dessen Kassettendecke von stählernen Stützen getragen wird. Der Hauptraum erweitert die Pavillonidee des Architekten ins Überdimensionale, während er die eigentlichen Schauräume des Museums im Untergeschoß versteckt. Eine grandiose Architektur, die die Funktion der Form unterordnet. Ein Spätwerk in Stahl und Glas, dessen Eröffnung Mies selbst nicht mehr miterleben konnte. Er starb am 17. August 1969 in Chicago.

Mies van der Rohe und Aachen

Die Aachener haben sich ihres großen Sohns schon früh erinnert und mit ihm nach dem Zweiten Weltkrieg Kontakt aufgenommen. Mies war dreimal nach dem Krieg in seiner Heimatstadt. Im August 1953 besuchte er seinen Bruder Emil im Steinmetzbetrieb an der Vaalser Straße. Emil hatte ihm 1938 zur Flucht verholfen, indem er dem Bruder seinen Paß gab, mit dem Mies van der Rohe dann in Vaals die Grenze passieren konnte.

Bei seinem erneuten Besuch in Aachen 1959 durfte Ludwig Mies van der Rohe sich ins Goldene Buch der Stadt eintragen. Im Hochschulviertel wurde eine Straße nach ihm benannt. Düsseldorf ehrte ihn mit dem Kunstpreis des Landes Nordrhein-Westfalen

Zuletzt besuchte er Aachen im Jahre 1962. Meinem Kollegen Ottmar Braun, damals Leiter des Presse- und Werbeamtes der Stadt Aachen, bekannte er:

Ich liebe Aachen. Aber Aachen liebt mich nicht.

Tatsächlich haben die Aachener ihn nie als Architekten bemüht, obwohl nach dem Krieg viel gebaut wurde. Sein Vorentwurf für ein Gebäude der Vereinigten Glaswerke an der Viktoriaallee kam 1969 nicht zum Zuge. Die von Kurt Malangré verfolgte Idee, von ihm ein neues Theater bauen zu lassen, verlief im Sande. Mies blieb das Monument einer neuen Epoche des Bauens: Für Aachen ein paar Nummern zu groß. Obwohl er für seine Heimatstadt auch noch ein Transformatorenhäuschen gebaut hätte ...

Inzwischen ehrt man sein Andenken nicht nur aus Pflicht, sondern aus Überzeugung im Neubau der Mies-van-der-Rohe-Schule an der Neuköllner Straße. Das Nachfolgeinstitut der einstigen Gewerblichen Schule an der Martinstraße, die Mies van der Rohe von 1900 bis 1902 besucht hat, ist heute eine erheblich weiterentwickelte Bildungseinrichtung mit Berufsschule für Technik, Fachschule für Technik, Fachoberschule für Technik und Höherer Berufsfachschule mit gymnasialer Oberstufe. Mies van der Rohe, dessen Bronzebüste im Foyer des Gebäudes an den Namensgeber erinnert, würde sich freuen. Denn sein Geist lebt hier weiter. Und vermittelt die Erkenntnis: Es sind die kleinen Dinge, aus denen die großen Träume wachsen. »Less ist more.« Vom Barcelonastuhl bis zum Wolkenkratzer!

Literaturempfehlungen

Werner Blaser: *Mies van der Rohe*. Verlag für Architektur Artemis Zürich. 5. Aufl. 1991.

Werner Blaser/Johannes Malms: *West meets East — Mies van der Rohe*. Birkhäuser Verlag, Basel, 1996.

Werner Blaser: *Mies van der Rohe — Less Is More*. Waser, Zürich, 1986.

Jean-Louis Cohen: *Ludwig Mies van der Rohe*. Birkhäuser Verlag, Basel, 1995.

Rolf Achilles, Kevin Harrington und Charlotte Myhrum (Hg.): *Mies van der Rohe — Architect as Educator*. Chicago, The University of Chicago Press, 1986. — Deutsch: *Der vorbildliche Architekt. Mies van der Rohes Architekturunterricht 1930-1958 am Bauhaus und in Chicago*. Berlin, Bauhaus Archiv, 1986.

Julian Heynen: *Ein Ort für Kunst — A Place For Art. Ludwig Mies van der Rohe, Haus Lange — Haus Esters*. Krefelder Kunstmuseen, Verlag Gerd Hatje, 1995.

Philip C. Johnson: *Mies van der Rohe*. New York 1953, dt. Stuttgart 1956.

Fritz Neumeyer: *Mies van der Rohe — Das kunstlose Wort, Gedanken zur Baukunst*. Berlin 1986.

David Spaeth: *Mies van der Rohe.* New York 1985, dt. Stuttgart 1986.

Franz Schulze: *Mies van der Rohe — A Critical Biography.* Chicago/London 1985, dt. Berlin 1986.

Peter Blake: *Mies van der Rohe — Architecture and Structure.* Harmondsworth, 1960.

Elaine S. Hochman: *Architects of Fortune. Mies van der Rohe and the Third Reich.* New York, 1989.

Neue Nationalgalerie in Berlin

Auf dem Bauplatz des Illinois Institute of Technology in Chicago, nach 1940

Walter Hasenclever

1890-1940

... geboren in Aachen,
wo ich noch heute in Verruf bin.

Von Bert Kasties

Am 21. August 1940 meldete das *Dt. Nachrichtenbüro* den Selbstmord des seit 1938 ausgebürgerten Dramatikers Walter Hasenclever.[1] Während der folgenden Tage wurde diese Information von zahlreichen reichsdeutschen Zeitungen mit offensichtlicher Genugtuung kommentiert, da sich durch den Freitod eines der kulturellen Exponenten der verhaßten Weimarer Republik der Erfolg des nationalsozialistischen ›Kulturkampfes‹ zu bestätigen schien. So hieß es unter anderem, daß »Hasenclever Erinnerungen an die schlimmsten Zeiten des literarischen Nachkriegsexpressionismus wecke«. Während dieser Epoche habe vor allem er »seinen Teil zu einer völligen Überfremdung des deutschen Theaters beigetragen«.[2]

Dieser Vorwurf schließt sich nahtlos den öffentlichen Kontroversen an, die das Werk des Dichters seit dem Erscheinen seines revolutionären Dramas *Der Sohn*[3] im Jahre 1914 begleiteten und 1931 einen kuriosen Höhepunkt in einem Prozeß wegen angeblicher Gotteslästerung durch die Komödie *Ehen werden im Himmel geschlossen* (1928) fanden.

In eine Epoche historischer Umbrüche hineingeboren, während der sich Aufstieg und Fall der deutschen Nation in rascher Folge abwechselten, erreichte Hasenclever mit dem *Sohn* schon früh einen Grad der Popularität, der ihm besonders bei der Jugend den Vergleich mit dem jungen Schiller eintrug. Wie kaum ein anderes Theaterstück seiner Zeit drückt dieses Drama die idealistische Aufbruchstimmung einer Generation aus, die ihre geistigen Voraussetzungen in den Schriften Friedrich Nietzsches gefunden hatte und nach radikalen gesellschaftlichen Veränderungen verlangte. In konservativen Kreisen rief es jedoch nachhaltige Ressentiments hervor, die während der folgenden Jahre durch die ständigen gesellschaftskritischen Äußerungen des Dichters genährt wurden.

So markiert *Der Sohn* den frühen Erfolg einer kontinuierlich von Anfeindungen begleiteten Karriere, während der sich Hasenclever der unterschiedlichsten literarischen Genres bediente. Der dabei geschlagene künstlerische Bogen reicht von der expressiven Lyrik über das pazifistische Drama, von der die moderne Gesellschaft persiflierenden Komödie bis hin zur autobiographischen Prosa. Hinzu kommen eine jahrzehntelange journalistische Tätigkeit, die den Autor auch für einige Jahre nach Paris führte, diverse Arbeiten für den Film — unter anderem 1930 in Hollywood, wo er für den Greta-Garbo-Film *Anna Christie* das Drehbuch der deutschen Fassung schrieb — sowie eine Nachdichtung der wichtigsten philosophischen Gedanken des schwedischen Mystikers und Theosophen Emanuel Swedenborg.

Den Höhepunkt seiner Popularität erreichte Walter Hasenclever gegen Ende der 20er Jahre mit seinen Komödien, durch die er zeitweise zu einem der meistgespielten Dramatiker des deutschen Sprachraums avancierte. Den Beginn dieses Erfolges leitete die Satire auf klassisch bürgerliche Leitbilder *Ein besserer Herr* (1926) ein, die allein in der Spielzeit 1927/28 von beinahe 100 Theatern gleichzeitig aufgeführt und 1928 auch verfilmt wurde. Die Religionssatire *Ehen werden im Himmel geschlossen* sowie die politische Persiflage *Napoleon greift ein* (1929) konnten diesen Erfolg weiterführen und wiesen den Autor überdies als entschiedenen Gegner faschistoiden Gedankengutes aus. 1933 zählte er gerade wegen seines hierdurch in liberalen Kreisen begründeten Prestiges zu den ersten Autoren, deren Werke in Deutschland verboten wurden. Sein Schicksal ist deshalb exemplarisch für das vieler vom Expressionismus geprägter Schriftsteller, deren Gros zu den im nationalsozialistischen Deutschland Geächteten gehörte, und deren Verdrängung aus dem kulturellen Leben die NS-Kulturpolitik mit nachhaltigem Erfolg betrieb.

Aufgrund ihrer politischen Ansichten auch in ihrer physischen Existenz gefährdet, blieb vielen dieser Künstler nur noch die Emigration. Der Kriegsausbruch und die schnellen militärischen Erfolge der deutschen Wehrmacht entlarvten aber die im europäischen Ausland scheinbar gefundene Sicherheit als trügerisch, so daß sich 1940 die Nachrichten über Selbstmorde in Emigrantenkreisen häuften.

Als mit Walter Hasenclever im Juni 1940 schließlich einer der populärsten Autoren der Weimarer Republik aus dem Leben schied, konnte die reichsdeutsche Presse triumphierend das vermeintliche Fazit ziehen, daß gerade Hasenclevers freiwilliger Tod »symbolisch einen Schlußstrich unter eine unwiderbringlich vergangene Zeit gezogen« habe.[4]

II

Eine am 17. Juli 1890 in der Aachener Tageszeitung *Echo der Gegenwart* veröffentlichte Statistik liefert für die Geburtswoche des Dichters (6. Juli bis 12. Juli) beziehungsreiche Daten, die über die damaligen, meist katastrophalen Lebensumstände der ärmeren Aachener Bevölkerung Aufschluß geben. So werden für diesen Zeitraum von insgesamt 42 Todesfällen im Stadtgebiet (das zu dieser Zeit ca. 105.000 Einwohner umfaßt) alleine 21 von Kindern im Alter von 0-1 Jahr genannt (bei 62 Lebendgeburten im gleichen Zeitraum). Als Todesursachen (ohne Totgeburten), die als charakteristische Phänomene der Armut bezeichnet werden können, benennt man: akute Darmkrankheiten einschließlich Brechdurchfall (6 Fälle), Lungen- und Luftröhrenentzündung (5 Fälle), Lungenschwindsucht (3 Fälle), Gehirnschlagfuß (2 Fälle), Keuchhusten und andere Infektionskrankheiten (3 Fälle), ohne nähere Angaben (2 Fälle).

In ein von diesen gesundheitlichen Gefährdungen weniger betroffenen Milieu wird Walter Georg Alfred Hasenclever am Dienstag, dem 8. Juli, gegen 15.30 Uhr als erstes von später drei Geschwistern hineingeboren.[5] Seine Mutter Mathilde Anna Reiss (1869-1953; ev.) ist eine Tochter des Aachener Kommerzienrates Alfred Reiss, die im März des Vorjahres den ehrgeizigen Arzt und späteren Sanitätsrat Dr. Carl Georg Hasenclever (1855-1934; ev.) geheiratet hat. Die Adresse der jungen Familie ist zum Zeitpunkt von Walters Geburt noch Löhergraben 44, das im großbürgerlichen Pomp der Gründerzeit erbaute Patrizierhaus des Tuchfabrikanten Reiss. Dessen Fabrik ist direkt an den parkähnlichen Garten des mit Prunk überladenen Hauses angelehnt, in dem große Gewächshäuser für tropische Pflanzen errichtet sind.[6]

In seinem autobiographisch inspirierten Roman *Irrtum und Leidenschaft* erinnert sich Walter Hasenclever während den 30er Jahren seiner dortigen Kindheitserlebnisse und beschreibt den Großvater als einen typischen Unternehmer der Wilhelminischen Epoche. Im Familienkreis ein gütiger alter Herr, habe er im Kontor mit eiserner Strenge geherrscht und in seiner Umgebung keinen dem Sozialismus auch nur entfernt verwandten Gedanken toleriert:

Jeder Aufrührer wurde fristlos entlassen, Sozialisten waren Verbrecher, die ins Zuchthaus gehörten. Ob und wovon ein Arbeiter leben konnte, stand außerhalb jeder Diskussion. Schon die Erörterung der Frage war Gotteslästerung.[7]

In dieser großbürgerlichen Atmosphäre, in der sich Standesbewußtsein mit reaktionären sozialen Ressentiments vermischen, entwickeln sich die Grundzüge von Hasenclevers politischem Bewußtsein. Dabei bilden sich in ihm auch Zweifel an der natürlichen Rechtmäßigkeit dieser Ordnung; Zweifel, deren Ausmaß zeitlebens jedoch niemals ausreichen werden, um sein elitäres Selbstverständnis und das enge Verhältnis zum eigenen Besitzstand grundsätzlich in Frage zu stellen.

III

Noch im Jahr der Geburt ihres ersten Kindes zieht das Ehepaar Hasenclever in das dem Kommerzienrat gehörende Haus Marienplatz 7, in dem sich der Mediziner auch seine Praxis einrichtet, die er bis dahin im Marschiersteinweg 2 geführt hat. 1901 gründet er gemeinsam mit drei Fachkollegen ein Krankenhaus im Aachener Stadtteil Forst (heute ein Altenheim), wo er als leitender Arzt der Inneren Abteilung vorsteht und seine eigene Praxis deshalb aufgibt. In der Nähe der Klinik läßt er etwa zum gleichen Zeitpunkt in der heutigen Schönrathstraße die Villa Haus Hochforst errichten.

Carl Georg Hasenclever, nach dem heute in unmittelbarer Nähe der Villa eine Strasse benannt ist, stammt aus einer im Rheinisch-Westfälischen weit verbreiteten und angesehenen Familie, die schon lange den Aufstieg in der preußischen Beamtenhierarchie sowie die Anbindung an das großbürgerliche Unternehmertum vollzogen hat. Einer seiner direkten Vorfahren ist der Frankfurter Rat Johann Georg Schlosser, ein enger Freund Goethes, dessen

Schwester Cornelia er in erster Ehe heiratete. Nach ihrem Tod im Jahre 1777 ehelichte er Johanna Katharina Fahlmer, eine langjährige Vertraute Goethes. Der Name der aus dieser Verbindung stammenden Tochter lautet Henriette Cornelia Franziska, sie ist die Urgroßmutter Walter Hasenclevers.

Marita Hasenclever, die 1902 in der Villa Hochforst geborene und 1993 verstorbene Schwester des Dichters, schildert ihren Vater als typischen Sproß einer eher preußisch-spartanischen Familie, der geglaubt habe, seinen ältesten Sohn mit besonderer Strenge erziehen zu müssen, damit er nicht durch die in der Familie Reiss intensiv gepflegte großbürgerliche Lebensweise verwöhnt werde.

Die Erinnerungen ihres Bruders an seine Kindheit und Jugend fallen entsprechend negativ aus. So bekennt er 1917 in einer autobiographischen Notiz:

Ich wurde von meinem Vater sehr oft geschlagen, meistens mit der Reitpeitsche, wenn ich meine Aufgaben nicht konnte, abends beim Schlafengehen vor meinem Spiegel. Später wurde ich morgens nach dem Frühstück überhört. Da mein Vater wußte, daß es mein größter Ehrgeiz war, in der Schule nicht zu spät zu kommen, wurde ich gezwungen, so lange zu lernen, bis ich für den 30 Minuten langen Schulweg oft nur 10 Minuten Zeit hatte. Infolge des angestrengten Laufens erbrach ich fast täglich auf dem Weg mein Frühstück.[8]

Die Mutter, die — so berichten verschiedene Quellen übereinstimmend — während ihrer ersten Schwangerschaft an einer Psychose erkrankt ist, die ihre vorübergehende Einweisung in eine Nervenheilanstalt notwendig macht, hat nach der Geburt Walters weitestgehend das Interesse an ihrem Sohn verloren und überläßt seine Erziehung deshalb dem Vater und häufig wechselnden Gouvernanten.

Hasenclevers zeitlebens engster Vertrauter, der Publizist und Autor Kurt Pinthus, berichtet, daß er Hasenclever während ihrer 30 Jahre währenden Freundschaft so gut wie nie über seine Mutter hat sprechen hören. Er bestärkt dadurch die Vermutung von Hasenclevers Witwe Edith, daß überhaupt keine emotionale Beziehung zwischen Mutter und Sohn bestanden habe, außer jener negativen, die der Hausarzt der Familie, Dr. Baurmann, in einem Brief aus dem Jahre 1917 als einen »Mangel jeglicher Liebe« bezeichnet hat. In diesem Schreiben heißt es weiter wörtlich, daß die Mutter seit der Zeit ihrer Schwangerschaftspsychose »das Kind [Walter], wie sie mir oft versicherte,« gehaßt, und daß sie »den Haß in ihrem Leben nicht verloren« habe. Über den Vater schreibt Baurmann, er sei »ein körperlich gesunder, kräftiger Mann mit krankhaftem Eigensinn« und »von einem fanatischen Haß gegen alles Moderne in Kunst und Wissenschaft erfüllt«; »dabei pedantisch streng und rücksichtslos; bewußte Unterdrückung der Entwicklung jeder Eigenart in dem Sohn, bewußte Demütigung des Sohnes bei jeder Gelegenheit«.[9]

Hierzu erinnert sich Walter Hasenclever an das erfolglose Bemühen seines Schuldirektors, mäßigend auf den Eigensinn des Vaters einzuwirken, der sogar zu rigiden Einflußversuchen auf die Inhalte des Schulunterrichts geführt habe. Doch sei es dem Pädagogen nicht einmal gelungen, für seinen Schüler die Erlaubnis zum Besuch einer für die gesamte Klasse bestimmten Theatervorstellung zu erwirken.[10]

Es sind wohl die Erlebnisse im Elternhaus, die bei Walter schließlich zu einer frühen und ernsthaften Auseinandersetzung mit dem Suizid führen. Literarisch findet sie ihren Niederschlag in einer vier kurze Erzählungen umfassenden Prosasammlung, die unter dem Titel *Selbstmörder* vermutlich 1906 entsteht. In ihr setzt sich der sechzehnjährige Schüler intensiv mit der Rechtfertigung des Freitodes auseinander und findet damit zu einem ihn in seinem ganzen späteren Werk stets aufs neue beschäftigenden Thema.

Verständnis und Zuneigung hat er zur Zeit seiner Arbeit am *Selbstmörder*-Manuskript hingegen schon längst im Hause der Großmutter Reiss gefunden, das ihm während seiner Jugend oftmals Asyl vor der gewalttätigen Erziehung des Vaters bietet. Überwiegend dort logiert er auch während seiner späteren Besuche in Aachen, da er das Elternhaus nach seinem, von der Aufnahme eines Studiums im britischen Oxford bedingten Auszugs im Jahre 1908 nie mehr betritt und den Kontakt mit seinen Eltern weitestgehend einstellt.

IV

Doch von diesem wichtigen Schritt der Emanzipation ist Hasenclever im Jahre 1899, dem Zeitpunkt des Beginns seiner gymnasialen Schulzeit, noch weit entfernt. Seit dem fünften Lebensjahr von einem Privatlehrer hierauf vorbereitet, bedeutet die Einschulung in das erst 1886 gegründete und an der Lothringerstraße gelegene ›Königliche Kaiser-Wilhelms-Gymnasium‹ einen seiner ersten Schritte, die ihn aus dem Bannkreis der väterlichen Aufsicht hinausführen; und schon bald findet er Anschluß an einen geistig lebendigen Freundeskreis, dessen menschlicher und intellektueller Einfluß seine Entwicklung prägt.

Während der folgenden Jahre werden ihm die Besuche in den Elternhäusern dieser Freunde zusehens eine bis dahin unbekannte Welt der Kunst und der Literatur der Moderne eröffnen, die im Hause Hasenclever verpönt ist. Das Drimborner Wäldchen, in dessen Nähe die Villa Hochforst erbaut wurde, avanciert ab ca. 1905 zum geheimen Treffpunkt der Jugendlichen, zu denen vor allem der spätere Jurist Hans Laut, Manuel Grumbach und Franz Maria Esser zählen. Grumbach wird Jahre darauf als Maler Aufmerksamkeit erregen, während Esser sich der Literatur zuwendet. Zu diesem Kreis, zu dem schließlich auch die späteren Literaten Ludwig Strauß sowie der bei Erkelenz geborene Karl Otten hinzustoßen, entstehen erste Gedichte Hasenclevers, führt er — so Hans Laut[11] — die ersten ihn philosophisch prägenden Diskussionen über Schopenhauer, Kant und Hegel. Zum Förderer und geistigen Mentor dieser Gruppe wird schließlich der Kunstsammler und Mäzen Edwin Suermont. Zu ›seinen Füßen sitzend‹ (Karl Otten[12]) macht er sie mit der für sie noch fremdartigen Bilderwelt des jungen Picasso, mit Matisse und Derain bekannt, und ermuntert sie, in seinem Lesesaal die ihnen bis dahin unbekannten Werke Nietzsches und Dostojewskijs zu lesen.

Hasenclever saugt diese vielfältigen Anregungen förmlich in sich auf und macht aus seiner Vorliebe für das so erworbene Gedankengut auch in der Schule keinen Hehl. Von Otten ist ein frühes Bekenntnis zu Nietzsche überliefert, das dem jungen Dichter eine ernsthafte Maßregelung durch den Schulleiter einträgt:

›Hasenclever, Sie haben gewagt, in Ihrem Aufsatz Friedrich Nietzsche zu zitieren. Wie kommen Sie dazu?‹ ›Ich halte ihn für den bedeutendsten Denker unserer Zeit!‹ antwortete der Primaner mit heller Stimme. ›Und ich sage Ihnen, er ist einer der schlimmsten Attentäter gegen alles, was uns Deutsche heilig ist! Ein Schüler, der die Frechheit besitzt, Nietzsche zu lesen, wird unter der Guillotine enden!‹ Da geschah etwas Unerwartetes. Hasenclever beugte sich weit vor und fragte blitzschnell: ›Unter einer französischen oder einer deutschen?‹[13]

Im Winter 1907/08 zeichnet sich für Walter Hasenclever mit den anstehenden Prüfungen zur Matura endlich das Ende der ungeliebten Schulzeit und die danach mögliche, lang ersehnte Lösung vom Elternhaus ab. Die schriftlichen Prüfungen beginnen am 13. Januar 1908 mit dem Fach Griechisch. Am folgenden Tag erfolgt eine Arbeit im Fach Deutsch über Goethes *Italienische Reise*, die er als erster der Prüflinge und mit durchschnittlichem Resultat beendet. Dann folgt Mathematik, ein Unterrichtsgebiet, das ihm stets Anlaß höchster Not gewesen ist.

Ich lernte alles, was mir Spaß machte, mit der größten Leichtigkeit. Was mich nicht interessierte, war nicht in mich hineinzuhämmern. Dazu gehörte Mathematik und die meisten exakten Kenntnisse. Ich habe von jeher gegen das Zwangsläufige protestiert.[14]

Nach Abschluß der schriftlichen Arbeiten müssen fünf Schüler — einschließlich Hasenclever — wegen zu schlechter Leistungen noch eine mündliche Prüfung ablegen. Diese letzte Hürde vermag er jedoch zu meistern, wenn auch mit lediglich genügenden Ergebnissen. Auf seinem Reifezeugnis ist vermerkt, daß dem Prüfling nur »mit Rücksicht auf frühere« Leistungen das Erreichen der Anforderungen zuerkannt worden sei. Selbst im Fach Deutsch habe er sich »in der Form nicht immer gewandt« gezeigt, für Literatur immerhin aber Interesse und »gutes Verständnis« bewiesen. Am Ende des Zeugnisses, auf dem lediglich das Fach Sport mit einer guten Note versehen ist, heißt es schließlich, der Prüfling verlasse das Gymnasium mit dem Ziel, Rechtswissenschaft zu studieren — wozu ihn die Prüfungskommission mit den »besten Wünschen und Hoffnungen« entlasse.[15]

Schon kurz nach seinem bestandenem Abitur verläßt der junge Dichter seine Heimatstadt, um sich — auf Wunsch des Vaters — durch ein Jura-Studium in Oxford auf die für ihn vorgesehene Diplomatenlaufbahn vorzubereiten. Doch statt Seminare zu besuchen, widmet er sich lieber der Literatur und verfaßt unter anderem sein erstes, eng an Henrik Ibsen angelehntes Drama *Nirwana*. Er läßt es als Privatdruck publizieren, wofür er die Druckkosten durch ein gewonnenes Pokerspiel aufbringt.

Dem Vater bleiben derartige studienfernen Aktivitäten nicht verborgen, und so verfügt er bereits nach einem Semester den Abbruch des England-Aufenthaltes. Er läßt seinen Sohn im schweizerischen Lausanne immatrikulieren und quartiert ihn bei einem Fachkollegen ein, der seine strengen Erziehungsmethoden vorbehaltlos unterstützt, so daß dem bald 19jährigen nicht einmal ein eigener Hausschlüssel zugestanden wird.

Doch der ist nicht länger gewillt, sich diesem strengen Diktat weiterhin zu fügen. Im März 1909 wagt er den Bruch mit seiner Familie, indem er in einer nächtlichen Flucht (so auch der bezeichnende Titel eines kurz darauf entstandenen Gedichtes) Lausanne den Rücken kehrt und sich nach einer kurzen Odyssee durch die Schweiz und Deutschland in Leipzig niederläßt. Dort nimmt er gegen den erklärten Willen des Vaters ein Studium der Literaturwissenschaften und Philosophie auf. Schnell findet er Anschluß an die örtliche Kunstszene, aus der sich nicht zuletzt dank der Unterstützung der Jungverleger Ernst Rowohlt und Kurt Wolff eines der wesentlichen literarischen Zentren der deutschen Moderne heranbildet.

Während Hasenclever sich in den folgenden Jahren durch seine Dichtungen zusehens als einer der maßgeblichen Vertreter des literarischen Expressionismus etabliert, liegt er in ständigen Streitigkeiten mit dem Vater, der seiner Unterhaltspflicht gegenüber dem Sohn nicht nachkommen will. Mehrmals wird dieser Konflikt beinahe vor Gericht ausgetragen, und stets kann der drohende Skandal nur durch das energische Eingreifen der Großmutter mütterlicherseits, Helene Mathilde Reiss, abgewendet werden.

Diese familiären Auseinandersetzungen führen schließlich dazu, daß Carl Georg

Hasenclever den weiteren Kontakt seines Erstgeborenen mit den Geschwistern Paul und Marita unterbindet. So wird Hasenclevers 1902 geborene Schwester ihren ältesten Bruder nach jahrelang erzwungener Entfremdung erst 1920 wiedersehen, als sie ihn heimlich im Aachener Café Reul-Lauffs trifft. Damit legt sie den Grundstein einer engen Geschwisterfreundschaft, die sie ab dem Sommer 1925 für Jahre nach Paris führt, wo sie für den dort inzwischen als Auslandskorrespondent des Berliner *8-Uhr-Abendblatt* tätigen Dichter als Sekretärin arbeitet.

Auch die Wiederbelebung der geschwisterlichen Bande zum 1897 geborenen Bruder Paul ist Walter Hasenclever erst im Jahre 1918 und nur unter Umgehung der väterlichen Aufsicht möglich, als Paul endlich fern des Elternhauses als Student der Musikwissenschaften in Bonn lebt.

V

Walter Hasenclever und seine Beziehung zur Heimatstadt Aachen:

Vor allem ist sie geprägt von unguten Erinnerungen an eine problembelastete Kindheit und Jugend. Hinzu kommen aber auch bedrückende Erfahrungen mit der gesellschaftlichen Wirklichkeit in einer vom Katholizimus geprägten Provinzstadt, die zwar eine ruhmreiche Vergangenheit als weltoffene Metropole Europas ihr eigen nennt, deren Gegenwart in seinen Augen jedoch vornehmlich von geistiger Enge, Bigotterie und Intoleranz geprägt ist. 1912 blickt der sich inzwischen auf dem Weg zum Weltbürger wissende Dichter deshalb mit jugendlich überspitzter Ironie zurück auf die Stätte seines Heranwachsens und verfaßt hierzu — in der deutschen Verlagsmetropole Leipzig wohnend — einen bissigen Beitrag für das *Berliner Tageblatt*.[16]

»Sodom und Gomorrha«, schreibt er ironisch, »das heißt auf deutsch: Aachen-Burtscheid«. Als Beleg für diese These dient ihm eine kuriose Begebenheit, deren Anlaß in seiner großstädtischen Wahlheimat wohl schlicht übersehen worden wäre, im kleinstädtischen Aachen jedoch ein breites Publikum in helle Aufregung versetzt. Zum Dreh- und Angelpunkt einer handfesten Provinzposse gerät nämlich das noch heute am Fischmarkt zu bewundernde Brünnlein, das der Bildhauer Hugo Lederer der Stadt zum Geschenk gemacht hatte. Mit dem Einverständnis des Stiftspropstes war der Brunnen, auf dem »breitbeinig und pausbäckig ein kleines, drolliges Männchen in Bronze« steht, in unmittelbarer Nähe des Domes aufgebaut worden. Doch erst danach bemerkte man etwas ungemein Skandalträchtiges, »was man bis dahin noch nicht gesehen hatte«, nämlich, daß das Fischmännchen nackt war!

Die Unsittlichkeit war offenbar, und so mußte die Kirche sich ihrer annehmen. Eilends protestierten einige katholische Arbeiter- und Jünglingsvereine, deren Schamgefühl gleichfalls gröblich verletzt war, beim Magistrat, und klerikale Lehrer verboten ihren Schülern strenge, über den Fischmarkt zu gehen. Auf den Kanzeln erhob sich drohend die Stimme Gottes gegen die Unzucht der Welt. In der Nacht aber mußten polizeiliche Wachen in den Winkeln des Fischmarktes lauernd stehen, denn öfters kam es vor, daß Leute, die sich auf diese Weise dem Himmelreiche näher fühlten, die inkriminierte Stelle des Männchens mit Farbe heimlich übermalten, so daß sie zur Schande der Stadt besonders leuchtend zutage trat. Der Oberbürgermeister, Herr Veltmann, aber blieb aus guten Gründen taub, obwohl ihm viele dafür das Fegefeuer gewünscht haben, und so geschah nichts dagegen. Man wollte auch hier schon wieder ›— nicht so wie die Geistlichkeit!‹ Nur die Studenten bewiesen Geist und Humor, als sie eines Nachts vor das Denkmal zogen und das splitternackte Bübchen von seinem Sockel heruntershoben, um es, zu seinem Schutze, mit auf die Kneipe zu nehmen.

Die Schilderung dieser Groteske dient Hasenclever aber lediglich als Ouvertüre einer generellen Abrechnung. Denn weiter schreibt er, wobei er sich durch das Zitat »Ich möchte nicht tot und begraben sein / Als Kaiser zu Aachen im Dome«[17] ausdrücklich in die Tradition des mit spitzer Feder formulierenden Bürgerschrecks Heinrich Heine stellt:

Worin, so kann man [...] fragen, liegt eigentlich Aachens Bedeutung? Es hat weder einen Kriegshafen noch ein Ballett; es ist auch keine Aussicht, daß wir jetzt, vor dem Katholikentag, noch eins bekommen.

Dann sind dem unnachsichtigen Sohn der Stadt aber doch noch einige Eigenschaften erinnerlich, in denen er die gegenwärtige Bedeutung seines Geburtsortes manifestiert sieht. So konstatiert er ironisch:

Gute Menschen kommen hierher, um ihren Rheumatismus zu heilen. [...] Die Jungfrauen der Stadt, soweit sie den besseren Ständen angehören, schwärmen für den jugendlichen Liebhaber des Stadttheaters [...]. Die Väter treffen sich am Abend beim Skat und Kegeln. [...] Alle sieben Jahre ist die Heiligtumsfahrt.

Und schließlich als markanteste Eigenart:

Alle Jahre einmal ergreift die Stadt der Irrsinn: zu Fastnacht.

Die Beziehungen des offiziellen Aachens zu dem inzwischen als expressionistischer Lyriker aufstrebenden Hasenclever werden nach der Veröffentlichung dieser freimütigen Einschätzung in einer der maßgeblichsten deutschen Tageszeitungen dauerhaft gestört bleiben — was der Autor belustigt und mit offensichtlicher Befriedigung registriert, da er hierdurch sein jugendliches Selbstverständnis eines revolutionären, system- und gesellschaftskritischen Autors bestätigt sieht.

Diese schwelende Fehde, die auf Aachener Seite in den Folgejahren durch Hasenclevers teils sehr provokative Dichtungen und Zeitungsartikel stets neue Nahrung findet, führt unter anderem dazu, daß die Bühnenwerke des zusehends auch als Dramatiker international gefeierten Dichters nur unter großen Schwierigkeiten und mit jahrelanger Verzögerung ihren Weg auf eine Aachener Bühne finden. Als schließlich der Dramaturg des Stadttheaters, Oskar Jancke, in den 20er Jahren wieder einmal erfolgreich gegen die Inszenierung eines dieser Werke interveniert, revanchiert sich Hasenclever, indem er Jancke im ersten Akt seiner gerade entstehenden Parade-Komödie *Ein besserer Herr* als ›anrüchigen‹ Kleinbürger unsterblich macht:

Möbius: Die ganze Wohnung stinkt nach Essen.
Frau Schnütchen: Das sind Janckes. Frau Jancke macht Bratkartoffeln mit Zwiebeln.
Möbius: Die Zwiebeln der Frau Jancke verpesten mir jede Liebesstunde.[18]

VI

Die vordergründige Heiterkeit in dieser und den anderen Komödien Walter Hasenclevers täuscht jedoch darüber hinweg, daß sich die ihn seit seiner frühen Prosaschrift *Selbstmörder* beschäftigenden Zentralthemen und Leitmotive niemals grundlegend verändert haben. Analysiert man seine dichterischen Zeugnisse, zeigt sich gerade durch sein Komödienwerk die Kontinuität des von ihm zeitlebens thematisierten Konfliktes zwischen Lebensannahme und Lebensverweigerung, der stets über das Dichterische hinaus in eine für den Autor existentielle Dimension hineinreicht. Man mag diese bereits in seinen ersten Arbeiten geführte Kontroverse, die sich in den philosophischen Axiomen Friedrich Nietzsches und Arthur Schopenhauers polarisiert, als Koketterie mit dem Leid oder als plakative Form der Selbstdarstellung ansehen. Jedoch legt sein Freitod im Alter von 49 Jahren Zeugnis von der Ernsthaftigkeit dieser Auseinandersetzung ab.

Edith Hasenclever, seine Witwe, bestätigt, daß die Beschäftigung mit dem Selbstmord »immer in Hasenclever gelebt«[19] habe. Bereits bei ihrem Kennenlernen im Jahre 1934 habe er sie ausführlich zu ihrer Einstellung zum Suizid befragt und anschließend seine eigenen Überlegungen mitgeteilt, wie er den Suizid arrangieren würde. Für diese latente Todesbereitschaft macht sie in erster Linie die negativen Kindheitserlebnisse ihres Mannes verantwortlich, die eine — wie er ihr gegenüber oft festgestellt habe — positivere Einstellung zum Leben und zur menschlichen Gesellschaft verhindert hätten.

Die grundsätzliche Bestätigung dieses persönlichen Lebenspessimismus fand der Dichter — außer in den Schriften Nietzsches und Schopenhauers — auch in Oswald Spenglers geschichtsphilosophischem Werk *Der Untergang des Abendlandes*. Vor allem in seiner letzten literarischen Arbeit, dem Roman *Die Rechtlosen*, versucht er im Winter 1939/40 sein pessimistisches Weltbild durch die Rezeption des bei Spengler vorgefundenen Gedankengutes zu belegen, dessen Richtigkeit er nicht zuletzt durch die anhaltenden Erfolge Hitler-Deutschlands begründet sieht. So wähnt er sich in dieser Tradition als Zeuge des Beginns einer langwährenden Epoche der Gewaltherrschaft, die einem den humanistischen Traditionen wie ihn verpflichteten Individualisten keinen Lebensraum mehr zu bieten vermag.

Als sich die gefürchtete, jedoch kaum für wirklich möglich gehaltene französische Niederlage schließlich abzeichnet, erscheint ihm seine Lebenssituation ausweglos. Die von Schopenhauer stammende und ihn zeitlebens wie ein rettender Anker begleitende Lebensdevise des demütigen Ertragens aller Krisen und Bedrohungen erkennt er angesichts des unaufhaltsamen deutschen Vormarsches nun als nicht länger realisierbar.

Am 21. Juni 1940 findet er — inzwischen Häftling des südfranzösischen Internierungslagers Les Milles — seine letzte Zuflucht in der Überdosis eines Schlafmittels; seine letzte Ruhestätte auf dem Friedhof St. Pierre in Aix-en-Provence.

Anmerkungen

1. In der Meldung des *Deutschen Nachrichtenbüros* wird fälschlich behauptet, der Dichter habe sich im französisch-spanischen Grenzort Port Bou erhängt. Tatsächlich starb er durch eine Überdosis des Schlafmittels Veronal im südfranzösischen Internierungslager Les Milles.
2. Zitiert nach einem unbetitelten Zeitungsausschnitt einer reichsdeutschen Tageszeitung vom August 1940. — Quelle: Zeitungsausschnittsammlung der Stadt- und Landesbibliothek Dortmund, Mappe *Walter Hasenclever*.
3. Dieses und alle folgend genannten Werke Hasenclevers sind mittlerweile in der von Dieter Breuer und Bernd Witte herausgegebenen achtbändigen Werkausgabe veröffentlicht; Mainz: Verlag v. Hase & Koehler 1990 ff.
Ergänzt wird sie durch die zweibändige, kommentierte Edition *Walter Hasenclever. Briefe 1907-1940*, die der Verfasser 1994 im gleichen Verlag herausgegeben hat.
4. Siehe Endnote 2.
5. Vgl. zu Leben und Werk des Dichters die umfassende Monographie des Verfassers *Walter Hasenclever. Eine Biographie der deutschen Moderne*. Tübingen: Niemeyer Verlag 1994.
6. Bis auf einen Teil der Fabrikationsstätte, dem heutigen Kulturzentrum Barockfabrik, ist das gesamte Areal während des Zweiten Weltkrieges zerstört worden.
7. Zitiert nach der Erstveröffentlichung, München: Herbig-Verlag 1977, S. 40.
8. Autobiographische Notiz für Dr. Heinrich Teuscher, Dresden 11.10.1917. — Original im Archiv der Nationalen Forschungs- und Gedenkstätten der

klassischen deutschen Literatur in Weimar.

9. Dr. Baurmann an Dr. Heinrich Teuscher, Aachen 1917. — Original in Weimar.

10. Autobiographische Notiz für Dr. Heinrich Teuscher, Dresden 11.10.1917. — Original in Weimar.

11. Vgl. Hans Laut an Edith Hasenclever, Köln 25.3.1960. — Original im Privatbesitz.

12. Vgl. Karl Otten *Europa lag in Aachen*. — In: Karl Otten *Werk und Leben*. Mainz: v. Hase & Koehler 1982, S. 128.

13. Ebd., S. 131.

14. Zitiert aus *Irrtum und Leidenschaft*, S. 29.

15. Zitiert aus der Akte der Abiturprüfungen des Winters 1907/08. — Original im Archiv des Aachener Einhard-Gymnasiums, vormals Kaiser-Wilhelms-Gymnasium.

16. *Sodom und Gomorrha*. — In: Berliner Tageblatt, Jg. 41, Nr. 406, 11.8.1912.

17. Hasenclever zitiert aus Heinrich Heines *Deutschland, ein Wintermärchen*.

18. *Ein besserer Herr*, 1. Akt, 2. Szene.

19. Edith Hasenclever an Bert Kasties, Tourrettes sur Loup Juni 1991. — Original im Privatbesitz.

Literaturempfehlungen

Walter Hasenclever: Sämtliche Werke. Hrsg. von Dieter Breuer und Bernd Witte. 8 Bde. Mainz: v. Hase & Koehler 1990 ff.

Bert Kasties: *Walter Hasenclever. Eine Biographie der deutschen Moderne*. Tübingen: Max Niemeyer Verlag 1994.

Walter Hasenclever: Briefe 1907-1940. Hrsg. von Bert Kasties. 2 Bde. Mainz: v. Hase & Koehler 1994.

›*Ich hänge leider noch am Leben*‹. *Walter Hasenclever. Briefwechsel mit dem Bruder*. Hrsg. von Bert Kasties. Göttingen: Wallstein Verlag 1997.

Walter Hasenclever 1890-1940. Fotodokumentation. Hrsg. von Dieter Breuer. Aachen: Alano Verlag 1996.

Mit Kurt Tucholsky und Friedrich Sieburg, Paris 1926

Mit Tante und Großmutter Reiß, Aachen um 1908

Ludwig Strauß

1892-1953

Fahrt und Erfahrung

... ein deutsch-jüdischer Dichter und Literaturwissenschaftler

Von Hans Otto Horch

Ludwig Strauß wurde am 28. Oktober 1892 in Aachen geboren, verbrachte hier seine Kindheit und Jugend bis zum Abitur, kehrte nach Jahren der Abwesenheit 1929 als Dozent für deutsche Literaturgeschichte in die Kaiserstadt zurück und verließ sie, gezwungen durch die Umstände, Anfang 1935. Er starb am 11. August 1953 in Jerusalem, ohne Deutschland wiedergesehen zu haben. Aachen blieb freilich auch in Palästina, das Strauß als ›Erez Israel‹ und damit keineswegs als Exilland ansah, der heimatliche Ort seiner Kindheit und Jugend, dessen Aura zwar durch das Dritte Reich verschattet, aber nie völlig fremd wurde. Die Familie — seine (zweite) Frau Eva geb. Buber (1901-1992) und die beiden Söhne Emanuel (geb. 1926 in Düsseldorf) und Michael Strauß (geb. 1931 in Aachen) — hatte nach Strauß' Tod wieder zunehmend berufliche und freundschaftliche Kontakte mit Deutschland. Daß im Jahr seines 100. Geburtstags an der RWTH Aachen eine Professur für deutsch-jüdische Literaturgeschichte mit seinem Namen verbunden wurde, bestätigt von der deutschen Seite aus, welche Wertschätzung Ludwig Strauß als Dichter und Literaturwissenschaftler nicht nur in Aachen entgegengebracht wurde; diese Rückkehr im Geiste wirklicher und nicht nur proklamierter deutschjüdischer Verständigung fand auch die volle Billigung der Familie Strauß.

Als Motto der folgenden Darstellung dient der Titel einer Sammlung von späten »Geschichten und Aufzeichnungen«, deren Publikation Ludwig Strauß nicht mehr vergönnt war: *Fahrt und Erfahrung*.[1] Der bedeutende Lyriker und Essayist Werner Kraft übernahm 1959 diese Aufgabe, und er gab vier Jahre später auch die ausgewählten *Dichtungen und Schriften* seines nur wenige Jahre älteren Freundes heraus.[2] Kraft war überzeugt, daß das Werk von Strauß die deutsch-jüdische Existenz in einer Reinheit bezeugt, wie sie im fortschreitenden Prozeß der Assimilation vor 1933, aber auch unter den in Palästina/Israel Zuflucht findenden jüdischen Schriftstellern deutscher Sprache selten ist. Im Nachwort zum Band *Fahrt und Erfahrung* hat Kraft darauf hingewiesen, daß es sich bei dieser Formulierung nicht bloß um einen schönen Titel handele, sondern daß sich darin die »Einheit von zwei Welten« ausdrücke: »einer äußeren, denn er [Strauß] hat Fahrten; einer inneren, denn er hat Erfahrungen gemacht.«[3] Daß aus den Fragmenten der Lebens-›Fahrten‹ die »geistige Autobiographie« eines Künstlers wurde, begründet Kraft mit der einschneidenden Erfahrung des Jahres 1933: der volle Akzent der Straußschen Prosa liege nun nicht mehr auf der Schönheit, sondern »auf der Erfahrung, die die eindeutige Richtung der Fahrt in einer Zeit des entfesselten Untergangs ihm vorschreibt«.[4] Erst die Krise, so Kraft, habe Strauß zu einem Erzähler werden lassen, bei dem noch etwas von der Unmittelbarkeit des Erzählens spürbar werde, nämlich Lebenserfahrungen über das Sprachkunstwerk auszutauschen. Freilich bleibe Strauß im Zeichen der Moderne für eine epische Entfaltung nicht die Zeit:

So sagt er auf wenigen Seiten alles: von Krieg und Frieden, von Gott und der Bibel, von Juden, Arabern und Deutschen, vom Leben und vom Tode, von Arbeit und Muße, von Traum und Wachen, von Kindheit und Reife, vom Guten und vom Bösen, von Hoffnung und Verzweiflung, und in allem was er sagt geht es um den prägnanten Punkt, der die Erfahrung erblühen macht.[5]

So richtig Werner Krafts Hinweis auf die neue Qualität ist, die die Prosa von Strauß wie das Werk insgesamt nach 1933 auszeichnet, so deutlich zeigt sich auf der anderen Seite, daß die ›Fahrten‹ des Dichters bereits vorher zu interkulturellen deutsch-jüdischen ›Erfahrungen‹ geworden sind. Freilich bedurfte es zu dieser Klärung einer spannungsreichen Auseinandersetzung mit dem Zeitgeist der Moderne, die sich im Bereich der Ästhetik ebenso niederschlug, wie sie die Varianten dessen beeinflußte, was zu Beginn dieses Jahrhunderts als jüdische Identität — subjektbezogen angemessener: als jüdische Selbstwahrnehmung — diskutiert wurde.

1

Bereits zur Zeit Karls des Großen hatte es in Aachen Juden gegeben, ihre Zahl aber blieb das ganze Mittelalter hindurch verhältnismäßig klein.[6] Mit dem großen Brand in der Judengasse 1330 scheinen die meisten Juden die Stadt verlassen zu haben. Für eine kurze Zeit, zwischen 1568 und 1629, gingen Juden unter dem ›Geleit‹ der Herzöge von Jülich in Aachen dem Geldhandel nach; nach ihrer Ausweisung blieb es freilich bei vorübergehenden Aufenthalten einzelner Juden, ohne daß ein kontinuierliches jüdisches Leben nachweisbar ist. Erst Ende des 18. Jahrhunderts, im Zuge der Besetzung Aachens durch die französischen Truppen, siedelten sich die ersten jüdischen Familien wieder fest in Aachen an; 1808 gab es nicht mehr als 55 jüdische Einwohner, 1812 ganze 77, denen allerdings im wirtschaftlichen Leben der Stadt eine nicht unerhebliche Bedeutung zukam:

Die Anfänge des jüdischen Lebens in Aachen nahmen sich im Vergleich zu anderen Städten vergleichbarer Größe in den rheinischen Ge-

bieten sehr bescheiden aus. Gleichwohl hatten sich hier in den wenigen Jahren seit 1796 bereits diejenigen Familien niedergelassen, die — neben anderen, die noch folgten — die Geschicke der Israelitischen Gemeinde weit in das 19. Jahrhundert hinein und noch darüber hinaus maßgeblich bestimmten und deren Stellung im Wirtschaftsleben der Stadt unübersehbar wurde.[7]

Unter preußischer Herrschaft seit 1815 stieg die jüdische Bevölkerung von 114 Personen im Jahr 1816 auf 410 Personen im Jahr 1850 — in dem Jahr also, in dem die Entwicklung von einer ›Familiengemeinde‹ zu einer Großgemeinde ihren Anfang nahm. Eine Generation später wohnten in Aachen bereits 1091 Juden, von denen viele vor allem zwischen 1861 und 1871 zugewandert waren. Die Eltern von Ludwig Strauß kamen offenbar erst 1887 oder 1888 nach Aachen; jedenfalls heirateten sie im September 1887 in Gießen, in der Heimat der Mutter. Der Vater Emanuel Strauß wurde 1858 in Frücht (Hessen-Nassau) als Sohn von Samuel Strauß aus Frücht (1823-1901) und Sara Oster aus Brodenbach (1829-1862) geboren, er starb 1921 in Aachen. Die Mutter war eine Tochter des »Schutzjuden« Mathes Lorsch aus Angenrod bei Alsfeld (1807-1874) und seiner Frau Marianne geb. Bachrach aus Neukirchen (geb.1815); sie wurde 1857 in Angenrod geboren und starb 1936 in Aachen.[8] Ludwig war das jüngste von drei Kindern, die alle in Aachen geboren wurden; die älteren Geschwister waren der Bruder Max Strauß (1888-1956), von Beruf Rechtsanwalt und als Übersetzer jiddischer und hebräischer Literatur (u.a. von Samuel Josef Agnon) bekannt geworden, und Aenne Strauß (1889-1939), die den Kaufmann Kurt Frankenberg heiratete und sich im Oktober 1939 in Israel das Leben nahm, weil sie die eben erfolgte Flucht aus Deutschland psychisch nicht verkraftete.

Wie fast alle Aachener Juden gehörte die Familie Strauß der reformorientierten Israelitischen Synagogengemeinde an. Dies bedeutete allerdings kein besonderes religiöses Engagement, sondern unterstrich eher den inneren Zusammenhalt einer Minderheit, die trotz Akkulturation und dezidiertem deutschem Patriotismus von den (meist katholischen) Christen zwar politisch und wirtschaftlich akzeptiert wurde, privat aber weitgehend auf Distanz blieb. Max Strauß hat in einem aus dem Nachlaß herausgegebenen Text *Eine westdeutsche jüdische Gemeinde um 1900* die typische soziale Situation und kulturelle Atmosphäre in der Aachener jüdischen Gemeinschaft beschrieben und dabei diese Diskrepanz zwischen öffentlicher und privater Sphäre besonders hervorgehoben.[9] Angesichts der zunehmenden Distanz von der religiösen Sphäre — es blieb vom Religionsunterricht weithin nur der eher universalistische Aspekt einer Integration in die deutsche und europäische Kultur übrig — ist es erstaunlich, daß sowohl Max wie sein jüngerer Bruder Ludwig sich seit ihrer Schulzeit über die formale Einbindung in die Gemeinde hinaus intensiv mit jüdischen Fragen befaßten. Medium dafür war weniger die Bibliothek der Jüdischen Gemeinde mit ihren historischen und belletristischen Werken als etablierte jüdische Zeitschriften verschiedener Couleur wie die liberalen Blätter *Allgemeine Zeitung des Judentums* und *Im neuen Reich* oder der orthodoxe *Israelit*, die im Lesezirkel einer Aachener Buchhandlung auslagen. Erst ab 1910 kam mit den zionistischen Organisationen und Organen frischer Wind in die Diskussion, und Ludwig Strauß gehörte von da an zu den engagiertesten Verfechtern einer ›Jüdischen Renaissance‹ in Aachen. Max Strauß resumiert die Eigenart der Aachener Juden so:

Das Gesamtbild [...] war sehr merkwürdig. Obwohl von jüdischen Kenntnissen und jüdi-

schem Gehalt wenig vorhanden war, hielten die Aachener Juden als Gruppe fest zusammen, fühlten sich als Juden und behaupteten ihre Stellung mit Würde. Taufen und Mischehen waren selten, auch ein jüdisches Minderwertigkeitsgefühl wenig bemerkbar.[10]

Für die Eltern Strauß war es insofern selbstverständlich, daß im Rahmen der Gemeinde auch Verantwortung in verschiedenen Vereinen übernommen wurde; so findet sich z.B. 1913 der Name »Frau Strauss, Emanuel« — Ludwigs Mutter — im »Mitglieder-Verzeichnis« des Israelitischen Frauen-Vereins.[11] Soziologisch betrachtet gehörte man zum liberalen kaufmännischen Bürgertum, das vor allem in der Tuch- und Schuhbranche tätig war. Der Vater Emanuel Strauß besaß eine Tuchhandlung in der Lagerhausstraße, die Mutter Henriette geb. Lorsch ein Schuhgeschäft in der Adalbertstraße. Als zweitgeborener Sohn wird Ludwig Strauß für das Schuhgeschäft bestimmt, während sein älterer Bruder Max studieren soll. Aber die Arbeit im Schuhgeschäft wird ein Fehlschlag: der Junge hat zwar ein unwahrscheinlich gutes Gedächtnis für Kundennamen, dafür verwechselt er jedoch — angehender Poet, als der er sich bereits mit fünfzehn Jahren fühlt[12] — in seiner Zerstreutheit absichtslos Warensendungen. Daher willigen die Eltern schließlich ein, daß auch Ludwig studieren darf.

2

Die Schulzeit ist geprägt von zwei wesentlichen Entwicklungen: von der Ausbildung des poetischen Vermögens sowie — gegen Ende — von der Auseinandersetzung mit der Assimilationskontroverse im Umkreis der ›Jüdischen Renaissance‹. Wie der junge Hofmannsthal, der unter dem Pseudonym Loris als Gymnasiast seine bedeutendsten Gedichte schreibt, bedient sich auch der junge Strauß eines Pseudonyms — wohl weil man im Aachener Realgymnasium und vielleicht auch im bürgerlichen Elternhaus poetische Allotria als für einen ernsthaften Schüler nicht recht passend empfand. Im Kreis junger Expressionisten — Walter Hasenclever, Philipp Keller, Jules Talbot Keller, Karl Otten — findet auch Franz Quentin [= Ludwig Strauß] seinen Platz, gemeinsam geben einige der Freunde 1910 im Selbstverlag den *Aachener Almanach* heraus.[13] Typisch für den jungen Poeten Strauß ist etwa das im Almanach abgedruckte Gedicht *Zwischen Tag und Nacht*, in dem eine rebellische Grundhaltung durch die Beherrschtheit der dichterischen Mittel sozusagen gebändigt und eine Art Harmonie zwischen Aufbegehren und Anerkennung des Gegebenen, hier der Waldberge um die Stadt, hergestellt wird:

Rings lehnen sich Waldberge in dunklen Massen auf.
In einzelnen Bäumen schimmert schon Mondlicht auf,
Als wollte es ihre Kräfte frei entfalten
Aus der Welten ewigem Regelspiel.
Mit aller Kraft muß sie die Erde halten,
Daß sie nicht steigen ohne Maß und Ziel.

Am Himmel ragen des Gesetzes gold'ne Trümmer.
Die Kraft scheint riesenhaft im hellen Laub zu kauern,
Das flammend rauscht, indes im regellosen Schimmer
Der wirren Zukunft gierige Augen lauern.[14]

Gedanklich wie stilistisch ist es gar nicht sehr weit zu einem Gedicht wie *Vorfrühling*, das Strauß als Anfangsgedicht seines ersten Gedichtbandes *Wandlung und Verkündung* (1918) veröffentlichen wird:

Da die Bäche gedoppelt stürzten vom Gebirg
Und Weg und Äcker zerrissen von Spiegeln des Himmels

Und Wälder nackend brachen und schrien
im Wind:
Unter grau wechselnden Wolken,
Den wetternassen im blendenden Äther,
Wie wurde mir groß die Brust![15]

Unschwer ist hier eine Verwandtschaft mit der späten Lyrik Hölderlins zu erkennen, deren Wiederentdeckung der George-Schule zu danken ist: 1911 erschien Norbert von Hellingraths bahnbrechendes Werk über Hölderlins Pindar-Übertragungen, 1913 der erste Band seiner neuen Ausgabe, die der 1916 im Weltkrieg gefallene Literaturwissenschaftler allerdings nicht selbst zu Ende führen konnte.[16] Stefan George gehörte für Strauß zu den großen Anregern; als Strauß freilich 1918, noch dazu im renommierten Insel-Verlag, in dem gerade sein eigener Gedichtband *Wandlung und Verkündung* erschienen war, zusammen mit Albrecht Schaeffer einen Band mit George-Parodien herausbrachte[17], trug ihm dies nicht nur die Exkommunikation des George-Kreises ein und damit zugleich ein Publikationsverbot bei Insel, sondern auch den Zorn Gerhard (Gershom) Scholems, mit dem er seit 1917 im Briefwechsel stand. Auch der junge Walter Benjamin gehörte seit 1912 zu seinen zeitweiligen Briefpartnern — wie überhaupt die Liste der mehr oder weniger berühmten Briefpartner ziemlich lang ist: sie reicht von Benjamin über Rudolf Borchardt, Martin Buber, Hans Carossa, Louise Dumont, Andreas Heusler, Hugo von Hofmannsthal, Ernst Lissauer, Heinrich Mann, Franz Rosenzweig, Gershom Scholem, Emil Staiger, Franz Werfel, Alfred Wolfenstein bis zu Karl Wolfskehl und Arnold Zweig. Daß bereits der junge Strauß als Poet ernstgenommen wurde, läßt sich an den nicht wenigen Veröffentlichungen in Zeitschriften wie *Die Gegenwart, Charon, Deutsche Monatshefte, Pan, Die Bücherei Maiandros, Die weißen Blätter* oder *Die Schaubühne* ablesen.

Im Zeichen der Thematisierung des ›Fremden und Eigenen‹, die der Übertragungs-Problematik Hölderlins wie dessen Modellfunktion für Strauß inhärent ist, steht auch die Auseinandersetzung des jungen Strauß mit den Kontroversen um Assimilation und Judentum in den Jahren 1912 bis 1914.[18] Worum geht es? Im Prozeß der bürgerlichen Emanzipation der Juden seit der zweiten Hälfte des 18. Jahrhunderts hatte sich die große Mehrheit zu einer Übernahme der deutschen (und europäischen) Kultur entschlossen — sei es im Sinn der ›Akkulturation‹ ohne völlige Aufgabe der jüdischen Tradition, sei es — vor allem nach der erst 1870/71 erfolgten rechtlichen Gleichstellung der Juden als Bürger — im Sinn der durch wachsenden Antisemitismus verstärkten ›Assimilation‹, unter deren Druck sich die Kenntnis jüdischer Tradition und Kultur fast zwangsläufig minimierte. Der kulturelle und politische Zionismus seit Mitte der achtziger Jahre war die jüdische Antwort auf diese Herausforderung. Martin Buber, den Strauß 1913 persönlich kennenlernt und der 1925 sein Schwiegervater wird, prägte durch einen Artikel in der Zeitschrift *Ost und West* 1901 das griffige Schlagwort für das wiedererwachende Selbstbewußtsein der jungen Juden: ›Jüdische Renaissance‹. Ganz unter dem Einfluß Bubers gab der Verein jüdischer Hochschüler Bar Kochba in Prag 1913 das Sammelbuch *Vom Judentum* heraus, zu dem Strauß einen wichtigen Aufsatz beisteuerte: *Die Revolutionierung der westjüdischen Intelligenz*.[19] Strauß argumentiert in diesem Aufsatz gleichsam dialektisch: Wenn es richtig ist, daß die Fixierung der Juden auf die deutsche Kultur zu einer Entfremdung von der jüdischen Tradition geführt hat (Strauß spricht emphatisch sogar von einer Art Untreue), läßt sich ein neuer Bezug zur jüdischen Tradition nur durch eine zeitweilige Entfremdung von der deutschen Kultur erreichen. Bereits im August 1912, also noch als Gymnasiast, hatte Strauß (ebenfalls unter dem Pseudonym Franz Quentin) in der denkwürdigen *Kunstwart*-Debatte scharf gegen den Dichter Ernst Lissauer polemisiert, der für ihn den Typus des auf die deutsche Kultur fixierten Assimilationsjuden verkörperte — ebenso wie der Kritiker Julius Bab, gegen den er sich 1913 in der wichtigen kulturzionistischen Zeitschrift *Die Freistatt* seiner Freunde Fritz Mordechai und Julius Kaufmann stellte.[20] ›National‹ war auch die Argumentation seiner Gegner: aber eben deutsch-national, während dem jungen Strauß im Gegensatz dazu primär an jüdisch-nationaler Identität gelegen war — vielleicht weil die deutsch-kulturelle Identität in der liberal-konservativen Atmosphäre Aachens bereits zu selbstverständlich erschien. Erst nach dieser Abgrenzung jedenfalls wird dann ein »deutsch-jüdischer Zweigeist« im Sinn eines harmonischen Mit- und Nebeneinanders zu realisieren sein, wie er für Strauß spätestens seit den zwanziger Jahren charakteristisch ist. Strauß setzt sich seit dem Ende des Ersten Weltkriegs — u.a. in Bubers Zeitschrift *Der Jude* oder in der *Jüdischen Rundschau*, aber auch im Organ der zionistischen volkssozialistischen Partei Hapoël-Hazaïr *Die Arbeit*, deren Berliner Redakteur er 1919/20 ist — für ein primär kulturell-geistig bestimmtes jüdisches Selbstbewußtsein ein, das aus der jiddischen ebenso wie der (neu)hebräischen Literatur sich inspirieren läßt. Übertragungen wichtiger Werke jiddischer Literatur und ihre kundige Kommentierung bezeugen Strauß' Engagement für die jüdische Literatur und Tradition ebenso wie die Erzählung *Der Reiter* (1928)[21], das zusammen mit Nahum Norbert Glatzer herausgegebene jüdische Lesebuch *Sendung und Schicksal* (1931)[22] sowie die in Jerusalem auf Hebräisch verfaßte Arbeit über die Psalmen[23] und die postum von Tuvia Rübner edierten späten Studien über israelische Literatur und Weltliteratur[24], die eine ganze Generation junger israelischer Literaturwissenschaftler beeinflußt haben[25].

Charakteristisch aber bleibt für Strauß wie für viele andere intellektuelle Juden seit der Jahrhundertwende, daß sich die Beschäftigung mit dem Judentum vor dem Hintergrund eines unumkehrbaren Prozesses der Säkularisation vollzieht. So heißt es bereits in einem der ersten Briefe an Martin Buber aus dem Jahr 1913:

Obwohl ich Ihnen nun schreiben konnte, daß Ihre ›Reden‹[26] und ›Daniel‹[27] auch für mich gültiger Ausdruck meines Judentums sind, muß ich hinzufügen, daß mir Gefühl und Glaube für diesen Gott abgeht. Das, was Sie als seine Erscheinungsform in der jüdischen Seele ansprechen, ist auch mir evident als wesentliche Erscheinung in der jüdischen Seele. Die Tendenzen zur Einheit, Tat und Zukunft, die Polarität, die weltverbindende Spannung — das alles ist auch mir wirklich und bestimmend — nur sehe ich nicht darin ›das verhüllte Angesicht des Gottes‹. Darum ist auch mir all das formal, was mir freilich kein Mangel ist, da es sich in mir, aus meinem Blut ewig mit Inhalt füllt. Aber die Bestimmung dieses Inhalts als eines Göttlichen hat für mich nicht Gültigkeit.[28]

3

Nach dem Abitur am Aachener Realgymnasium beginnt Ludwig Strauß im Sommersemester 1913 das Studium der Deutschen Philologie, Neueren Literaturgeschichte und Philosophie in Berlin und München. Diese Fachwahl lag nahe, insofern im Zeugnis der Reife, das er am 7. März 1913 in Empfang nahm, das »sehr gut« im Fach Deutsch das eher matte »genügend« in fast allen anderen Fächern überstrahlt. Die Namen der akademischen Lehrer, bei denen Strauß studierte, können sich sehen lassen: in Berlin waren es u.a. Gustav Roethe, Ernst Cassirer, Max Dessoir, Kurt Breysig, Friedrich Meinecke, Ernst Troeltsch, in München Wilhelm Streitberg, Rudolf Unger, Hermann Paul, Moritz Geiger. Ob diese Koryphäen allerdings Denken und Dichten von Ludwig Strauß wirklich beeinflußt haben, ist zu bezweifeln — die wesentlichen Anregungen erhielt er wohl eher aus anderen Kreisen als den akademischen. Daß Strauß nach dem Ersten Weltkrieg schließlich ohne ein Abschlußzeugnis dastand, hing mit dem Kriegsdienst und einer durch eine Verschüttung erlittenen schweren Nervenerkrankung zusammen.

Zu Beginn des Weltkriegs, im Sommer 1914, setzt Strauß seine Hoffnungen noch in eine gleichsam zivilisierende Mission der Mittelmächte durch Ermöglichung eines universalistisch-messianisch verstandenen ›Reiches‹:

Hier habe ich seit den ersten Tagen viel gesehen. Ein ungeheures Heer zog durch unsere Stadt, scheinbar unaufhörlich, immer dasselbe Grau über Herzen, die hier noch heraussingen konnten, ein herrlicher Strom, der dicht an den Häusern Tag und Nacht floß und hinunterrief. Dann der Donner der Kanonen von Lüttich und Transporte von Verwundeten, Gefangenen, neuen Truppen. Inmitten dieser Umgebung schämen wir jungen Leute uns etwas, in Zivilkleidung gehen zu müssen.

Für mich war es ganz neu und überraschend, daß Staatsgefühl so leidenschaftlich sein kann, wie ich es jetzt empfinde. Denn mit Nationalem hat mein Gefühl nichts zu tun — ich fühle mich vom deutschen Volkstum so entfernt wie je. Aber dieses helle, große, geordnete Reich mit seinen tausend Ansätzen einer künftigen Vollkommenheit, das ist mir so lebendig geworden, daß das Sterben in seinem Dienst leicht scheint. Ich glaube, nach diesem Krieg, an dessen siegreichen Ausgang ich fest glaube, ist es groß und beglückend, deutscher Bürger zu sein. Ein enger Zusammenschluß Deutschlands und Österreichs wird einen unüberwindlichen Staatenbund schaffen, der die Geschicke der Erde bestimmen wird. Wer hier in der inneren Politik mitarbeiten kann, muß fühlen, wie unermeßlich seine Wirkung ausläuft. Freiheit aller Völker und einiger Zusammenschluß der freieren Völker zum großen Staat, das wird hier vorgebildet werden, wie es einst auf der ganzen Erde sein kann und muß. Die Möglichkeit hat das totgesagte Österreich jetzt bei seiner Prüfung überraschend früh erwiesen. Ich fasse diesen Krieg auf als das beginnende Ende des Staatsnationalismus und eine gewaltsame Beschleunigung der Entwicklung zum dauernden Frieden, zum internationalen Staat, innerhalb dessen die Nationen frei und unabgelenkt ihrer vollkommenen Seele zustreben können.[29]

Mitte 1915 allerdings beurteilt er die Lage bereits viel skeptischer. Sein Glaube an eine idealistisch verstandene politische Mission des deutschen Volkes schwindet angesichts der chauvinistischen Verirrungen breiter Kreise:

Mein Glaube an die politische Mission des deutschen Volkes ist unsicher, das heißt, der Wirklichkeit gerechter geworden. Ich weiß, was ich früher nicht so wußte, daß das künftige Reich, für das ich kämpfe, auch in denen, die es schaffen sollen, noch weit entfernt ist, zu siegen. Ich wußte, daß ich mein Leben für seinen Sinn wagte, nun weiß ich, daß ich den Sinn selber wage. Ich zweifle und habe das Gefühl, dadurch reiner zu sein, nicht mehr betrogen, glaubend mit dem ganzen Wissen um die Fraglichkeit dieses Glaubens. Sicher ist mir nur mehr, daß ich diesem Glauben nach zu handeln habe, nicht der Glaube selber. Bei dem wochenlangen nahen Zusammensein mit einer repräsentativen Auslese der gebildeten deutschen Jugend habe ich sehr viel über den heutigen Zustand der Deutschen gelernt. Das früher energische, vorwärtsstrebende Studentum ist träge, willenlos hinnehmend. Wenigen ist selbst der Krieg ein großes, reines, sittliches Erlebnis. Ungerechtigkeit gegen Fremdes oder Kriecherei vor Fremden lassen die aufrechte, würdige und bescheidene Behauptung des Eigenen nicht rein erscheinen. Wird dieses Volk zeitig genug wach sein, um den Gang der Geschichte in die gerechte Bahn zu lenken, wenn ihm die entscheidende Macht gegeben wird? Wird dieses Reich, das die wunderbare Organisationskraft für die Neueinrichtung der Erde besitzt, auch den Geist und Willen dazu haben? Kann hier der reine Staat entstehen, der offene, alle schirmende, alle umfassende Hort der Völker? Ich hoffe es noch, aber mit einer tief überschatteten Hoffnung.[30]

Im selben Jahr 1915 wird Strauß verschüttet; das dadurch verursachte Nervenleiden macht ihn untauglich für den Wehrdienst, noch 1919 kommt es zu einem erneuten Nervenzusammenbruch. 1916 erscheint im Berliner Hyperionverlag der Band *Der Mittler*, in dem Novellen aus den Jahren 1911 bis 1914 gesammelt sind. In einem Brief an den Autor vom 20. Oktober 1916 rühmt Heinrich Mann, Strauß habe als Erzähler »die unentbehrliche Stofflichkeit« und erhebe »doch alles ins Geistige«; sein großes Thema, der grenzenlose Mensch, bringe er in der Titelnovelle »der Erhabenheit nahe.«[31] Die Titelnovelle bietet freilich in einer Tiefenschicht mehr und Spezifischeres, als es der auf ›Geist und Tat‹ konzentrierte Heinrich Mann zu erkennen vermag. *Der Mittler*, entstanden bereits 1913 und erstveröffentlicht in der *Freistatt* im Januar 1914[32], ist die erzählerische Verarbeitung der Assimilationskontroverse, die Strauß gleichzeitig beschäftigt hat. Die Titelformulierung »Der Mittler« benennt die Fixierung jüdischer Aktivität auf einen Bereich, der im Diskurs der Jahrhundertwende zum Stereotyp des ›Jüdischen‹ überhaupt wurde: die Mittlertätigkeit in einem umfassenden Sinn. ›Mittler‹ ist nicht nur der Held David selbst, sondern auch seine dörflichen Vorfahren, die als Hausierer über das Land zogen. Das materielle wie kulturelle Mittlertum wird von Strauß — wie in den angesprochenen Debatten auch, in denen die Vermittlung der deutschen Kultur durch die Juden im Zentrum stand — als eminentes Kennzei-

chen der jüdischen Exilexistenz bewertet. Es geht also darum, statt bloßer reproduktiver Tätigkeit für die Juden ein Moment unmittelbaren Schöpfertums zurückzugewinnen — sicher eine zutiefst romantische Vorstellung von Unmittelbarkeit, die aber bei aller Gefühlsbesetztheit eine gewisse Plausibilität und historische Notwendigkeit für sich hatte.

4

Die Jahre nach dem Ersten Weltkrieg waren für Strauß wie für viele andere Überlebende schwierig. Zunächst arbeitete er von 1919 bis zum Herbst 1920 als Lektor im zionistischen Berliner Welt-Verlag, der danach mit dem Jüdischen Verlag fusionierte; dort erschienen die den Eltern gewidmeten *Ostjüdischen Liebeslieder* (1920), der Band *Die Flut. Das Jahr. Der Weg.* (1921), der Gedichte aus den Jahren 1916 bis 1919 enthielt, sowie im gleichen Jahr ein Band mit Übertragungen jiddischer Gedichte des großen jiddisch-hebräischen Nationaldichters Chaim Nachman Bialik. Im Herbst 1922, nach dem Tod seines Vaters, gründete Strauß eine eigene Tuchfirma, die wie zu erwarten bald wieder aufgelöst werden mußte, weil sich die Erfahrungen aus der Lehrlingszeit wiederholten und die Zeit der Inflation für Geschäftsgründungen generell ungünstig war. Ende 1923 trennt sich die Bildhauerin Riwka Kaufmann (1896-1953) von Ludwig Strauß, mit dem sie — eine Schwester des Freundes Fritz Mordechai Kaufmann (1888-1921) — seit 1914 verlobt war und den sie 1919 geheiratet hatte. Im selben Jahr hatte Strauß zur Erinnerung an den durch Selbstmord früh gestorbenen Freund dessen *Gesammelte Schriften* herausgegeben.

Strauß unternimmt unmittelbar nach der für ihn schmerzlichen Trennung von Februar bis April 1924 seine erste Reise nach Palästina mit Stationen in Italien und Ägypten. Die an die Mutter gerichteten (bisher unveröffentlichten) Briefe sind ein Beleg für den unauslöschlichen Eindruck, den die Reise hinterlassen hat. Aus Tiberias schreibt Strauß am 7. April:

Ich bin nach einer herrlichen zehntägigen Wanderung vom Meer (Haifa) zum Jordan und durchs Jordantal hierher nun in der sanftesten Landschaft Palästinas. Es ist wunderbar, wie viel verschiedene Schönheiten, von der härtesten Felsenlandschaft bis zum mildesten Hügelland, dieses kleine Ländchen besitzt. Jetzt steht alles in voller Blüte, die Hitze ist fast immer durch einen frischen Meerwind gemildert; wir wandern noch weiter durch Nordgaliläa und wollen dann nach Haifa zurück, um die arabische Stadt Akko zu besuchen, die sehr schön sein soll. Peßach, die ersten Tage wenigstens, bin ich in Jeruschalajim und dann gehts wieder nach Deutschland.

Wieder in Jerusalem, berichtet Strauß am 15. April:

Hier ists, nach heißeren Tagen in Haifa und der Umgegend, angenehm kühl. Es sind sehr viel Fremde hier, die zu den Feiertagen der drei Religionen kommen, und die Peßachzeit wird sehr lebendig und interessant hier sein.

Ich war inzwischen noch in Nordgaliläa, in Metullah, an der äußersten Nordgrenze Palästinas, das wie Chermon und Libanon in einer mächtigen Hochgebirgslandschaft liegt, in dem schönen, verfallenen Safed und in Akko, einer prächtigen Araberstadt, die zwischen die Trümmer aus der Römer- und Kreuzfahrerzeit so würdig und groß hineingebaut ist, wie Araber überall noch bauen, wo sie noch nicht von Europa verdorben sind. Bei alldem hab ich nicht nur etwas vom neuen jüdischen Palästina und ein wenig vom arabischen, sondern auch viel vom Europäisch-Ostjüdischen Leben gesehen, besonders hier und in Safed, wo große, chassidische Gemeinden sind.

Ein einziges Gedicht, *An den Berg Tabor*, entsteht während oder unmittelbar nach der Reise, das später in den Band *Land Israel* aufgenommen wird. Die letzten beiden Verse —

Tabor, meine Seele lehnt in deinen Bogen, Bittender Pilger ins noch verschlossene Tor.[33]

— sind ein Hinweis darauf, daß Strauß bereits 1924 an eine Übersiedlung nach Israel dachte.

Erst im Januar 1925 konnte Strauß dann, wenn auch nur für zwei Jahre, erneut eine feste Anstellung erhalten — als Dramaturg bei Louise Dumont und Gustav Lindemann am Düsseldorfer Schauspielhaus. Vermittler war Martin Buber, der dem künstlerischen Beirat des Theaters angehörte; die hochliterarische Theaterauffassung des Direktorenpaars kam den wort- und ausdrucksorientierten Vorstellungen von Strauß sehr entgegen, nicht von ungefähr veröffentlicht er in der Hauszeitschrift des Theaters *Masken* seinen grundlegenden Aufsatz *Die Bedeutung des Rhythmus für Drama und Bühne* (1925 /26), der weithin dem Konzept Louise Dumonts entspricht.[34] Das Düsseldorfer Zwischenspiel verlief gleichwohl aus persönlichen wie sachlichen Gründen nicht besonders glücklich. Keiner der von Strauß eingebrachten Vorschläge für das Repertoire wurde berücksichtigt. So wichtig diese Phase lebensgeschichtlich auch war: sie blieb ein Nebengleis seiner beruflichen Orientierung, und sein Drama *Tiberius* (1924), die Tragödie *Der Hirt von Nickelshusen* (Entstehung zwischen 1922 und 1945; erstveröffentl. postum 1963) und die Komödie *Die Masken* (beendet 1941; noch unveröffentlicht) gehören sicher nicht zu den im Sinn der Gattungswahl geglücktesten seiner Werke, auch wenn sie von ihrer Problemstellung her — etwa durch den engen Bezug auf Gustav Landauers anarchistischen Sozialismus, dem sich Strauß bis zuletzt verbunden wußte[35] — typisch für das Straußsche Denken sind.

Ende 1926 zog Strauß mit seiner Familie — er hatte 1925 in zweiter Ehe Martin Bubers Tochter Eva geheiratet — nach Heppenheim, später nach Bensheim, in die Nähe seiner Schwiegereltern. Ohne Zweifel war dies zunächst das Eingeständnis eines Scheiterns, zumindest was die Etablierung in einem festen Beruf angeht, die nach der Gründung einer Familie besonders notwendig schien. Als freier Schriftsteller konnte sich Strauß — trotz der nicht wenigen Veröffentlichungen von Kritiken, Essays und erzählenden Texten — kaum über Wasser halten, und die Lyrik brachte schon gar kein Geld ein.

Charakteristisch für Strauß als Lyriker ist in den zwanziger Jahren die Verbindung von avantgardistischen (expressionistischen) und neoklassischen Stilzügen und Denkfiguren — auch hierin noch bezogen auf Hölderlins Ort zwischen Romantik und Klassik, den Strauß seit Mitte des Jahrzehnts auch literaturwissenschaftlich zu bestimmen sucht.[36] Der dialogische Grundimpuls der Straußschen Poesie läßt sich auf Hölderlin ebenso beziehen wie auf die Dialog-Philosophie Martin Bubers oder Franz Rosenzweigs:

Die Gemeinschaft der Sprecher stellt sich als Gegenbild zur politisch-staatlichen ein, die anarchische Vision eines Gesellschaftsdenkens, dessen verschwiegenes Vorbild der Zusammenhalt der Juden im Galuth ist, verbunden in unsinnlicher Ähnlichkeit einer gemeinsamen Beziehung auf die Sprache.[37]

Diese Beziehung realisiert sich häufig im Modus einer idealen deutsch-jüdischen ›Zweisprachigkeit‹, so in dem 19 Strophen umfassenden Gedicht *Einschaltung des W'adar*, das nicht von ungefähr zuerst unter einem hebräischen Pseudonym, Arjeh ben Menachem, 1920 in Bubers Zeitschrift *Der Jude* erschien.[38] Hier einige Strophen vom Anfang und vom Ende des Gedichts:

*Wir maßen die Länge der vier Gezeiten
Mit ausgespanntem Winkel,
Und in das zwölffach geteilte Maß
Ordneten wir das Jahr.*

*In zwölf Gefäßen fingen wir Regen und Winde,
Häuften wir die Blüten und die Fluten.
Und eines quoll uns Obst, und eines
Ließ rinnen Korn durch die schöpfende Hand.*

*Wir ernteten ein unser Frieren
Und unsern Mangel. Und das Seufzen
Der Verlassenen und das Sterben der Felder
Verwahrten wir in Namen.*

*Nur um ein Winziges zu kurz
War die Spanne des Winkels,
Um ein Geringes zu klein
Der zwölfmal zur Höhe offene Raum.*

*Und ein Tropfe Zeit blieb schwer
Mond für Mond in den Himmeln,
Der nicht mehr einging in unsre Fässer,
Jahr für Jahr eine junge Wolke. [...]*

*Stellt auf das reine Schweigen,
Öffnet das Gefäß der Demut,
Macht die Seele leer,
Daß in sie regne das Übrige der Jahre!*

*Eh ihr die Geräte bereitet
Und die Namen verstreut in die Gezeiten,
Stellt auf das Faß des namenlosen Monds,
Daß in Frieden komme das Übermaß!*

Adar Beth oder W'adar ist der alle vier Jahre nötige Schaltmonat im jüdischen Mond-Kalender; das Gedicht, so Tuvia Rübner, thematisiert an diesem jüdischen Fall »das Verhältnis von Maß und Unmaß oder Übermaß, von Chaos und Ordnung nicht als Gegensätze, von Sprache und Schweigen, Namen und Namenlosem zum Gehalt«, und es tut dies in deutscher Sprache und im Versmaß der hebräischen Psalmen.[39] Von jetzt an, nachdem sich prinzipiell die Berufung zur Zweisprachigkeit als deutsch-jüdischer Dichter geklärt hat, wird Ludwig Strauß am Gedanken der Produktivität des Widersprüchlichen festhalten.

Die Einzelveröffentlichungen Straußscher Gedichte und Prosatexte in den zwanziger und frühen dreißiger Jahren erscheinen nicht nur in jüdischen Organen wie *Der Jude, Jüdische Rundschau* oder *Die Arbeit*, sondern auch in Zeitschriften und Zeitungen unterschiedlicher kulturpolitischer Ausrichtung wie *Die Masken, Die Horen, Der Kunstwart, Die Kreatur, Die literarische Welt, Berliner Tageblatt, Eckart, Die neue Rundschau*. Dennoch ist Strauß, der sich primär als Lyriker fühlt, enttäuscht über das vergleichsweise geringe Echo seiner Gedichte in der breiteren Öffentlichkeit. Am 6. April 1931 wendet er sich zum wiederholten Mal an Buber mit der Bitte um Vermittlung bei Verlagen:

Ich habe mich nun entschlossen, noch einige Versuche bei Verlägen [!] zu machen, und wenn die negativ verlaufen, mich als Dichter von der Öffentlichkeit überhaupt zurückzuziehen. Es hat ja keinen Sinn, daß da und dort eine Novelle erscheint, während der Kern meines Werks unbekannt bleibt [...].[40]

Die Alternative zur öffentlichen Darstellung als Lyriker wäre die Arbeit als Literaturwissenschaftler. Bedenkt man freilich, welche epochalen Paradigmen in Lyrik wie Prosa die späteren zwanziger Jahre bestimmen — nämlich die ›Neue Sachlichkeit‹ einerseits, die ›Neue Mythologie‹ andererseits —, ist das mangelnde Interesse an Strauß keineswegs überraschend; denn Unzeitgemäßheit ist und bleibt eines seiner wesentlichen Merkmale. Mit den expressionistischen Generationsgenossen verband Strauß die Unbedingtheit seines ethischen und ästhetischen Engagements; sprachlich-formal unterschied er sich von ihnen durch seinen von Anfang an auf Maß und Harmonie gerichteten, vergleichsweise unpathetischen Stil. In einem programmatischen Aufsatz über *Tat und Dichtung* aus dem Jahr 1932 wendet sich Strauß gegen eine Verabsolutierung der Dichtung als »l'art pour l'art«; aber auch Parteiliteratur im Sinn eines bloß äußerlichen, dichtungsfernen Engagements verfällt dem Verdikt. Dichtung ist als Sprachwerk prinzipiell an das menschliche Handeln, die menschliche Aktivität geknüpft: Produktion durch den Dichter und Reproduktion durch den Leser bzw. Hörer sind die beiden gleich wichtigen Seiten poetischer Kommunikation. Um diesen Akt der Kommunikation zu ermöglichen, bedarf es der Verknüpfung von Form und Inhalt der Dichtung als einer ungeschiedenen Ganzheit — was per se die Extreme einer bloß auf (verabsolutierte) Form oder bloß auf (tendenziösen) Inhalt abzielenden Poetologie ausschließt. Kommunikation über Dichtung aber — und dies ist ihr tiefster Sinn — zielt auf Gemeinschaft, auf ein Miteinander der Menschen im Zeichen eines substantielleren, humaneren Lebens. Dies gilt auch für ein Gedicht wie *Hochmünster zu Aachen* aus dem Jahr 1932, das auf einen gemeinsamen Besuch mit Hans Carossa im Aachener Dom zurückgeht und ihm gewidmet ist.[41]

Da wir stumm standen   an der Könige Stuhl,
Staunend hinauf   die alten Stufen,
Waltete es nicht   in seiner weißen Leere
Wie ausgeruht   durch einsame Zeit?
Gab da aus ihm   ein Geist uns Lehen?
Huldigten wir da   ungeborenem Herrn?

Offen ward   im Harren mein Ohr:
Ein Rauschen ging   im Raum um,
Dein südliches Blut,   mein östliches Blut,
Und im Raunen dämmerte   deutscher Laut.
Ward uns da Wortes   Waltung erneut?
Klang nicht unser Schweigen   wie Lehnmanns
Schwur?

Offen ward   im Harren mein Aug:
In den Raum gesogen   um italische Säulen
Wuchs da Sonne   ewigen Süds.
Zum Meer der Mitte   ging das Münster auf.
Will nicht das Reich   umringen seine Flut
Mit deutschem Dienste   heut wie damals?

*Verhängt ist uns Neigung vor namenlosem
König.
Im Leeren ists wie Leib, den Licht krönt.
Bereiten will sich neues Reich.
Seinen Grund ahnst du, seine Grenze nicht.
In die Zukunft hält das alte Zepter
Herrscher dem Herrscher über uns hin.*[42]

Das Gedicht wird nicht von ungefähr zuerst in dem Band *Nachtwache* veröffentlicht, einer Sammlung der Gedichte seit 1919, die — ebenso wie die Habilitationsschrift *Das Problem der Gemeinschaft in Hölderlins »Hyperion«*[43] — noch im Herbst 1933 in einem deutschen Verlag erscheinen kann. Auf den ersten Blick mögen viele der darin versammelten Gedichte — und besonders auch *Hochmünster zu Aachen* — ihre ›Deutschheit‹ besonders deutlich herausstellen. Sieht man genauer zu, dann erweist sich auch hier die habituell gewordene deutsch-jüdische Zweisprachigkeit des Lyrikers Strauß. Das angesprochene »neue Reich« ist messianisch grundiert, es ist gerade nicht, wie behauptet wurde[44], eine Wiederholung oder gar — im Sinn der Reichsapokalyptik der zwanziger Jahre — die Pervertierung des abendländisch-mittelalterlichen Reichs Karls des Großen. Als messianisches Reich ist es für die Gegenwart rein geistig; eben hier kann sich »deutscher Laut« im Sinne »höherer Deutschheit« bewähren, in deren Horizont wie bei Hölderlin neben Christen und Juden, neben Italienern und Griechen auch alle anderen Religionen und Völker der Erde einbezogen sind. Der »Grund« dieses ›neuen Reichs‹ ist der jüdisch-christliche Monotheismus, nicht etwa das konkrete Reich Karls oder eines anderen Königs oder Kaisers; aus ihm entstammt die messianische Hoffnung auf ein Reich ohne zu ahnende Grenzen und jenseits der Geschichte, das allein zur wahren Heimat werden kann.

5

Seit 1923 begann Strauß mit der Publikation literaturkritischer und wissenschaftlicher Artikel und legte damit die Basis für die nächste Etappe seines beruflichen Lebens. Es bedurfte allerdings des Rates von Max Strauß, ehe sich Ludwig Strauß — nach dem Scheitern so vieler anderer beruflicher Pläne — zu einer akademischen Karriere durchrang; ausschlaggebend für seinen Entschluß war vor allem, daß ihm von der Technischen Hochschule Aachen für den Fall seiner Promotion und Habilitation eine Stelle als Literaturwissenschaftler in Aussicht gestellt wurde.[45] Immerhin hatte er bereits 1925/26 in Düsseldorf akademische Literaturkurse abgehalten und konnte sicher sein, daß er dazu befähigt war. Im Wintersemester 1928/29 promovierte Strauß in Frankfurt am Main bei Franz Schultz mit seiner bereits 1927 gedruckten Studie über *Hölderlins Anteil an Schellings frühem Systemprogramm*[46]. Die Aachener Habilitation folgte im Sommersemester 1929, nachdem Strauß' Schrift *Das Problem der Gemeinschaft in Hölderlins »Hyperion«* von Schultz sowie von dem renommierten Gießener Germanisten Karl Viëtor als Gutachter anerkannt worden war und er in einer Probevorlesung über *Recht und Grenzen der analytischen Betrachtung von Dichtungen* die Anerkennung der künftigen Aachener Kollegen gefunden hatte. Die Dissertation und die Habilitationsschrift sowie weitere Aufsätze profilierten Strauß als einen der führenden Hölderlin-Forscher seiner Zeit; sein später Aufsatz über Hölderlins Gedicht *Hälfte des Lebens*[47] gehört zu den eindringlichsten Interpretationen der Hölderlin-Philologie überhaupt. Vom Wintersemester 1929/30 bis zum Wintersemester 1934/35 hielt Strauß als besoldeter Privatdozent Vorlesungen und Übungen an der Fakultät für Allgemeine Wissenschaften und übernahm auch die Leitung des Deutschen Instituts. Er war als akademischer Lehrer bei den Studenten beliebt und machte sie in unkonventionellem lebendigem Vortrag mit deutscher Literatur vom 18. Jahrhundert bis zur Gegenwart vertraut. Schwerpunkte seines Engagements in der Lehre waren die Dichtung der Goethezeit sowie die große Epoche der Lyrik um 1900; aber auch der Dichtung der Gegenwart galt die Aufmerksamkeit des Dozenten Strauß — ein bis in die fünfziger Jahre hinein eher unübliches Engagement in akademischen Kreisen, das aber offensichtlich von den zahlreichen Hörern (studentischen wie von außerhalb der Hochschule kommenden) dankbar angenommen wurde. Auch mit öffentlichen Vorträgen und Lesungen aus eigenen Werken trat Strauß bis 1933 hervor. So wurde er vom Außeninstitut der TH zu Vorträgen u.a. über *Hölderlin und der deutsche Idealismus* (Juli 1929) und *Die französische Revolution und das geistige Deutschland* (Juni 1931) eingeladen. Strauß war sich dabei wohl bewußt, daß das in Deutschland seit je prekäre Verhältnis von Geist und Politik, die Neigung zu idealistischer Abkehr von den unmittelbaren Handlungszwängen gerade in den Jahren um 1930 unheilvolle Folgen für die Gesellschaft haben könnte. Andererseits sah er gerade bei Hölderlin Ansätze einer menschheitlichen Utopie, die seiner eigenen universalistisch-messianischen Idee des Ineinanders von Gedanke und Tat nahekam. Wissenschaftliche Beiträge von Strauß, vor allem zu Hölderlin, erschienen in so bedeutenden Zeitschriften wie *Deutsche Vierteljahrsschrift für Literaturwissenschaft und Geistesgeschichte*, *Germanisch-Romanische Monatsschrift* und *Euphorion*. Es besteht kein Zweifel, daß Strauß ohne den erzwungenen Abbruch seiner Lehrtätigkeit eine kontinuierliche Laufbahn als Hochschullehrer in Aachen vor sich gehabt hätte — seine deutsch-jüdische ›Zweisprachigkeit‹ hätte in einer dominierend deutsch-national orientierten Germanistik ein wichtiges Gegengewicht bieten können.

6

Nach der Machtübernahme der Nationalsozialisten Ende Januar 1933 blieb Strauß bei aller Enttäuschung gleichwohl gefaßt. Er empfand die Atmosphäre in Aachen sogar als wohltuend ruhig, die Kollegen an der Hochschule, insbesondere die Spitzen der Fakultät und des Rektorats (Paul Röntgen und seit Mai 1934 Otto Gruber), brachten ihm Verständnis und Sympathie entgegen. Diese Ruhe ist sicherlich ein Ergebnis des längst erfolgten Klärungsprozesses, was die Einschätzung der deutschen und jüdischen Quellen seiner kulturellen Identität angeht: »zwei Völkern mit ganzem Herzen zugehörig und so viel weiteren Völkern innigst verpflichtet«, empfindet Strauß die »Sonderung der brüderlich verbundenen, bei allem Ineinanderwirken doch jede in sich beruhenden, eben drum sich wechselweis steigernden und ergänzenden Sphären als einen Segen, ja als etwas Heiliges«[48]. Aus dem Gelingen von germanischen Stabreimgedichten schöpft Strauß den paradoxen Trost, »daß sich eine geschichtliche Wandlung des deutschen Worts zu höherer Deutschheit *heut* in einer jüdischen Werkstatt vollzieht und daß also der deutsche Genius mich nicht boykottiert«; er »glaube an Deutschland, an das deutsche Wesen, an den deutschen Menschen, selbst jetzt«[49]. Es ist das besondere Kennzeichen von Ludwig Strauß als Mensch und Dichter, daß er diese Grundeinstellung auch beibehält, als ihn seine deutsche Heimat ausstößt. Die »tiefe Positivität im Grundzug seines Wesens« (Tuvia Rübner)[50] bewahrte ihn vor der Verzweiflung; es kam hinzu, daß für ihn längst neben der deutschen Heimat auch eine jüdische existierte — kulturell, aber spätestens seit seiner ersten Palästinareise im März und April 1924 auch territorial.

Im Frühherbst 1934 unternahm Ludwig Strauß eine Informationsreise nach Palästina, um Arbeitsmöglichkeiten zu erkunden. Nach seiner Rückkehr schreibt er an Walter Ehlers:

[...] ich war [...] fast die ganze Zeit in Palästina, wo ich schon vor zehn Jahren einmal war, — in einem Lande, das ich unendlich liebe, in dem ich viele lange nicht gesehene Freunde wiedersah, in dem ich die jüdische Siedlung in jenem raschen Wachstum, das bei Einzelnen wie bei Gemeinschaften große Hoffnungen und Gefahren anzieht, wiederfand, in dem ich die Landschaft zwar unverändert, aber für mich doch ganz neu, viel tiefer sich öffnend beim zweiten Begegnen, antraf.[51]

Anfang Januar 1935 verließ Strauß Deutschland, im Mai folgte die Familie nach. Der Abschied von den deutschen Freunden fiel zwar schwer, aber Palästina galt nicht als Exil, sondern als uralte und neue Heimat ›Erez [Land] Israel‹, in der auch für die Dichtung Gutes erhofft wurde. In der Tat gehört der in dieser Zeit entstehende Gedichtzyklus *Land Israel* zu den bedeutendsten Werken des Dichters Strauß.[52] Dieser Zyklus ist sehr genau konstruiert: Zwei Abschnitte mit je zehn Gedichten sind Landschaften in der Jahresmitte bzw. im späten und frühen Jahr gewidmet; der dritte Abschnitt, »Not und Hoffnung«, umfaßt vierzehn Gedichte, die zwar durchaus auch Landschaftszeichen erneut einbringen, aber stets im Modus gemeinschaftsstiftender Symbolik und Hoffnung, so daß von daher auch die reinen Landschaftsgedichte der ersten beiden Abschnitte in den Umkreis heilsgeschichtlicher Topographie gezogen werden. Das Besondere an *Land Israel* — darauf hat Hans-Peter Bayerdörfer hingewiesen[53] — besteht darin, daß hier die Tradition heilsgeschichtlicher Topographie und die Darstellung konkreter Siedlungslandschaft in einer neuen Weise zusammenwirken. Bis zum 19. Jahrhundert hatte die geistliche Topologie alle Darstellungen bestimmt — Israel war die Heilslandschaft par excellence. Bei Heinrich Heine kommen neben historischen Bezügen auch Gegenwartsaspekte ins Spiel; erst seit den Anfängen nationaljüdischer und kulturzionistischer Identifikation mit dem Land der Väter jedoch wird der Ausblick auf die konkrete Landschaft Palästinas frei. Der literarhistorisch gebildete Ludwig Strauß kann anknüpfen nicht nur an die gesamte heilstopologische Tradition unter Einschluß Hölderlins, sondern z.B. auch an neuhebräische Dichtungen eines Chajim Nachman Bialik, in denen die zionistische Wende bereits sichtbar wird. Das Hebräische selbst ist in seinem Zyklus präsent, insofern die Buber-Rosenzweigsche Bibelübersetzung mit ihrer Nähe zur originalen biblischen Sprachgestalt auf dessen Sprache wirkt und ein Gedicht — *An die Bucht* — zuerst in einer hebräischen und dann erst in einer deutschen Fassung entstand.

Du legst Sand
Rein wie Feuer
Um das blaue,
Sich schmiegende Meer,
Wie ein Liebender die Hand legt
Um eine Brust.

Nichts als
Schauen will ich —
Aber mit der sanften
Sichel deiner Schönheit
Schneidest du
Durch mein Herz,
Und meine Sinne wie Ähren
Fallen.[54]

Strauß hat selbst diesen Vorgang der bilingualen Entstehung eines Gedichts beschrieben[55]: die hebräische Fassung half aus der Sprachnot des in Palästina noch nicht völlig heimischen Dichters, die deutsche Fassung war eine Übertragung der hebräischen für deutschsprachige Freunde, wobei zwei für die beiden Sprachen charakteristisch unterschiedlichen Gedichte entstanden. So entspricht z.B. den beiden Anfangszeilen der deutschen Fassung (»Du legst Sand / Rein wie Feuer«) die hebräische Variante »Du legtest Sand, / Brennende Reinheit«. Martin Buber hat die volle Konkretheit des hebräischen Worts für ›Reinheit‹ als Grund dafür angesehen, daß im Hebräischen möglich war, was im Deutschen nur durch das mittels eines Vergleichs konkretisierte Adjektiv ›rein‹ ausgedrückt werden konnte.[56]

Wie für die meisten Übersiedler war auch für Strauß das Hauptproblem, sich mit der Familie im umkämpften und wirtschaftlich noch längst nicht konsolidierten Palästina durchzubringen — mit welcher Arbeit auch immer. Strauß setzte sich gegen den erklärten Willen seiner Schwiegereltern mit seinem Wunsch durch, in einem Kibbuz körperlich zu arbeiten und dadurch gleichsam der geistigen Arbeit freie Luft zu verschaffen. Als sich eine (seit Anfang Dezember 1936 beabsichtigte) länger dauernde Existenz im Kibbuz Hasorea (gelegen bei Jokneam im fruchtbaren Jesreel-Tal) wegen unterschiedlicher Vorstellungen über die Erziehung und Ausbildung der Kinder als unmöglich erwies, bot die Arbeit als Erzieher sowie als Lehrer für Geschichte und Kunst in dem von Siegfried Lehmann gegründeten Jugenddorf Ben Schemen (seit Herbst 1938) die Chance, geistige und körperliche Aktivität miteinander zu verbinden. Strauß unterrichtete junge Menschen, die gerade noch aus dem sich abzeichnenden Inferno der ›Endlösung‹ gerettet werden konnten.

Von der menschlichen Intensität, mit der Strauß sich seinen Pflichten als Lehrer widmete, zeugen heute noch Berichte seiner anhänglichen Schüler, die es in der israelischen Gesellschaft und Kultur zum Teil weit gebracht haben.

Trotz der erschwerten Bedingungen blieb Strauß auch als Dichter in Palästina uneingeschränkt produktiv. In der Schokken Bücherei erschienen zwischen 1934 und 1937, von *Land Israel* abgesehen, weitere sechs Bändchen: drei mit eigenen Texten — *Botschaft. Zwölf Geschichten* (1934), *Die Zauberdrachenschnur. Märchen für Kinder* (1936) und *Kleine Nachtwachen. Sprüche in Versen* (1937) —, drei mit Übertragungen aus dem Jiddischen — *Geschichtenbuch. Aus dem jüdisch-deutschen Maaßebuch* (1934), *Jüdische Volkslieder* (1935) und *Chassidische Erzählungen* von Jizchak Leib Perez (1936).[57]

Ein typisches Produkt poetisch umgesetzter Alltagserfahrung in Palästina sind die *Kleinen Nachtwachen*[58], deren Titel nicht ohne Hintersinn auf den letzten in Deutschland veröffentlichten, aber ohne Echo bleibenden Gedichtband *Nachtwache* verweist, den Strauß selbst als sein lyrisches Hauptwerk der Jahre bis 1933 betrachtet und vor dessen schwieriger Lektüre er im selbstironischen *Rat zum Abschied* warnt[59]. Es handelt sich um zwei Zyklen von »Sprüchen in Versen«, und Strauß selbst erläutert am Anfang seiner knappen Anmerkungen die Entstehungssituation dieser Gelegenheitsdichtungen:

Beide Spruchzyklen sind auf Wache entstanden. Die »Städtische Nachtwache« schrieb ich in Jerusalem während der Unruhen von 1936, die »Ländliche Nachtwache« als Wächter im Kibbuz Hasorea, einer jungen Arbeitersiedlung mit gemeinsamer Wirtschaft in Joknam, am Südwestrand der Ebene Jesreel.[60]

Es geht also zunächst um die sehr konkrete Aufgabe, das jüdische Aufbauwerk gegenüber arabischen Angreifern zu schützen, und tatsächlich hat Strauß nach eigenem Bekunden die meisten Sprüche während konkreter Nachtwachen geschrieben. Für Strauß war die damit verbundene militärische Wehrhaftigkeit insofern nicht unproblematisch, als er wie Buber oder Ernst Simon zu der sehr kleinen Minderheit in Palästina gehörte, die sich für einen binationalen jüdisch-arabischen Staat einsetzten. Der *Vorspruch* zu den *Kleinen Nachtwachen* versucht denn auch, die Nachtwache gleichsam als menschliche und dichterische Universalie zu definieren: sie wird als ein ›Amt‹ gesehen, das durch die Anforderung an erhöhte Wachsamkeit gegenüber allen negativen Erscheinungen der Welt besonders zum Dichter passe und ihn wohl bis zum Grabe nicht loslasse[61]. Gegen das inhärente Pathos der konkreten Aufgabe wird ein leichter, gelegentlich auch humoristischer Ton gesetzt, der aber den Ernst der Situation keineswegs überdeckt, sondern im Kontrast gerade deutlich werden läßt. So heißt es etwa über die Ausgesetztheit des Wachsoldaten:

ZU sehn und nicht gesehn zu werden,
Das ist die Kunst, die hier sich lohnt.
Doch leider zeigt der gleiche Mond
Die Erde mir und mich der Erden.[62]

Gegen das falsche Heldenpathos von Politikern und Journalisten richtet sich folgender Spruch:

EIN Krieg ohne Kampf, eine Wacht ohne
Waffen —
Das macht einem Mann, der Soldat war, zu
schaffen.
Doch wenn Redner und Schreiber von Heldenmut strotzen —
Das reizt einen Mann, der Soldat war, zum
Kotzen.[63]

Angesichts der nicht ausgleichbaren Positionen der sich bekriegenden Araber und Juden bleibt nur der Stoßseufzer:

SIE haben Recht, wir haben Recht —
Und walteten beide des Rechtes schlecht,
Sie haben Schuld, wir haben Schuld —
Gott gebe uns miteinander Geduld![64]

Bezeugen diese Sprüche die Fähigkeit von Strauß zum leichten, ja gelegentlich humoristischen Ton — er war übrigens auch ein begabter Verfasser von Limericks —, so belegen neben dem zwischen 1936 und 1938 entstehenden, jedoch Fragment bleibenden Epos *Messianische Wanderschaft* zahlreiche deutsche und auch hebräische Gedichte die unverminderte Produktivität des nun endgültig jüdisch-deutschen Dichters. Die in Jerusalem erscheinende Privatsammlung *Fuenzig Gedichte aus den Jahren 1934 bis 1940* (1941) geht in den Band *Heimliche Gegenwart*[65] ein, dessen Erscheinen Strauß ebenso noch erlebt wie die Sammlung seiner hebräischen Gedichte *Shaot wa-dor*[66], deren Vorbild — für israelische Lyrik ungewöhnlich — die spanisch-jüdische Lyrik des Mittelalters ist, vor allem Jehuda ben Halevi.

Zweierlei ist an den späten Gedichten von Strauß hervorzuheben: ein Zug zur Konzentration im Bildlichen und eine Verstärkung des messianischen Gehalts.[67] Als Beispiele lyrischer Konzentration mögen die folgenden drei Gedichte stehen, wobei *Erwachen* in der Evokation von Körperschmerz und schmerzlicher Erwartung von fern an Heinesche Gedichte aus der ›Matratzengruft‹ erinnert:

Späte Stunde

Das Land schweigt.
Auf den See aus Licht
Ein Schatten fällt;
Ein fernes Gesicht
Neigt
Sich in die entschlummernde Welt.[68]

Abendgang

Des Abends blaue Milch
Umfließt die Hügel,
Auf die wir zugehn
Unter scheuen Sternen,
Und blau um das Gemüt
Fließt Müdigkeit.[69]

Erwachen

Schein weckt mich
Um Mitternacht.
Aus aufgerissenen Lidern
Starr ich ins Funkeln des Messers,
Mit dem Wahrheit
Schneiden wird
Aus meinem Fleische
Mein Gott.[70]

Besonders eindringlich spricht sich die messianische Gewißheit in einem Gedicht aus dem Jahr 1939 aus, das Strauß selbst kommentiert hat.

Der fremde Offizier

Eines Nachts, als ich auf Wache stand,
Da kam ein fremder Offizier.
Und er sagte ein fremdes Losungswort,
Aber mir schien es recht, nur vergaß ich es sofort,
Und er sagte und nahm mich einfach bei der Hand:
Willst du nicht Dienst nehmen bei mir?

Und ich wollte sagen: Ich bin doch schon verpflichtet.
Aber ich brachte nur heraus: Ja, ich will.
Da nickte er mir zu und sagte: Es ist gut.
Warte, bis die Order kommt, und verlier nur nicht den Mut!
Und er sagte noch: Sei immer darauf eingerichtet!
Auf einmal war er fort, und es war still.

Seitdem bin ich euer Soldat nicht mehr,
Die ihr mich befahlt in den Streit.
Und muß ich auch eure Montur noch tragen
Und marschieren, wie eure Trommeln schlagen,
Mein Sinn ist schon lange bei dem anderen Heer
Und weit von eurer Truppe, weit.

Manche Nacht ist da sein Schritt, und mein Herz geht mit ihm mit
Die einsamen Posten ab.
Und bin ich auch bald überm Warten gestorben,
Ich weiß, auch mich hat er angeworben.
Wenn man mir die Order bringt und die vergessene Losung klingt,
Steh ich auf und zerbreche mein Grab.

Dann werd ich sein Gesicht sehen im Licht,
Das ich erst nur sah bei der Nacht.
Und er sieht mich und erinnert sich und nickt mir wieder zu
Und er lächelt und er sagt: Da bist ja auch du.
Und wir reihn uns Mann an Mann, und er führt seine Leute an
Zu der allerletzten Schlacht.[71]

Die gegenläufige Bildlichkeit des Gedichts — Nacht und Licht — ist Ausdruck der Gegenläufigkeit seines Themas: gegenwärtige Pflicht wird aufgehoben durch den Anruf des »fremden Offiziers«, dessen zunächst fremd bleibendes Losungswort vergessen wird und dennoch im Unbewußten als Signal der radikalen Umkehr aufbewahrt bleibt bis über das irdische Leben hinaus. Die militärische Sphäre nimmt Bezug auf eine gefahrvolle Situation, die Ludwig Strauß in seinem Selbstkommentar so umreißt:

Es war im Mai 1939 gegen Ende der Unruhen in Palästina, während deren das Jugend- und Kinderdorf, in dem ich seit einem halben Jahr arbeitete und unterrichtete, Ben-Schemen, oft von arabischen Freischaren beschossen wurde und verstärkte bewaffnete Wacht in den Nächten notwendig war. Ein junger Freund und ich wachten, nicht zum erstenmal, gemeinsam. Wir patrouillierten die uns anvertraute Dorfseite ab oder standen, unter leisen Gesprächen über die Schicksale unseres Volks und der Völker, über die Dichter und Weisen, die wir verehrten, über unsere Arbeit, über

Menschen und Ereignisse im Dorf und in der Welt, auf unserem Posten. Dann pflegten wir einander abzulösen: einer schlief auf der Matratze in der Betonstellung, der andere wachte draußen; und es war ebenso schön, zu ruhen im Schutz des Freundes, dessen Schritt durch die Nachtstille vernehmlich war oder den man unter den starken Sternen unseres Himmels, der waldbegrenzten Weite gegenüber, das Gewehr auf den Knien, sitzen wußte, wie selber über dem Schlaf des Freundes und des Dorfes zu wachen, Auge und Herz dem Land und seinem Himmel geöffnet.[72]

Ludwig Strauß hatte während der Unruhen 1936 in Jerusalem »städtische Nachtwache«, danach im Kibbuz Hasorea »ländliche Nachtwache« gehalten. Hier aber wird die Nachtwache zum Augenblick einer epiphanischen Begegnung:

So saß ich nach Mitternacht, den Nachhall des Gespräches im Herzen, nicht eben in Gedanken, aber in höchster Wachheit und Bereitschaft, da kam auf meine Lippen der erste Vers des Gedichts, und zugleich trat die Gestalt des fremden Offiziers in meinen Blick. Aber diese beiden Erscheinungen waren nicht getrennt, die Gestalt kam im Wort, ihr Schritt und die Bewegung des Verses waren eins. Das Gedicht spann sich unter meinen redenden Lippen ab, noch nicht Wort für Wort wie nur die ersten Verse, sondern mit kleinen Pausen, mit Lücken und Füllseln, aber im großen war Strophe nach Strophe, aus der Wurzel des Anfangsverses wachsend, da, so daß ich am nächsten Morgen das Gedicht als fertiges hinschreiben konnte. Und zugleich geschah der Vorgang, den das Gedicht erzählt, geschah in der wachen Wirklichkeit der inneren Sinne, aber geschah im Wort.[73]

Die Bedeutsamkeit des Vorgangs — der Begegnung mit dem fremden Offizier, die sich unmittelbar zum Gedicht formt — geht weit über poetologisch-ästhetische Fragen hinaus:

Oft dauert es viele Jahre, ehe ein solches Geschehnis seine Sprache findet, um sich nachher, wenn anders das Gedicht gelungen ist, als eins mit seiner Sprache zu erweisen; oft dauert es nur Sekunden, und doch bleibt ein Nacheinander. Und nicht anders ist es, wenn zuerst ein lebendiger Klang erscheint und in ihm, während er wächst und sich entfaltet, ein Gehalt sich enthüllt; ein Nacheinander in der Entstehung bleibt auch dann, ehe die Einheit sich am fertigen Gedicht erweist. Nie habe ich als so beglückend und erschreckend wie hier die Einheit von Gehalt und Sprache schon im Entstehen des Gedichts erfahren, da einmal Geschehnis und Wort ohne gesondertes Werden, ohne Vorbereitung und Ahnung, eins in eins, als beseelter Leib ins Leben traten.[74]

Der »lebendige Klang«, in dessen Wachstum und Entfaltung »ein Gehalt sich enthüllt«, ist vergleichbar dem Klang in der Erzählung *Der Klang* aus der Sammlung *Botschaft*: indem Klang und Gehalt bereits im Entstehen des Gedichts eins sind, wird etwas vom Geheimnis dichterischer Form deutlich, die für ihn per se messianische Hoffnung verbürgt. So beendet Strauß seinen Selbstkommentar mit dem Hinweis auf die Offenheit des Gedichts für unterschiedliche Deutungen, läßt aber keinen Zweifel daran, was es für ihn selbst an Gehalt enthält:

Damit beantwortet sich auch die Frage, die manche Freunde meiner Dichtung an mich stellten: »Was hast du gemeint? Was bedeutet diese augenscheinlich sinnbildliche Gestalt des fremden Offiziers? So viele Deutungen sind möglich, — welche ist die rechte?« Ich habe nichts gemeint, sondern mir ist etwas erschienen; die erschienene Gestalt mag zu dir sprechen, und du magst ihre Rede deuten, mit demselben Recht, wie ich sie deute, auch wenn die Deutung anders lautet. Zu mir redet sie die Sprache der messianischen, zu dir vielleicht die einer anderen Hoffnung. Was der Blick des Mannes, der die Posten abschreitet, jedem von ihnen sagt, ist nicht mehr in der Hand dessen, der von ihm Kunde zu geben hatte.[75]

Das »fremde Losungswort«, das zugleich vergessen und gegenwärtig scheint, ist das rechte, eben weil es so ganz anders ist als die Losungsworte der kämpfenden Parteien. Die »allerletzte Schlacht«, in die der fremde Offizier seine Soldaten führt, ist die einer Überwindung menschlicher Begrenztheiten, sie mündet — jedenfalls für Strauß — im messianischen Reich universaler Harmonie und Gerechtigkeit. Allerdings wird mit der »allerletzten Schlacht« auch auf eine Besonderheit jüdisch-messianischen Denkens verwiesen, nämlich die Katastrophalität der ›Geburtswehen des Messias‹, auf die insbesondere die jüdische Apokalyptik eindringlich insistiert.[76] Strauß enthält sich jeglicher Ausmalung der Schrecken dieser Schlacht, ja der fremde Offizier wird als milde und menschenfreundlich dargestellt; daß Strauß den Endkampf jedoch überhaupt erwähnt, zeigt deutlich seinen Standort jenseits des maimonidischen Rationalismus mit seinen »anti-apokalyptischen Restriktionen«.[77]

Das Gedicht als ein Werk der Sprache wird also zur verschlüsselten Botschaft universaler Hoffnung. Daß Strauß selbst diese Hoffnung als messianische identifiziert, zugleich aber konzediert, daß sie einem anderen Leser in einer anderen Gestalt begegnen mag, erweist die Weiträumigkeit seines jüdisch-messianischen Denkens. Es zeugt denn auch von einem fundamentalen Unverständnis, wenn gelegentlich unterstellt wird, Judentum und Universalität seien sich ausschließende Kategorien.

Als Prosaautor gewinnt Strauß in Israel besondere Kontur: zum einen mit der Sammlung von (teilweise aphoristischen) »Sätzen« *Wintersaat*, zum anderen mit dem bereits erwähnten Zyklus von kurzen erzählenden Texten *Fahrt und Erfahrung*, der 1959 von Werner Kraft postum herausgegeben wird. Bereits seit etwa 1915 bemüht sich Strauß — bezeichnenderweise im Zusammenhang mit einer von ihm konzipierten *Ethik* — um die aphoristische Form; aber erst seit Mitte der dreißiger Jahre und der Übersiedlung nach Palästina gewinnen die »Sätze« selbständigen Werkcharakter. Eine erste Sammlung erscheint 1934 in der ›Monatsschrift der deutschen Juden‹ *Der Morgen.*; weitere Aphorismen können jedoch erst nach 1945 veröffentlicht werden: zunächst in der *Neuen Schweizer Rundschau*, dann in der Wiener Zeitschrift *Lynkeus*. Die Drucklegung der Sammlung *Wintersaat. Ein Buch aus Sätzen* wird vom Autor noch selbst überwacht; ihr Erscheinen erlebt er nicht mehr.[78]

Mit seinem »chorisch-dialogischen Gedicht« *Fahrt zu den Toten*, 1948 in einem Jerusalemer Privatdruck veröffentlicht[79], unternahm Strauß den Versuch, im kritischen Rekurs auf Dantes *Divina Commedia* sich dichterisch der jeder abendländischen Selbstgewißheit Hohn sprechenden Katastrophe des Holocaust, der Schoah anzunähern. Anders als bei Dante versagt Vergil als Führer des ›Lebenden‹ zu den Toten; und so bleibt nur die Stimme der ›toten Empörer‹ zukunftshaltig: »Nur wer rückwärts geschaut, trägt unser heimlichstes Hoffen, / Das unerlöste, mit sich in den Tag [...]«[80]. Der Blick in die Tiefe muß schließlich wieder ins Licht sich wenden, damit den Ungeborenen Zukunft verbürgt ist. Einziger Auftrag an den Lebenden, den Überlebenden ist der Kampf für ein besseres Leben, eine bessere Welt: »Du bau uns die Länder zur endlichen Einkehr, / Des Morgens mündigen Völkern!«[81] Der Lebende sieht sich gehalten und an den ihm zukommenden Platz gestellt durch die Toten und die Ungeborenen; in seinem Tun hier und jetzt verschafft er den Ungeborenen eine Stimme und vollbringt zugleich den Auftrag, den ihm die ›toten Empörer‹ erteilt haben — als kleine Welle im großen »Strom des einen und gerechten Aufruhrs« das Notwendige zu tun.

Leicht fällt dieser Auftrag allerdings nicht angesichts der Lage in Europa und

Deutschland, aber auch in Israel. An Walter Ehlers schreibt Strauß am 15. Februar 1951:

Heute schreibe ich in beiden Sprachen, wie ich in beiden lebe. Mit den Söhnen wird im allgemeinen Hebräisch gesprochen, mit meiner Frau und einigen alten Freunden deutsch. Mit neuen Freunden, die ich zu meiner Freude gefunden habe, und mit meinen vielen Schülern natürlich Hebräisch. [...]

Es ist ein wunderbares Land und ein unerschöpfliches vitales Volk, mit dessen Tun ich heute so wenig wie zu der Zeit von ›Land Israel‹ einverstanden bin, das ich aber liebe und das ein mächtiges Werk des Aufbaus unter den schwersten Bedingungen zustande bringt. Aus alledem sehen Sie wohl, daß meine Antwort auf die Frage, ob ich wohl nach Deutschland zurückkehren wolle, Nein sein muß; wir sind ja hierher nicht ›emigriert‹, sondern eigentlich zurückgekehrt.

Wohl nehme ich mit dem Herzen an den schweren Geschicken Deutschlands teil, an seiner entsetzlichen moralischen Erniedrigung in der Hitlerzeit, in der mich neben dem Mord an meinen Brüdern und Schwestern doch auch noch der Gedanke schmerzte, daß einmal ein großes und mir so nahes Volk sich zum Mörder hergab; und heute die Zerrissenheit, und das Wiederhochkommen der Mörder und Mördergenossen im deutschen Westen! Glauben Sie mir, so tief ich mit meinem ganzen Leben in meine neue Heimat eingesenkt bin, so wenig sehe ich dies Schauspiel von außen, es schmerzt mich innen in jenen Kräften meiner Seele, die immer wieder das deutsche Wort brauchen, um sich auszusagen. Denn die beiden Sprachen treten ja nicht eine für die andere ein, das Hebräische hat mir Dinge zu sagen ermöglicht, die vorher stumm blieben, aber andere müssen eben deutsch gesagt werden, und wenn ein Gedicht zu entstehen beginnt, so weiß ich ohne Frage und Besinnen, in welcher Sprache es entstehen will. Mein ganzes Herz ist mit den Deutschen, die Hitler widerstanden haben, und mit denen, die heute ein von Grund auf anderes Deutschland als das Hitlers wollen, — nur fürchte ich, daß es sehr wenige sind.[82]

Ähnlich ausführlich hat sich Strauß über die Lage nach 1945 und die deutsche Schuld nur gegenüber Hans Carossa geäußert, mit dem sich nach zehnjährigem Schweigen seit 1947 ein neuer und intensiver Kontakt herstellte.[83] Zunehmende Herzbeschwerden, die durch Bluthochdruck und Angina pectoris verursacht wurden, erzwangen im Januar 1949 die Übersiedlung in die ›hochgebaute‹ Stadt Jerusalem, wo Strauß als Lehrer am dortigen Lehrerseminar und zuletzt als Dozent für vergleichende Literaturwissenschaft an der Hebräischen Universität wirkte. Seine Nachfolgerin wurde eine der bedeutendsten Dichterinnen und Literaturwissenschaftlerinnen Israels, Lea Goldberg, deren ausgewählte Gedichte Strauß ins Deutsche übersetzt hat.

Nach Ludwig Strauß' Tod bemühten sich zunächst neben Martin Buber vor allem Werner Kraft und Tuvia Rübner darum, sein Werk einer breiteren Öffentlichkeit zugänglich zu machen. Seit der Einrichtung der »Ludwig Strauß-Professur« an der RWTH Aachen 1992 gibt es neue Möglichkeiten, das Werk des Dichters und Literaturwissenschaftlers Strauß in seiner Bedeutung für die deutsch-jüdische Literaturgeschichte zu würdigen. Deren Konzept folgt im Kern den Vorstellungen, wie sie Strauß bereits früh entwickelt hat: nämlich den je individuellen Bezug jüdischer Autoren zur deutsch-jüdischen Interkulturalität herauszuarbeiten und damit einer Fixierung der Literatur auf ein viel zu enges nationalkulturelles Modell entgegenzuarbeiten.

Literaturempfehlungen und Anmerkungen

Ein Kurzportrait des Verfassers über Ludwig Strauß erschien in der Festschrift der RWTH Aachen zum 125jährigen Jubiläum ihres Bestehens: *Wissenschaft zwischen technischer und gesellschaftlicher Herausforderung. Die Rheinisch-Westfälische Technische Hochschule Aachen 1970 bis 1995.* Aachen: Einhard-Verlag 1995, S.257-266. — Eine Neuedition der Werke von Ludwig Strauß ist im Druck bzw. in Vorbereitung: *Gesammelte Werke in vier Bänden.* Im Auftrag der Akademie für Sprache und Dichtung Darmstadt hrsg. von Tuvia Rübner und Hans Otto Horch. Göttingen: Wallstein Verlag. Bd 1: Prosa und Übertragungen (1998); Bd 2: Wissenschaftliche Prosa (1998); Bd 3: Gedichte (1999); Bd 4: Dramatische und epische Arbeiten (1999).

1. Ludwig Strauß: *Fahrt und Erfahrung. Geschichten und Aufzeichnungen.* Mit einem Nachwort von Werner Kraft. Heidelberg u. Darmstadt: Verlag Lambert Schneider 1959 (= Veröffentl. der Deutschen Akademie für Sprache und Dichtung Darmstadt, 18).
2. Ludwig Strauß: *Dichtungen und Schriften.* Hrsg. von Werner Kraft. [Geleitwort von Martin Buber]. München: Kösel 1963.
3. Werner Kraft: Nachwort. In: Strauß, *Fahrt und Erfahrung* (Anm.1), S.115.
4. Ebd., S.116.
5. Ebd., S.117.
6. Vgl. zur Geschichte der Juden in Aachen vor allem Herbert Lepper: *Von der Emanzipation zum Holocaust. Die Israelitische Synagogengemeinde zu Aachen 1801-1942.* Bearbeitet von Herbert Lepper. Aachen: Verlag der Mayer'schen Buchh. 1994, S.5ff.
7. Ebd., S.9.
8. Die Informationen stammen aus einem maschinenschriftlichen Stammbaum, den Ludwig Strauß offenbar nach Mitte 1933 auf Grund von Auszügen aus den Zivilstandsregistern der Gemeinden Frücht und Angenrod angefertigt hat. Der vom evangelischen Pfarrer der Gemeinde Frücht angefertigte Auszug datiert vom 3. Juli 1933, die Abschrift der Heiratsurkunde von Mathes Lorsch und Marianne Bachrach durch den Standesbeamten der Gemeinde Angenrod vom 30. Juni 1933. Ich danke Emanuel Strauss (Jerusalem) herzlich für Kopien der entsprechenden Dokumente sowie für die Erlaubnis, aus unveröffentlichten Briefen seines Vaters zu zitieren.
9. Max Strauß: *Eine westdeutsche jüdische Gemeinde um 1900* [nach 1933]. In: *Verstaubte Liebe. Literarische Streifzüge durch Aachen.* Hrsg. u. mit einem Vorwort vers. v. Gregor Ackermann u. Werner Jung. Aachen: Alano 1992, S.163-173.
10. Ebd., S.172f.
11. Lepper, *Von der Emanzipation zum Holocaust* (Anm.6), S.1006.
12. Bereits 1908 bringt er drei Liebeslieder in der Berliner Zeitschrift *Die Gegenwart* unter, was — wie er Jahre später bemerkt — sein»sehr niedriges Ansehn bei den Kollegen« des Kontors »merklich gehoben« habe (Brief an Walter Ehlers vom 10.8.1933; Abschrift des Empfängers im Nachlaß Eva Strauß).
13. *Aachener Almanach.* Schriftleiter: Philipp Keller. Mitarbeiter: Franz Maria Esser. Walter Hasenclever. Josef Kreitz. Karl Otten. Franz Quentin. Aachen u. Düsseldorf: Selbstverlag 1910.
14. Ebd., S.19. Vgl. zum Aachen-Kontext des Straußschen Werks den Aufsatz von Dieter Breuer: Aachen-Darstellungen im Werk von Ludwig Strauß. In: *Ludwig Strauß 1892 · 1992. Beiträge zu seinem Leben und Werk. Mit einer Bibliographie.* Hrsg. v. Hans Otto Horch. Tübingen: Niemeyer Verlag 1995. (= Conditio Judaica. Studien und Quellen zur deutsch-jüdischen Literatur- und Kulturgeschichte; Bd 10), S.137-147.
15. Ludwig Strauß: *Wandlung und Verkündung.* Gedichte. Leipzig: Insel 1918, S.7.
16. Zu Hölderlins Einfluß auf Strauß und zu Strauß als Hölderlin-Forscher vgl. Bernd Witte: *Messianische Gemeinschaft. Friedrich Hölderlin im Werk von Ludwig Strauß.* In: *Ludwig Strauß 1892 · 1992* (Anm.14), S.199-213; Gert Mattenklott: *Ludwig Strauß in den Zwanziger Jahren.* In: ebd., S.185-197, insbes. S.185ff.
17. *Die Opfer des Kaisers, Kremserfahrten und die Abgesänge der hallenden Korridore. Mit einer Nachrede.* Leipzig: Insel 1918. Die große Mehrheit der Texte stammte übrigens von Schaeffer, Strauß steuerte lediglich acht Gedichte bei.
18. Vgl. dazu Itta Shedletzky: *Fremdes und Eigenes. Zur Position von Ludwig Strauß in den Kontroversen um Assimilation und Judentum in den Jahren 1912-1914.* In: *Ludwig Strauß 1892 · 1992* (Anm.14), S.173-183.
19. Ludwig Strauß: *Die Revolutionierung der westjüdischen Intelligenz.* In: *Vom Judentum. Ein Sammelbuch.* Hrsg. vom Verein jüdischer Hochschüler Bar Kochba in Prag. Leipzig: Kurt Wolff 1913, S. 179-185.
20. Franz Quentin [= Ludwig Strauß]: [Reaktion auf den Aufsatz von Moritz Goldstein *Deutschjüdischer Parnaß* im *Kunstwart* und die Stellungnahme von Ernst Lissauer]. In: Der Kunstwart 25 (1911/12), Heft 22, S. 238-244. — Ludwig Strauß: *Ein Dokument der Assimilation.* In: *Die Freistatt. Alljüdische Revue. Monatsschrift für jüdische Kultur und Politik.* Jg. 1 (1913/14), H.1 (April), S.13-19; ders.: *Entgegnung.* In: ebd., H.4 (Juli), S.238-244.
21. *Der Reiter.* Zuerst in der *Jüdischen Rundschau*

33 (1928), Nr. 82-92; dann als Einzelausgabe Frankfurt: Rütten & Loening Verlag 1929.
22. Ludwig Strauß und Nahum Norbert Glatzer (Hrsg.): *Sendung und Schicksal. Aus dem Schrifttum des nachbiblischen Judentums.* Berlin: Schokken Verlag 1931 (= Ein jüdisches Lesebuch 1).
23. *Al sheloshah mismorium mi-sefer tehilim* [dt.: *Über das Buch der Psalmen*]. Jerusalem: Ha-Machalekah la-alijat jeladim we-noar, Mador le-hadrachah 1951 (= Ijunim, 1).
24. *Be-darchej ha-sifrut Ijunim be-sifrut Jisrael uwe-sifrut ha-amim.* [dt.: *Auf den Wegen der Literatur. Studien über israelische Literatur und die Weltliteratur*]. Jerusalem: Mosad Bialik 1959.
25. Vgl. dazu Chaim Shoham: *Ex Occidente Lux? Ludwig Strauß und die Literaturwissenschaft in Israel.* In: *Ludwig Strauß 1892 - 1992* (Anm.14), S.299-309.
26. Martin Buber: *Drei Reden über das Judentum.* Frankfurt a.M.: Rütten & Loening 1911.
27. Martin Buber: *Daniel. Gespräche von der Verwirklichung.* Leipzig: Insel 1913.
28. Brief an Buber, 7.11.1913; in: *Briefwechsel Martin Buber — Ludwig Strauß 1913-1953.* Hrsg. von Tuvia Rübner und Dafna Mach. Frankfurt a.M.: Luchterhand 1990. (= Veröffentl. der Deutschen Akademie für Sprache und Dichtung Darmstadt, 64), S.21.
29. Brief an Buber, 30.9.1914; in: ebd., S.26.
30. Brief an Buber, 8.6.1915; in: ebd., S.27f.
31. Ludwig Strauß-Archiv der Jewish National and University Library Jerusalem, MS Varia 424/196,67.
32. Ludwig Strauß: *Der Mittler. Eine Novelle.* In: *Die Freistatt* 1 (1913/14), Nr 10 (20. Januar 1914), S.576-588.
33. Ludwig Strauß: *Land Israel. Gedichte.* Berlin: Schocken 1935. (Bücherei des Schocken Verlags; 41), S.69.
34. Vgl. zu Strauß' dramaturgischem Engagement sowie zu seinen Dramen Hans-Peter Bayerdörfer: *Von der Dramaturgie zur Komödie: Ludwig Strauß' Masken.* In: *Ludwig Strauß 1892 - 1992* (Anm.14), S.251-270.
35. Vgl. dazu Peter Schmidt: *Ludwig Strauß und Gustav Landauer.* In: *Ludwig Strauß 1892 - 1992* (Anm.14), S.215-226. Vgl. außerdem ders.: *Der Hirt von Nickelshusen.* In: ebd., S.65-76.
36. Vgl. dazu Gert Mattenklott: *Ludwig Strauß in den Zwanziger Jahren.* In: *Ludwig Strauß 1892 - 1992* (Anm.14), S.185-197.
37. Ebd., S.189.
38. Strauß, *Dichtungen und Schriften* (Anm.2), S.140-143. Vgl. dazu Tuvia Rübner: *Ludwig Strauß — Dichter in zwei Sprachen.* In: *Ludwig Strauß 1892 - 1992* (Anm.14), S.97-117, hier S.99-102.
39. Ebd., S.101.
40. *Briefwechsel Martin Buber — Ludwig Strauß 1913-1953* (Anm.28), S.139f.
41. Vgl. dazu Hans Otto Horch: *»Bereiten will sich neues Reich«. Zum Gedicht ›Hochmünster zu Aachen‹ (1932) von Ludwig Strauß.* In: *Moderne und Nationalsozialismus im Rheinland.* Hrsg. v. Dieter Breuer u. Gertrude Cepl-Kaufmann. Paderborn: Schöningh 1997.
42. Ludwig Strauß: *Nachtwache. Gedichte 1919-1933.* Hamburg: Der Deutsche Buch-Club Abteilung Verlag 1933, S.179. Wiederabgedruckt in Strauß, Dichtungen und Schriften (Anm.2), S.128f.
43. Ludwig Strauß: *Das Problem der Gemeinschaft in Hölderlins »Hyperion«.* Leipzig: Verlagsbuchhandlung von J. J. Weber 1933 (= Von deutscher Poeterey, Bd 15).
44. Vgl. Richard Faber: *Von Aachen nach Jerusalem — und nicht wieder zurück. Der politische Dichter und Essayist Ludwig Strauß.* In: *Ludwig Strauß 1892 - 1992* (Anm.14), S.271-297, hier S.271-275.
45. Vgl. zu dieser Etappe Hans Otto Horch und Ulrich Kalkmann: *Ludwig Strauß und die Technische Hochschule Aachen.* In: *Ludwig Strauß 1892 - 1992* (Anm.14), S.149-171.
46. *Hölderlins Anteil an Schellings frühem Systemprogramm.* In: *Deutsche Vierteljahrsschrift f. Literaturwissenschaft u. Geistesgeschichte* 5 (1927), S.679-734.
47. *Friedrich Hölderlin: Hälfte des Lebens.* — In: *Trivium* 8 (1950), S. 100-127.
48. Brief an Walter Ehlers, 15.3.1933; Abschrift des Empfängers, Nachlaß von Eva Buber-Strauß, Jerusalem.
49. Brief an Walter Ehlers, 9. bzw. 16.4.1933.
50. Tuvia Rübner: *Ludwig Strauß — Gestalt und Werk. Biographische Skizzen.* In: *Ludwig Strauß 1892 - 1992* (Anm.14), S.7-26, hier S.7.
51. Brief an Walter Ehlers, 30.10.1934.
52. Vgl. Hans Otto Horch: *Nachwort.* In: *Ludwig Strauß, Land Israel.* Aachen: Rimbaud Verlag 1991, S.59-92.
53. Hans-Peter Bayerdörfer: *Wandlungen einer Topographie. Zu den Gedichten von Land Israel.* In: *Ludwig Strauß 1892 - 1992* (Anm.14), S.35-51.
54. Strauß, *Land Israel* (Anm.33), S.16.
55. Anhang zu ›Fahrt und Erfahrung‹: *Über die Entstehung eigener Gedichte.* In: Strauß, *Dichtungen und Schriften* (Anm.2), S.699-702.
56. Geleitwort. In: Ebd., S.9-14, hier S.13.
57. Vgl. dazu Hans Otto Horch: *Ludwig Strauß und der Schocken Verlag.* In: *Der Schocken Verlag/Berlin. Jüdische Selbstbehauptung in Deutschland 1931-1938.* Essayband zur Ausstellung »Dem suchenden Leser unserer Tage« der Nationalbibliothek Luxemburg. Hrsg. v. Saskia Schreuder u. Claude Weber in Verb. mit Silke Schaeper u. Frank

Grunert. Berlin: Akademie Verlag 1994, S.203-223.
58. Ludwig Strauß: *Kleine Nachtwachen. Sprüche in Versen.* Berlin: Schocken Verlag und Jüdischer Buchverlag 1937 (= Bücherei des Schocken Verlags, 83).
59. Ebd., S.55.
60. Ebd., S.57.
61. Ebd., S.7.
62. Ebd., S.12.
63. Ebd., S.15.
64. Ebd., S.20.
65. *Heimliche Gegenwart.* Gedichte 1933-1950. Heidelberg: Verlag Lambert Schneider 1952.
66. Hebr.: *Stunde und Epoche.* Gedichte. Jerusalem: Mosad Bialik 1951.
67. Vgl. zum messianischen Komplex Hans Otto Horch:»*Inseln der messianischen im Meer der unerlösten Zeit«. Messianische Spuren bei Ludwig Strauß.* In: *Welt ohne Gott. Jüdisches Denken im Zeitalter der Säkularisierung.* Festschrift für Stéphane Mosès. Hrsg. v. Gabriel Motzkin und Jens Mattern. [erscheint Amsterdam 1998].
68. *Heimliche Gegenwart* (Anm.65), S.25; auch in Strauß, *Dichtungen und Schriften* (Anm.2), S.21.
69. *Heimliche Gegenwart*, S.81.
70. Ebd., S.82.
71. *Dichtungen und Schriften* (Anm.2), S.110f.
72. Ebd., S.706f.
73. Ebd., S.707.
74. Ebd., S.707f.
75. Ebd., S.708.
76. Vgl. dazu insbes. Gershom Scholem: *Zum Verständnis der messianischen Idee im Judentum.* In: Scholem, *Über einige Grundbegriffe des Judentums.* Frankfurt a.M.: Suhrkamp 1970. (= edition suhrkamp, 414), S.121-167.
77. Ebd., S.155.
78. *Wintersaat.* Ein Buch in Sätzen. Mit einem Geleitwort von Martin Buber. Zürich: Manesse-Verlag 1953.
79. *Fahrt zu den Toten. Ein chorisch-dialogisches Gedicht.* In: Strauß, *Dichtungen und Schriften* (Anm.2), S.211-244.
80. Ebd., S.240.
81. Ebd., S.242.
82. Abschrift des Empfängers im Nachlaß Eva Strauß.
83. Vgl. Hans Otto Horch: *Ungleiche Welten. Ludwig Strauß im Briefwechsel mit Hans Carossa. Zum 100. Geburtstag des deutsch-jüdischen Dichters und Literaturwissenschaftlers am 28. Oktober 1992.* In: *Jüdischer Almanach 1993 des Leo Baeck Instituts.* Hrsg. v. Jakob Hessing. Frankfurt a.M.: Jüdischer Verlag 1992, S.105-123.

Franz Oppenhoff

1902-1945

Von Klaus Schwabe

Der historische Rang eines Menschen hängt in der Regel von der Summe der Leistungen ab, die der Betreffende in seinem ganzen Leben erbracht hat. Die Begleitumstände im Leben einer Persönlichkeit können aber auch einen außergewöhnlichen Moment herbeiführen, der diese blitzartig fordert und ihr dann ihre historische Bedeutung verleiht.

In beispielhafter Weise leitet sich der historische Rang Franz Oppenhoffs aus einem derart einzigartigen Moment ab: Ohne die besonderen Umstände des ausgehenden Zweiten Weltkrieges wäre diesem Aachener Jurist, so darf man annehmen, eine vielleicht örtlich angesehene, historisch aber weitgehend folgenlose Existenz beschieden gewesen. Weil Aachen aber die erste deutsche Großstadt wurde, welche amerikanische Truppen eroberten und unter ihre Militärverwaltung stellten, gewann Oppenhoffs Wirken als erstes deutsches Oberhaupt einer von der nationalsozialistischen Zwangsherrschaft befreiten deutschen Stadt in doppelter Hinsicht ein historisches Profil — einmal durch das Experiment einer deutsch-amerikanischen Zusamenarbeit auf den Trümmern der NS Herrschaft, auf das er sich einließ, und zum anderen durch die Tatsache, daß er auf Geheiß des NS Regimes eben deshalb ermordet wurde[1]

Die ganze, heute nur noch schwer nachvollziehbare Zwielichtigkeit jener Umbruchszeit vom Hitlerregime zur deutschen Nachkriegsdemokratie kommt in seinem Schicksal in jenen fünf Monaten beispielhaft zum Ausdruck, in denen er unter der Aufsicht der amerikanischen Militärregierung für die Geschicke der weitgehend zerstörten Kaiserstadt verantwortlich war.

Jeder biographische Versuch, der Franz Oppenhoff zum Gegenstand hat, muß deshalb sein Hauptaugenmerk auf jene entscheidende Endphase seines Lebens richten. Diese freilich läßt sich nur zureichend würdigen, wenn man zuvor einen Blick auf Oppenhoffs gesamten Lebenslauf geworfen hat.

Der am 18.8.1902 geborene Franz Oppenhoff entstammte einer Familie, die im 18. Jahrhundert aus Westfalen in das Rheinland zugewandert war. Erst sein Großvater Theodor Oppenhoff ließ sich endgültig in Aachen nieder. Doch gelang es dieser hochangesehenen Persönlichkeit, dank ihrer gemeinnützigen Tätigkeit und ihrer vielseitigen — u.a. historischen — Interessen, voll in die Aachener Gesellschaft aufgenommen zu werden. Die Mutter Oppenhoffs stammte aus Westfalen.

Zweierlei zeichnete Oppenhoffs Vorfahren väterlicherseits aus — religiös ihre überaus enge Bindung zur katholischen Kirche und beruflich ihre Neigung zur Jurisprudenz. Ein dritter Charakterzug, der die Oppenhoffs charakterisierte, muß hinzugefügt werden: Die Vorfahren des späteren Aachener Bürgermeisters beteiligten sich beispielgebend an dem Prozeß, der aus der rheinisch-katholischen Bevölkerung einen integralen Teil der gesamten deutschen Nation machte. Für die politische Familientradition der Oppenhoffs hat dabei der Umstand, daß ein Großonkel Franz Oppenhoffs als Reichstagsabgeordneter der Delegation angehörte, die Wilhelm I. in Versailles die Kaiserkrone anbot, sicherlich eine Rolle gespielt.

Der Vater Franz Oppenhoffs,[2] der Philologie studierte und 1898 das Amt des Kreisschulinspektors im Stadtkreis Aachen übernahm, wurde in dieser Juristenfamilie ein Außenseiter. Er diente im Ersten Weltkrieg als Hauptmann der Landwehr. Kaum sechzig Jahre alt, erlag er 1920 einem Nierenleiden. Nicht nur deshalb war der junge Franz Oppenhoff wirtschaftlich auf sich selbst gestellt, sondern auch wegen der materiellen Verluste, die seine Familie während der Inflation und den schwierigen Zeiten der Rheinlandbesetzung erlitten hatte. Er ging deshalb 1921 zunächst in eine kaufmännische Lehre. Erst 1924 konnte er sein Studium an der Universität zu Köln beginnen. Er wählte seiner Familientradition entsprechend die Jurisprudenz. Am 21. Juni 1932 bestand er die große juristische Staatsprüfung in Berlin. Im Januar 1933 ließ er sich als Rechtsanwalt in Aachen nieder. 1935 heiratete er die aus dem Westerwald stammende Irmgard Nimax. Aus ihrer Ehe gingen drei Töchter hervor.

Dem NS Regime stand Oppenhoff als tiefgläubiger Katholik offenbar von vorn herein mit Vorbehalten gegenüber. Auf jeden Fall beauftragte ihn das Bistum Aachen bald, Geistliche zu verteidigen, gegen die das Regime wegen angeblicher Devisen- oder Sittlichkeitsvergehen gerichtlich vorging. Oppenhoff übernahm auch die Rechtsvertretung des Aachener Eigentümers der Druckerei, die die *Katholische Kirchenzeitung* herstellte. Diese hatte zu Anfang des Jahres 1937 die päpstliche Enzyklika *Mit brennender Sorge* — einen Protest gegen den Totalitätsanspruch des NS Staates — abgedruckt. Das NS Regime enteignete daraufhin ihren Besitzer Wilhelm Metz und verhängte über ihn, wie man heute sage würde, ein Berufsverbot. Oppenhoffs jahrelange Bemühungen, eine Rehabilitierung seines Mandanten zu erwirken, blieben erfolglos. 1938 wurde Oppenhoff Justitiar beim Päpstlichen Werk der Glaubensverbreitung, 1939 Geschäftsführer des Franziskus-Xaverius-Missionsvereins, der Träger des Vermögens dieses Päpstlichen Werkes war. In dieser Eigenschaft lernte er auch den Vizepräsidenten des Päpstlichen Werkes, den späteren Aachener Bischof Johannes Joseph van der Velden, näher kennen — eine, wie wir sehen werden, für seine letzte Lebensphase schicksalhafte Begegnung.

Nach dem Ausbruch des Zweiten Weltkrieges und der Eroberung Belgiens nahm sich Oppenhoff auch einiger Deutsch-Belgier an, die von der NS Verwaltung wegen »Feindbegünstigung« angeklagt wurden. Die Gestapo verwarnte ihn mehrfach und ließ sein Büro durchsuchen.

Zu den Mandanten Oppenhoffs hatte schon in der Vorkriegszeit die Firma Veltrup-Werke KG gehört. 1941 wurde er deren Syndikus und stellvertretender Betriebsführer, seit 1943 ihr kaufmännischer Direktor. Da es sich um ein Rüstungswerk handelte, war er damit dienstverpflichtet und gleichzeitig vom Wehrdienst freigestellt. Gegenüber amerikanischen Gesprächspartnern erklärte er im Nachhinein, daß er dem Wehrdienst ausgewichen sei, um nicht für ein Deutschland kämpfen zu müssen, das einen ungerechten Krieg führte.[3] Ein Versuch des Aachener Kreisleiters Eduard Schmeer, wegen eines Zusammenstoßes mit Oppenhoff diese Freistellung aufzuheben, schlug trotz einer vorübergehenden Einberufung Oppenhoffs schließlich fehl. Das Ende der NS Herrschaft erlebte der Aachener Rechtsanwalt und »Wirtschaftsführer« in Eupen, wo er zusammen mit seiner Familie wegen der dauernden Bombardierungen Aachens schon vorher Zuflucht gefunden hatte. Der Fabrikant Anton Veltrup hatte ihm dort einen geschäftlichen Auftrag erteilt, um ihn, wie er nach dem Kriege vor Gericht bezeugte, aus dem Gesichtskreis des Aachener Kreisleiters zu entfernen.

Am 11. September 1944 wurde Eupen von amerikanischen Truppen besetzt. Oppenhoff konnte keinen Anlaß sehen, vor ihnen zu fliehen. Mit seiner Tätigkeit unter dem Hitlerregime brauchte er sich politisch und menschlich nichts vorzuwerfen. Bestätigt wurde dies — ohne daß er dies wissen konnte — durch eine politische Beurteilung, die von seiten der NSDAP seiner Personalakte am 23. August 1944, das heißt unmittelbar vor der Schlacht um Aachen, eingefügt wurde. Danach wurde »seine nationalsozialistische Zuverlässigkeit« ... »in Frage gestellt«.

Noch vor dem Ende der Schlacht um Aachen wurde Oppenhoff von amerikanischen Offizieren aufgesucht und über die Zusammensetzung einer neuen Aachener Stadtverwaltung befragt. Die Verbindung zwischen ihm und den neuen Herren hatte kein anderer als der Aachener Bischof van der Velden hergestellt. Dieser hatte sich zum Ärger der Gestapo dem nationalsozialistischen Räumungsbefehl entzogen und war, bis ihn die Amerikaner im Zentrum der Stadt entdeckten, »untergetaucht«. Im Gewahrsam der für Aachen vorgesehenen Militärregierung, benannte er den ihm bekannten Franz Oppenhoff als eine vertrauenswürdige Informationsquelle über Persönlichkeiten, die für die Leitung der ersten deutschen Großstadt unter amerikanischer Militärverwaltung in Frage kamen. Schon am 21.10.1944 konnte Oppenhoff einen ersten Personalvorschlag machen.[5] Dieser benannte den in Aachen hoch angesehenen Oberregierungsrat Hermann Sträter als Vorsitzenden eines »Verwaltungsrates« für die Kaiserstadt und sich selbst nur als Stellvertreter. Doch verwarfen die amerikanischen Stellen Sträters Kandidatur sofort und verhafteten ihn sogar, weil sie ihm — unberechtigterweise, wie sie selbst bald feststellen sollten — Nähe zum NS Regime unterstellten.[6] Im Lager Brand, in das die Mehrzahl der in Aachen zurückgebliebenen Deutschen von den Amerikanern kurzfristig verbracht worden war, fanden die weiteren Beratungen der Aachener Honoratioren statt, die Oppenhoff mithilfe des Bischofs ausfindig gemacht hatte. Durch Zuruf wurde Oppenhoff als Kandidat für das Bürgermeisteramt benannt. Die Annahme dieser Wahl konnte ihm nicht leicht fallen, mußte er doch Repressalien — »Sippenhaft«, wie man das im NS Regime nannte — gegen einige seiner im »Reich« verbliebenen Verwandten (u.a. seine Mutter und seine Geschwister) befürchten. Doch anders als der spätere Kölner Oberbürgermeister Konrad Adenauer, der in ähnlicher Lage im März 1945 den ihm angetragenen Oberbürgermeisterposten für Köln ausgeschlagen hatte, stellte er derartige Bedenken zurück.

Am Nachmittag des 31. Oktober 1944 wurde Oppenhoff in der amerikanischen Stadtkommandantur im Suermondt-Museum als »Oberbürgermeister«[7] der Stadt Aachen vereidigt. Sein Name wurde, um Vergeltungsmaßnahmen des NS Regimes vorzubeugen, nicht bekanntgegeben — freilich ohne großen Erfolg. Die Nachricht seiner Ernennung sprach sich bei den Aachenern alsbald herum — mit letztlich fatalen Folgen für ihn selbst.

Bei seiner Ernennung wollte Oppenhoff sich ausbedungen haben, zu keinen Handlungen gezwungen werden zu können, die Deutschland oder deutschen Soldaten Schaden zufügen könnten. Auch wollte er sich seine Dezernenten selbst ausssuchen können. Er versicherte, daß in seiner Verwaltung nur Personen Beschäftigung finden würden, die der NSDAP entweder gar nicht oder nur formell angehört hätten. Mit den wichtigsten Ressorts wurden danach betraut: der Regierungsrat Helmut Pontesegger (Recht und Verwaltung), der Rechtsanwalt Gerd Heusch (Arbeit und Fürsorge), Karl Breuer (Schule, Erziehung, Kultur), der Tuchfabrikant Joseph Hirtz (Ernährung), der Ingenieur Heinrich Faust (Wirtschaft), der Architekt Doz. Hans Schwippert (Bauwesen) und — etwas später — der Inhaber eines Bekleidungsgeschäftes Kurt Pfeiffer (Finanzen). Als Jurist dürfte Oppenhoff gewußt haben, daß er sich mit dieser Form einer zivilen Zusammenarbeit mit einer feindlichen Besatzungsmacht juristisch auf dem Boden der Haager Landkriegsordnung von 1907 befand; er dürfte sich aber auch keine Illusionen darüber gemacht haben, daß ihn das NS Regime, wenn es seiner habhaft würde, ohne viel Federlesens umbringen würde. Entsprechende Drohungen tauchten in der NS Presse bereits anfang Oktober 1944 auf.

Um den unpolitischen Charakter seiner Verwaltung zu unterstreichen — freilich nicht nur deshalb, wie wir noch sehen werden — sprach sich Oppenhoff gegen die Bildung »politischer Parteiungen« und gegen ein Anknüpfen an die Zeit vor 1933 aus. Wie einst vor mehr als tausend Jahren unter Karl dem Großen sollte von Aachen eine Erneuerung Deutschlands, der Aufbau eines »wahrhaftigen und friedliebenden« Vaterlandes »auf demokratischer Grundlage«, ausgehen. Die amerikanischen Dienststellen erkannten an, daß sie es hier mit einem deutschen Patrioten zu tun hatten, der mit der Übernahme seines schwierigen Amtes einen erheblichen Mut aufgebracht habe.

Bei den Aufgaben, die auf Oppenhoff in der weitgehend zerstörten und von Leichen übersäten Stadt warteten, ging es denn auch fürs erste in der Tat nicht um Politik, sondern um schlichte Existenzsicherung. Im Moment ihrer Eroberung durch amerikanische Truppen war die Stadt ohne Wasser, Gas und Elektrizität; alles greifbare Bargeld hatten die NS Behörden noch fortschaffen können. Die restliche Stadtbevölkerung — rund 6000 Personen, die den Evakuierungsanordnungen des NS Regimes getrotzt und die Schlacht um Aachen überlebt hatten, — war mit wenigen Ausnahmen, wie schon erwähnt, in zwei Auffanglager in Brand und Hombourg evakuiert worden und mußte zurückgeführt werden. Zu allererst galt es, mit der Trümmer- und Kadaverbeseitigung zu beginnen. Straßen mußten wieder passierbar gemacht werden. An dieser Stelle waren die Wünsche des amerikanischen Militärs maßgebend, befand sich Aachen doch bis Ende November 1944 in der unmittelbaren Kampfzone. Das hieß, daß frontnahe Stadtteile für alle Deutschen gesperrt blieben, daß allgemein strenge Ausgangssperrstunden für die Aachener verhängt wurden und daß militärisch wichtige Straßen von zivilen Fahrzeugen, gleich welcher Art, überhaupt nicht benutzt werden durften.

Abgesehen von den dringendsten Enttrümmerungsarbeiten war es deshalb die erste Aufgabe Oppenhoffs und seiner Verwaltung zu sehen, inwieweit sich die rigorosen Anordnungen der Militärregierung in ihren Auswirkungen auf die Bevölkerung irgendwie abmildern ließen. Konkret bedeutete dies anfangs, daß Oppenhoff um die Freigabe von Straßen für den Antransport von Lebensmitteln ersuchen mußte.

Einen ebenso hart umkämpften Streitpunkt zwischen Oppenhoff und der Militärregierung bildete deren Beharren auf einer Zwangsverpflichtung von allen arbeitsfähigen Aachenern zur Trümmerbeseitigung. Oppenhoff betrachtete einen solchen Arbeitszwang als »kommunistisch« und verwandte sich für den Grundsatz der Freiwilligkeit — vergeblich, wie er bald einsehen mußte. Er hatte ohnehin seine liebe Not, das Erscheinen der zwangsverpflichteten Aachener sicherzustellen, die sich um diese Beschäftigung, gelinde gesagt, nicht eben rissen, weil sie mit der Sicherung ihrer eigenen Existenz genug zu tun hatten. Auch für die Wiederherstellung des Geldverkehrs hatte er andere Vorstellungen als die Besatzungsbehörden, mußte aber natürlich auch hier nachgeben. Man konnte froh sein, daß es den NS Behörden nicht gelungen war, die eine Million Reichsmark abzutransportieren, die in der städtischen Kreissparkasse lagerte. Auf dieser Grundlage konnte der Zahlungsverkehr notdürftig wiederhergestellt werden. Das war, besonders in Einzelfragen, alles andere als eine Erfolgsbilanz. Im Ganzen verdankte es die Aachener Restbevölkerung aber doch nicht zuletzt seinen Anstrengungen, daß schon Ende 1944 in der Stadt die Anfänge einer Normalisierung des Lebens erkennbar wurden.

Auch wenn sich Oppenhoff in der Verteidigung der Interessen seiner Mitbewohner als durchaus unbequemer Gesprächspartner der Besatzungsbehörden erwies, funktionierte die Zusammenarbeit zwischen Siegern und Besiegten bald durchaus zufriedenstellend. Den Heiligen Abend 1944 feierte Bischof van der Velden mit seinen Aachenern und in Gegenwart der Stadtverwaltung und amerikanischer Vertreter im Dom.

Zu diesem Zeitpunkt hatte sich die Lage um Aachen zugespitzt. Die deutsche Ardennen-Offensive war losgebrochen. Mit der Wiedereroberung Aachens durch deutsche Truppen mußte jederzeit gerechnet werden. Für all die Aachener, die sich den Amerikanern zur Verfügung gestellt hatten, konnte dies das Todesurteil bedeuten. Auch bei den amerikanischen Behörden in Aachen war man sich dieser Gefahr bewußt und hatte deshalb Vorkehrungen für einen Abtransport Oppenhoffs und seiner Mitarbeiter getroffen. Diese dürften dies geahnt haben: Eine Art Solidarität zwischen Siegern und Besiegten gegenüber einer für beide Seiten tödlichen Gefahr deutete sich an. Das war sicherlich auch das Verdienst einiger Offiziere der amerikanischen Besatzungsverwaltung, an erster Stelle des für Rechtsfragen verantwortlichen Majors Leo Swoboda, der bei der Einsetzung der neuen Aachener Stadtverwaltung schon eine Rolle gespielt hatte und seine schützende Hand über den Bischof und Oppenhoff hielt. Auch der seit Mitte November amtierende Stadtkommandant Major Hugh Jones war um eine sachliche Zusammenarbeit mit der neuen deutschen Verwaltung bemüht.

Doch dieser Burgfrieden währte nicht mehr lange. Auf amerikanischer Seite wurde das Fraternisierungsverbot immer strikter eingehalten. Ein Händeschütteln mit Deutschen gab es seit Mitte Dezember offiziell nicht mehr. Noch weit mehr Aufsehen erregte in der Aachener Bevölkerung einige Wochen später eine Mitteilung in den *Aachener Nachrichten* vom 7. Februar 1945 — der seit dem 24. Januar erscheinenden ersten deutschen Zeitung unter amerikanischer Lizenz. Danach waren 27 namentlich genannte deutsche Mitarbeiter der Aachener Stadtverwaltung entlassen worden, weil sie mehr oder minder aktive Mitglieder der NSDAP gewesen seien. Die Säuberungswelle setzte sich fort und traf auch den mit Oppenhoff befreundeten Leiter des Wirtschaftsressorts Heinrich Faust.

Was war geschehen? Im Hintergrund dieser Entlassungsaktion standen Meinungsverschiedenheiten innerhalb der amerikanischen Besatzungsmacht. Grob gesprochen, konnte man hier drei Richtungen unterscheiden. Eine erste Richtung verwarf jede Form der Zusammenarbeit mit den Deutschen, die mit dem wirtschaftlichen Chaos, das ihre NS Führung ihnen hinterlassen hatte, gefälligst selbst fertig werden sollten. Ihr Wortführer war der Finanzminister des amerikanischen Präsidenten F. D. Roosevelt, Henry Morgenthau, der bekanntlich auch für eine weitgehende Desindustrialisierung und Reagrarisierung Deutschlands warb. In der Praxis der Besatzungsherrschaft verfügte sie, wie man auch am Beispiel Aachens zeigen kann, nur über einen begrenzten Einfluß. Eine zweite — gleichzeitig die wohl einflußreichste — Richtung kann man in einem sehr wörtlichen Sinne als »sozial-demokratisch« bezeichnen. Dieser ging es um einen politischen Wiederaufbau Deutschlands von links her — man dachte hier an erster Stelle an die alte SPD und die Gewerkschaften, wollte aber auch Kommunisten nicht unberücksichtigt lassen — und gleichzeitig um einen möglichst weitgehenden Ausschluß der bürgerlichen Schichten an der Mitwirkung an dieser Aufgabe, weil man ihnen ihre Zusammenarbeit mit dem NS Regime anlastete. Die dritte Richtung war vor allem innerhalb des militärischen Establishments der USA vertreten. Für sie standen militärische Gesichtspunkte im Vordergrund. Dazu gehörte auch eine psychologisch geschickte Behandlung der unter amerikanischer Besatzungsherrschaft stehenden deutschen Bevölkerung, um damit der NS Durchhalte-Propaganda gegen die ›Yankees‹ den Wind aus den Segeln zu nehmen. Ebenso wichtig war ihr die schnelle Wiederherstellung einer einigermaßen funktionierenden deutschen Verwaltung und geordneter Zustände im Hinterland der Front, hing davon doch schon der Nachschub der kämpfenden Truppe ab. Politische Fragen waren aus dieser Sicht sekundär, wenn auch die Militärverwaltung zur Dingfestmachung von möglicherweise gefährlichen Nazis verpflichtet war. In Aachen wurde zu diesem Zwecke jeder einzelne Bürger verhört.

In der für Aachen zuständigen Militärverwaltung — das dürfte aus dem Gesagten hervorgegangen sein — herrschte zunächst die dritte Richtung vor, die man als »militärisch-pragmatisch« bezeichnen könnte. Doch begann sich das schon anfang Dezember 1944 zu ändern. Zu diesem Zeitpunkt fing die Abteilung für Psychologische Kriegsführung innerhalb der amerikanischen Streitkräfte (9. Armee) an, sich für die Lage in Aachen zu interessieren. Ihre Mitarbeiter muß man, alles in allem, der zweiten — »sozial-demokratischen« — Richtung der amerikanischen Besatzungspolitik zurechnen. In ihr waren Persönlichkeiten intellektueller Ausrichtung stärker repräsentiert, die politisch eher links standen. Mit ihnen eng zusammen arbeiteten auch britische Intellektuelle und Politiker wie der linkssozialistische Schriftsteller Cedric Belfrage und der Labour-Abgeordnete Richard Crossman. In Aachen wurde ihr Wortführer ein amerikanischer Geschichtsprofessor mit Namen Saul Padover, der mit seiner Mutter schon in den zwanziger Jahren aus Österreich in die USA ausgewandert war. Der Auftrag, der diesen und seine Mitarbeiter und Gesinnungsgenossen nach Aachen führte, war, eine erste deutsche Zeitung unter amerikanischer Kontrolle zu gründen. In dem ehemaligen Gewerkschaftler Heinrich Hollands fanden sie schließlich einen ihn genehmen Kandidaten für den Posten des Chefredakteurs dieser Zeitung, die als *Aachener Nachrichten* seit Ende Januar 1945 zunächst wöchentlich erschien. Hollands besaß in den Augen dieser Nachrichtenoffiziere den besonderen Vorzug, mit dem Aachener Oberbürgermeister und dessen Umgebung nichts zu tun zu haben.

In das Wirken der Aachener Stadtverwaltung unter Oppenhoff brachte Padover politischen Zündstoff. Das hatte mit den Bedingungen zu tun, unter denen Oppenhoff tätig war. Daß sachliche Arbeit nicht ausreichte, um politischen Problemen aus dem Wege zu gehen, erfuhren Oppenhoff und seine Mitarbeiter schon bald nach ihrer Amtsübernahme. Ganz offenkundig verbreitete sich unter Teilen der Aachener Bevölkerung eine gewisse Mißstimmung gegenüber ihrer neuen Stadtverwaltung. Die zahllosen Denunziationen von deutscher Seite, mit denen die amerikanischen Stellen überflutet wurden (und die Oppenhoff insgesamt nicht entgingen), spiegelten diese Unzufriedenheit deutlich wider.

Ein Flugblatt, das ein Gewerkschaftler mit Namen Erich Remmel unter dem Datum des 24. Dezember 1944 verbreitete, brachte diese Kritik, soweit sie primär politisch motiviert war, auf den Punkt, und, was noch wichtiger war: zur Kenntnis der amerikanischen Behörden — darunter auch Padovers. Unter dem Titel *Worüber man in Aachen spricht* griff Remmels Flugblatt Oppenhoff und die ihm unterstellte Verwaltung scharf an und begründete diese Attacke mit dem Hinweis, daß Oppenhoff und einige seiner ersten Mitarbeiter im Kriege in der Firma Veltrup tätig gewesen seien, die u.a. Zubehörteile für die deutsche Rakete V-1 hergestellt habe (was den Amerikanern an sich bekannt war).

In den Augen Padovers bestätigte diese Flugschrift einen Eindruck, der sich bei ihm schon vorher festgesetzt hatte: Die Aachener Stadtverwaltung schien die Bevölkerung Aachens im Ganzen nicht wirklich zu vertreten, sondern nur eine Clique von Honoriatoren, von denen die meisten dem früheren Zentrum nahestanden. Diese Clique — und das war für Padover der entscheidende Punkt — hatte Vertreter der Linken von der Mitarbeit an der Stadtverwaltung systematisch ferngehalten, und, was für ihn am schwersten wog, die amerikanische Militärverwaltung hatte dieses undemokratische Verhalten stillschweigend gebilligt! Das Mißtrauen, das sich bei Padover gegenüber der Aachener Stadtverwaltung unter Oppenhoff und die ihn unterstützende US Militärbehörde aufgestaut hatte, wurde dann durch die Gespräche bestätigt, die er anfang 1945 persönlich mit dem Aachener Oberbürgermeister und einzelnen seiner Mitarbeiter führte.[8]

Was die politische Einstellung Oppenhoffs anbetraf, so erfuhr Padover einiges, was ihn in schlichtes Erstaunen versetzte. Oppenhoff machte sich ihm gegenüber von vorn herein verdächtig, indem er nominelle NSDAP-Mitglieder in seiner Verwaltung in Schutz nahm, die sich angeblich entweder vom Nationalsozialismus abgewandt hatten oder der NSDAP aus Opportunismus beigetreten waren. Darüber hinaus aber warnte ihn der Oberbürgermeister eindringlich vor einer Wiederzulassung deutscher Parteien, würden diese mit ihrem »Gerede« doch beim Wiederaufbau Deutschlands nur hinderlich sein. Das Wirtschaftsleben sollte streng hierarchisch gegliedert sein, Gewerkschaften sollten verboten bleiben. Außenpolitisch bekannte Oppenhoff sich Padover gegenüber zu einem wirtschaftlich geeinten Europa, das sich allerdings die »asiatischen« Russen vom Halse halten sollte: Wenn die USA ihre wahren Interessen erkennen könnten, würden sie mit Deutschland gemeinsame Sache gegen die Russen machen — wenn nicht, würde alles östlich des Rheins »asiatisch«.

Gegenüber einem amerikanischen Intellektuellen, der das, wie er fand, zutiefst korrumpierte deutsche Bürgertum verachtete und die einzige Rettung für Deutschland in einer starken Linken erblickte, waren Oppenhoffs Eröffnungen so ungefähr das Falscheste, was dieser hätte äußern können. Padover sah in den Ideen Oppenhoffs denn auch das Gegenteil von dem, was Amerikaner als demokratisch verstünden. Daß der Aachener Oberbürgermeister gegenüber dem Vertreter der amerikanischen Besatzungsmacht fast wie der Sprecher einer siegreichen Nation aufzutreten schien, machte die Sache nicht besser.[9]

Die Säuberung der Aachener Verwaltung von allen Personen, die der NSDAP angehört hatten, ging dann wesentlich auf den Einfluß Padovers und seines Teams zurück. Auch die Entlassung Oppenhoffs wegen dessen Tätigkeit in den Veltrup-Rüstungswerken betrieb er. Daß sein Bericht, der sog. *Padover-Report*, über die politische Lage in Aachen sogar bei den Spitzen im amerikanischen Militär in Europa Furore machte, lag an der Geschicklichkeit, mit der Padover seine Aachener Entdeckungen in die britische und amerikanische Presse lancierte.[10] Nach diesen Berichten mußte der Leser den Eindruck gewinnen, daß sich in Aachen unter den Augen einer ahnungslosen amerikanischen Militärverwaltung eine Verschwörung unbelehrbarer Reaktionäre zusammengerottet und die politische Herrschaft in der ersten von Amerika eroberten deutschen Großstadt an sich gerissen hatte und nun in charakteristischer Weise ihre schützende Hand sogar über Ex-Nazis hielt.

Offenbar hatte schon die Androhung von Presseveröffentlichungen die für Aachen zuständigen Stellen der Besatzung veranlaßt, eine erhebliche Zahl sogenannter Ex-Nazis im Januar 1945 aus der Aachener Stadtverwaltung zu entfernen. Gleichzeitig drangen sie auf Oppenhoff ein, doch auch Vertreter der deutschen Arbeiterschaft in die Stadtverwaltung aufzunehmen. Ganz stellten sie praktische Notwendigkeiten gegenüber politischen Wünschen aber doch nicht zurück: Der für die Stadtfinanzen zuständige Bürgermeister Kurt Pfeiffer blieb im Amt, obwohl er seine Zugehörigkeit zur NSDAP seit 1933 nie verheimlicht hatte. Oppenhoff hatte sich mit allem Nachdruck für ihn eingesetzt, indem er ihn als unabkömmlich erklärte und zugleich den eher zufälligen Charakter von dessen NSDAP-Mitgliedschaft hervorhob.[11]

Das, was als »Aachener Skandal« durch die britische und amerikanische Presse ging, spiegelte natürlich auch die aufgeheizte Kriegsstimmung auf der westalliierten Seite wider. Dennoch ist eine historische Bewertung der amerikanischen Urteile über Oppenhoffs politische Haltung für das Gesamtverständnis seiner politischen Persönlichkeit unerläßlich. Menschlich und sachlich gesehen, taten Padover und seine Mitarbeiter aus der Abteilung für psychologische Kriegführung Franz Oppenhoff mit ihrem negativen Verdikt natürlich zutiefst unrecht. Sie waren weder bereit, den Mut zu würdigen, den Oppenhoff aufgebracht hatte, als er eine Aufgabe übernahm, für die das NS Regime als Landesverrat die Todesstrafe androhte, noch berücksichtigten sie den Umstand, daß das amerikanische Oberkommando zunächst ja selbst jede Art von politischer Betätigung in den von US Truppen besetzten deutschen Gebieten untersagt hatte und Oppenhoff sich von daher mit seinem Streben nach einer im Prinzip unpolitischen, wohl aber sachkundigen Verwaltung auf dem Boden der offiziellen amerikanischen Besatzungspolitik befand. Nichts konnte ihm zudem ferner liegen als der Gedanke, eine politischen Verschwörung anzuzetteln. Er hatte andere Sorgen! Daß Vertreter der »besseren Gesellschaft« Aachens das Heft wieder in die Hand nahmen, mag er als die Rückkehr zu einer Normalität verstanden haben, die von der NS Herrschaft verdrängt worden war. Davon abgesehen, dürfte er, als er eingesetzt wurde, über Kontakte zu Vertretern der Arbeiterschaft gar nicht verfügt haben.

Und dennoch bleibt es eine nicht zu leugnende Tatsache, daß zwischen der <u>politischen</u> Gesinnung Oppenhoffs und der seiner amerikanischen »Zensoren« ganze Welten lagen. Oppenhoff war im Grunde bei den politischen Überzeugungen stehengeblieben, die sich bei ihm in den frühen dreißiger Jahren ausgebildet hatten. Damals war er Anhänger Brünings gewesen. Von dem Weimarer Parteienstaat, der sich schon vor dem Regierungsantritt Hitlers in voller Auflösung zu befinden schien, hielt er nichts, eine Rückkehr der Deutschen zu ihm kam für ihn einer Katastrophe gleich. Dem NS Regime hatte er eher konservative Werte entgegengehalten: Wirtschaftlichen Selbstverantwortung des Individuums und eine unerschütterliche religiöse Bindung (im Gespräch mit Padover verwandte er sich für eine Rückkehr zum Urchristentum).

Mit diesem politischen Weltbild stand er im damaligen Deutschland wahrlich nicht allein. Ein Blick auf Vorstellungen, die etwa zur gleichen Zeit im deutschen Widerstand entwickelt wurden, zeigt dies. Die im Rooseveltschen New Deal verkörperten Ideen einer sozialen Demokratie, denen Padover und seine Mitarbeiter anhingen, kannte er, wenn überhaupt, dann höchstens vielleicht durch den Zerrspiegel der NS Presse.

Eines hatte er seinen amerikanischen Kritikern freilich voraus — die Kenntnis des NS Regimes von innen. Anders als seine amerikanischen Kritiker war er mit den Nuancen und Schattierungen im Verhalten seiner Landsleute zum Hitlerregime vertraut — Nuancen in der Regimetreue, im bloßen Mitläufertum oder in einer mehr oder weniger getarnten Opposition — auch und gerade beim deutschen Bürgertum. Padover und dessen Mitarbeiter stellten dem eine höchst vereinfachende Schwarz-Weiß-Malerei gegenüber, die in der pauschalen Verurteilung der bürgerlichen Oberschichten als Steigbügelhalter Hitlers gipfelte — eine Rolle, die Oppenhoff selbst von vorn herein als verdächtig erscheinen lassen mußte. Die praktischen Schlußfolgerungen, die die amerikanische Militärverwaltung daraus zunächst zog, verfingen sie in alle die Schwierigkeiten, mit denen später die Entnazifizierung zu kämpfen hatte.

Oppenhoff seinerseits, das wurde seine Tragik, war zwischen die Fronten geraten.

Gewiß ließen ihn die Vorhaltungen der amerikanischen Militärverwaltung nicht ungerührt, und er paßte er sich den neuen Wünschen der amerikanischen »Besatzer« an, indem er sich zum Beispiel — wenn auch etwas verhalten — für die Verwendung der Ex-Kommunistin Anna Sittarz im Bereich der Jugendfürsorge und für die Ernennung des ehemaligen Gewerkschaftlers Johann van Wersch zum Leiter des Arbeitsamtes verwandte. Es »dürfen«, so schrieb er am 19. Januar 1945, »auch schon im Anfang bestimmte Volkskreise und namentlich nicht der arbeitenden Bevölkerung [sic] von der Mitarbeit und der Verantwortung nicht ausgeschlossen werden«.[12] Für das Anliegen der ersten deutschen Gewerkschaft, die auf Empfehlung Eisenhowers im März in Aachen gegründet wurde, fand er Worte warmer (ob wohl auch innerlich überzeugter?) Zustimmung.

Bei alledem scheint ihm die Schwierigkeit der Aufgabe, die er übernommen hatte, immer deutlicher ins Bewußtsein getreten zu sein: die Schwierigkeit des Balanceaktes, den er zu vollführen hatte zwischen den Geboten des Alltags in einer kriegszerstörten Stadt, den politischen Hoffnungen, die in der deutschen Bevölkerung aufkeimten, den menschlich weniger erfreulichen Erscheinungen, die, neben aller spontanen gegenseitigen Hilfsbereitschaft, in einer vom Kriegsende demoralisierten Bevölkerung bisweilen auftraten, und last but not least dem Willen der allmächtigen amerikanischen Militärverwaltung. Diese ihrerseits zerfiel, was alles für ihn nicht leichter machte, in einen mehr pragmatisch und einen mehr missionarisch orientierten Flügel, die sich gegenseitig zeitweilig heftig befehdeten.

Kein Wunder, daß Oppenhoff in den letzten Wochen seines Lebens angesichts der Todesgefahr, die über ihm schwebte, und angesichts der Möglichkeit des eigenen Scheiterns in der undankbaren Aufgabe, die er übernommen hatte, dem Verzagen nahe gewesen sein muß.[13] Das Schicksal der Politiker der Weimarer Republik, die Rechtsradikale ermordet hatten, stand ihm drohend vor Augen, und was allein ihn immer wieder zum Weitermachen ermutigt hat, dürfte letztlich sein christlicher Glaube gewesen sein.

Das NS Regime hatte in der Tat seinen Tod inzwischen längst beschlossen und für seine Ermordung («Hinrichtung» nach nationalsozialistischem Jargon) umfangreiche Vorkehrungen getroffen.[14] Himmler selbst hatte die Ermächtigung dazu erteilt — dies, wie man mit Sicherheit annehmen darf, auf Geheiß oder doch mit Zustimmung Hitlers. Ein Gestaposchreiben hatte schon anfang November den angeblich jüdischen Aachener Oberbürgermeister, der der Gestapo namentlich noch gar nicht bekannt war, als »Volksverräter« und Todeskandidaten ausgemacht. Ein aus sechs Personen bestehendes Terrorkommando wurde ausgebildet, der zwei Aachener Kriminalassistenten und eine BDM — Führerin mit Ortskenntnissen angehörten. Es wurde am 20. März 1945 — zu einem Zeitpunkt also, zu dem sich die westalliierten Truppen bereits im Vorstoß auf Mitteldeutschland befanden — mit einem erbeuteten amerikanischen Bombenflugzeug von Hildesheim aus über die Front geschleust und am Wolfhag in der Nähe der niederländisch-belgischen Grenze unweit des Dreiländerecks mit Fallschirmen abgesetzt. Ein niederländischer Zollbeamter, der auf die Gruppe traf, wurde kurzerhand erschossen. In der Nähe des Pelzerturms auf dem Aachener Stadtwald errichtete die Gruppe ihr Standlager. Die BDM-Führerin wurde nach Aachen geschickt, um den dem Mordkommando nach wie vor unbekannten Namen des Oberbürgermeisters und die Lage seiner Wohnung in Erfahrung zu bringen. Dies gelang ihr auf den ersten Anhieb. Am 25. März spät abends erreichten die beiden Anführer der Gruppe, der SS-Untersturmführer Wenzel und der aus Österreich stammende SS-Unterscharführer Leitgeb, das in keiner Weise bewachte Haus der Familie Oppenhof im Aachener Südviertel. Sie gaben sich als abgeschossene und in Not geratene deutsche Piloten aus. Leitgeb gab den tödlichen Kopfschuß auf Oppenhoff ab.

Die NS Presse feierte diesen Erfolg des gerade offiziell aus der Taufe gehobenen deutschen Werwolfs; Goebbels jubelte, wie sein Tagebuch zeigt, und hoffte auf weitere Exekutionen deutscher »Verräter« in seiner rheinischen Heimat.

Die amerikanische Militärführung hatte an sich immer schon — vor allem während der Ardennen-Offensive — mit Racheakten des NS Regimes gegen deutsche »Kollaborateure« gerechnet. Angesichts des Siegeszuges durch Westdeutschland, in dem sich die amerikanischen Truppen seit Anfang März 1945 befanden, dürfte sie derartige Aktionen aber immer weniger erwartet haben. Der Mord an Franz Oppenhoff kam ihr jedenfalls unverhofft. Er wurde sofort in Aachen bekanntgegeben und als »Naziverbrechen« gebrandmarkt.

Oppenhoff erhielt ein feierliches Begräbnis. Der Bischof sprach die Gedenkworte bei der Totenmesse im Dom. Unter starker Anteilnahme der Bevölkerung wurde Oppenhoff im Aachener Ostfriedhof beigesetzt.

Aus Besorgnis, daß es nun mit der Bereitschaft der Deutschen, mit der Besatzungsverwaltung zusammenzuarbeiten, vorbei sein könnte, stellte die amerikanische Kommandantur die Wohnungen der Spitzen der Aachener Stadtverwaltung nun endlich unter Polizeischutz. Zum kommissarischen Nachfolger Oppenhoffs ernannte sie Helmut Pontesegger, der zum engeren Kreis um Oppenhoff gehört und als »Austrofaschist« Padovers Mißfallen erregt hatte. Wenn man will, kann man diese Nachfolge — für die natürlich auch praktische Gesichtspunkte sprachen — als nachträgliche politische Rehabilitierung Oppenhoffs durch die amerikanische Besatzung bewerten. Hatten die in Aachen verantwortlichen amerikanischen Militärbehörden zu guter Letzt erkannt, welches der fundamentale Gegensatz war, auf den es auch am Ende des Zweiten Weltkrieges letzten Endes immer noch ankam — den Gegensatz zwischen dem Nationalsozialismus und allen denen, die dieses Mordregime, unabhängig von ihrer nationalen oder parteipolitischen Herkunft, bekämpften?

Eine solche Einsicht war nach wie vor nicht selbstverständlich. Bei einigen amerikanischen Offizieren, darunter Padover selbst, hielt sich das absurde Gerücht, Oppenhoff sei Opfer eines Mordkomplotts geworden, den einer seiner engsten Mitarbeiter, der im Zuge der Säuberung entlassene Bürgermeister Heinrich Faust, eingefädelt hätte, weil er ihm — Oppenhoff — sein schließliches Entgegenkommen gegenüber der Arbeiterschaft verübelt habe.

Die kriminalistische Verfolgung dieses Verbrechens betrieben die amerikanischen Stellen mit wenig Nachdruck. Erst der britische Geheimdienst gelangte im Herbst 1945 auf die richtige Spur. Der eigentliche Mörder Oppenhoffs, Josef Leitgeb, konnte nicht mehr zur Rechenschaft gezogen werden. Er fand auf seinem Rückmarsch zu den deutschen Linien durch eine Mine den Tod. Der Führer des Erschießungskommandos Wenzel ist bis heute verschollen.

Die Bestrafung der übrigen an der Mordtat Beteiligten fiel milder aus, als dies heute wahrscheinlich der Fall gewesen wäre. Das Schwurgericht in Aachen, vor dem die Tat Ende Oktober 1949 (!) verhandelt wurde, erkannte nicht auf Mord, sondern auf Beihilfe zum Totschlag, weil es die Existenz eines gerichtlichen Todesurteils, das die Tat formell legitimiert hätte, nicht ausschließen wollte und im übrigen einen Befehlsnotstand zugestand. Die »Schreibtischtäter«, das heißt die Himmler unterstellten Organisatoren der Mordtat, erhielten Haftstrafen — der SS Polizeiführer West Karl Gutenberger vier Jahre Zuchthaus, sein Mitarbeiter Raddatz drei Jahre Gefängnis. Die beiden Kriminalassistenten, die das Kommando begleitet hatten, kamen mit geringfügigen Haftstrafen davon, die BDM-Führerin, die

die Identität und die Anschrift Oppenhoffs ausgekundschaftet hatte, wurde freigesprochen. Das Urteil wurde 1952 vom Bundesgerichtshof bestätigt.

Die Aachener hatten in Oppenhoff einen mutigen und verantwortungsbereiten Mitbürger verloren, der die Sache seiner Stadt und ihrer Einwohner in schwerster Stunde mit Geschick, Beharrungsvermögen und Würde vertreten hatte, einen Mitbürger, der in seiner Denkweise gewiß ein Produkt der schwierigen Zeit gewesen ist, in der er herangewachsen war.

Trotzdem: Wie dies auch Saul Padover, sein schärfster Widersacher, am Ende, vielleicht etwas widerwillig, anerkennen mußte: Obwohl Zivilist, ist Oppenhoff wie ein Soldat gestorben.[15]

Anmerkungen

1. Die vorstehende Skizze stützt sich bis zum Ende der NS-Herrschaft im Aachener Raum weitgehend auf die gründliche Arbeit von Bernhard Poll, Franz Oppenhoff (1902-1945), in: Rheinische Lebensbilder, hg. von Edmund Strutz im Auftrag der Gesellschaft für Rheinische Geschichtskunde, Bd. 1, Düsseldorf 1961, S. 244-264.
2. Franz Oppenhoff (23.11.1860 - 1.2.1920).
3. Saul Padover, L.F. Gittler, The Oberburgermeister of Aachen, 2.2.1945, Nachlass General McSherry, U.S. Army Military History Institute, Carlisle, PA, USA.
4. Poll, Oppenhoff, S. 254 f.
5. Der folgende Teil dieser Kurzbiographie beruht auf einem Aufsatz des Verfassers über die Anfänge der Aachener Stadtverwaltung unter der amerikanischen Militärregierung (Aachen am Ende des Zweiten Weltkrieges: Von der NS-Herrschaft zu den Anfängen der alliierten Besatzung), der sich für eine Veröffentlichung in der Zeitschrift des Aachener Geschichtsvereins im Druck befindet. Der Aufsatz verwendet neben deutschen vor allem amerikanische Quellen. Für Einzelbelege wird auf diese Publikation verwiesen. Der Autor stützt sich ferner auf die Pionierarbeit von Klaus Pabst, Die Nachkriegszeit begann in Aachen, in: W. Först, Hg.,

Beiderseits der Grenzen (= Beiträge zur neueren Landesgeschichte des Rheinlandes und Westfalens, hg. v. W. Först), Köln 1987, und: Klaus-Dietmar Henke, Die amerikanische Besetzung Deutschlands, München 1995, S. 271 ff.
6. Sträter wurde, nachdem die Amerikaner ihren Irrtum erkannt hatten, anfang Dezember 1945 zum Landrat des Landkreises Aachen ernannt.
7. Die Amerikaner bestanden auf diesem Titel, wahrscheinlich um die Bedeutung einer ersten deutschen Stadtverwaltung unter amerikanischem Oberbefehl zu unterstreichen. Die Dezernatsleiter erhielten den Titel Bürgermeister.
8. Padover hat die Ergebnisse seiner in Aachen durchgeführten Befragungen nach dem Kriege in einem Buch veröffentlicht, das zum Verständnis der politischen Situation in Aachen unmittelbar nach dem dortigen Ende der NS- Herrschaft bis heute unerläßlich ist (S. Padover, Experiment in Germany. The Story of an American Intelligence Officer, New York 1946). Einige seiner Originalaufzeichnungen finden sich im Nachlaß des Generals F. J. McSherry. Vgl die folgende Anmerkung.
9. Padover, Gittler, The Oberburgermeister of Aachen, 2.2.1945, Nachlaß Frank J. McSherry, US Army Military Historical Institute, Carlisle, PA, USA.
10. Abgedruckt (unter Abkürzung der amerikanischen Personennamen) in: Daniel Lerner, Hg., Propaganda in War and Crisis, New York 1972, S. 434 ff.
11. Oppenhoff machte geltend, daß Pfeiffer ursprünglich Mitglied der DVP war und mit dieser insgesamt zur NSDAP übergetreten sei.
12. Oppenhoff an die Militärregierung, 19.1.1945, Stadtarchiv Aachen, Abt.Nr. 11142.
13. Poll, Oppenhoff, S. 261.
14. Dazu vgl. Wolfgang Trees, Charles Whiting, Unternehmen Karneval. Der Werwolf-Mord an Aachens Oberbürgermeister Oppenhoff, Aachen 1982; auch Poll, Oppenhoff, S. 262 ff.
15. Padover, Experiment, S. 248.

†

Oberbürgermeister

Franz Oppenhoff

fiel am Spätabend des 25. März 1945 feigen Meuchelmördern zum Opfer.

Der Verstorbene hat das Verdienst, in bitterster Kriegszeit unter Hintansetzung aller persönlichen Interessen den Verwaltungsaufbau in der schwer zerstörten Stadt Aachen in Angriff genommen zu haben. Die Stadt Aachen dankt ihm dies über das Grab hinaus.

Die feierlichen Exequien finden am Mittwoch, dem 28. März 1945, um 9,30 Uhr im Dome statt. Die Beisetzung erfolgt am gleichen Tage um 11,30 Uhr auf dem Ost-Friedhof (Adalbertsteinweg).

Die Bevölkerung wird dem Verstorbenen die letzte Ehre erweisen und an den Trauerfeierlichkeiten teilnehmen.

Aachen, den 26. März 1945.

Die Stadtverwaltung

Posting is authorised.
Hugh M. Jones
Major A.U.S.
Det. F 1 G 2

Peter Ludwig
1925-1996

Der neue Mäzen der Nachkriegszeit

Wolfgang Becker

Peter Ludwig aus Koblenz starb 1996 in Aachen, während er über eine bedeutende Schenkung zeitgenössischer internationaler Kunst aus seiner Sammlung an das Nationalmuseum in Peking verhandelte. Seine Witwe, Irene Ludwig aus Aachen, eröffnete einige Monate später das Museum Ludwig in der chinesischen Hauptstadt. In einem Feld, in dem nach den Zerstörungen des 2. Weltkrieges europäische Museen und private Kunstsammler zusammenzuarbeiten begonnen haben, ging eine Epoche zu Ende, die Peter Ludwig als Pionier und Vorreiter bestimmt hat. Er hat bedeutende Museen durch Schenkungen und Leihgaben treffsicher ausgestattet: das „Antikenmuseum Basel und Sammlung Ludwig", das „Schnütgen-Museum", das „Rautenstrauch-Joest-Museum für Völkerkunde" und das „Ostasiatische Museum" in Köln, das „Suermondt-Ludwig-Museum" und das „Couven-Museum" in Aachen — und er hat Staaten, Länder und Gemeinden veranlaßt, Museen zu bauen und zu gründen, die seinen Namen tragen: die Ludwig-Museen in Köln, Budapest, St. Petersburg, Koblenz, das Ludwig Institut in Oberhausen und das Ludwig Forum für Internationale Kunst in Aachen. Er hat Ludwig Stiftungen in Wien und in Havanna mitbegründet und in Aachen, seiner Heimatstadt, die „Ludwig Stiftung für Kunst und Internationale Verständigung" als Aktionszentrum fest verankert. In der Geschichte Europas gibt es keinen Kunstsammler, dessen Arbeit sich an so vielen Orten niedergeschlagen hat. Und es gibt keinen, der so vielfältig geehrt worden ist.

Überall werden Bürger auf verschiedene Art geehrt, die sich um das politische Leben verdient gemacht haben, die an der

Gründung von Institutionen der Wohltätigkeit und des Glaubens, von Kirchen, Krankenhäusern und Hilfsfonds für die Bedürftigen beteiligt waren. Aber unter diesen Bürgern, die geehrt worden sind, weil ihr Beitrag zum Gemeinwohl sich über das erwartete Maß hinaus gestaltete, genießt oder erleidet derjenige, der sich der Kunstförderung annimmt, eine besondere Rolle. Die materielle Basis, auf der sich alle idealistisch geprägten bürgerlichen Handlungen entwickeln, bleibt in allen anderen Bereichen sozusagen unsichtbar und selbstverständlich. Es entsteht kein Widerspruch zwischen Notwendigkeit und Überfluß, zwischen Mißstand und Wohlstand, zwischen Substanz und Ornament, zwischen dem, was sein muß oder was sich gehört und dem, was auch sein könnte, wenn die Umstände es zuließen. Nur der Förderer der Kunst muß sich diesem Widerspruch stellen. Dabei ist es das Nachdenken über die Kunst, das uns immer wieder an den Grund unserer eigenen kulturellen Existenz führt: wo beginnt sie, wenn es der Gesellschaft der Bürger gelungen ist, ihre bare Existenz zu sichern? Warum entwickeln Menschen, die einer Bedrohung ihrer Existenz, einer Katastrophe entronnen sind, einen unüberwindlichen Drang, Träger von Kultur zu sein und Kultur um sich herum zu verbreiten? Wann immer diese Frage, gekoppelt an die Geschichte der Zeit nach dem 2. Weltkrieg, auftritt, ist eine der Antworten die Schilderung des Lebens und des Wirkens der Eheleute Ludwig nach 1945. Nach 50 Jahren wird es überschaubar, und im Rückblick bündeln sich die einzelnen Leistungen zu einem Beitrag zur Kunst- und Kulturgeschichte Europas von atemberaubender Größe.

Peter Ludwig war in seinem großbürgerlichen Koblenzer Elternhaus von Werken zeitgenössischer Kunst umgeben. Er erinnerte sich, daß man im Familienkreis das, was die Machthaber des dritten Reiches als „entartete Kunst" brandmarkten, lebhaft diskutierte und schätzte. Dennoch bot dem Jugendlichen Peter Ludwig das dritte Reich bis zu seinem 18. Lebensjahr die übersichtliche Form einer „Weltanschauung", die mit dem Tod seiner Mutter durch Bombardierung des Elternhauses und mit dem Ende des zweiten Weltkrieges traumatisch zusammenstürzte.

Es war nicht selbstverständlich, daß der Sohn einer Industriellenfamilie 1947 an der Mainzer Universität Kunstgeschichte, christliche Archäologie und Philosophie zu studieren begann. Erst recht ungewöhnlich ist das Thema seiner Dissertation: *Das Menschenbild Picassos als Ausdruck eines generationsmäßig bedingten Lebensgefühls*. Warum schrieb er nicht über die deutsche Künstlergruppe „Der Blaue Reiter", um sich nach einer Periode der Barbarei der deutschen Kultur zu vergewissern, sondern über einen spanischen Künstler, von dem er nie ein Original gesehen hatte? Ludwig erwähnte in diesem Zusammenhang gern als Anregung einen Vortrag des Kölner Mediävisten Hermann Schnitzler mit dem Titel *Picasso in uns*. Über Deutschland sei damals weniger gesprochen worden als über ein „christliches Abendland" und über ein neues Europa. Das „Lebensgefühl", das Ludwig in der Dissertation bei Picasso fand, ist das seiner Generation: geprägt von tiefer Trostlosigkeit. Ein neues Selbstgefühl habe ihm, dem Deutschen, erst 1954 die Weltmeisterschaft im Fußball vermittelt.

1951 heirateten Irene Monheim und Peter Ludwig und bauten sich ein Haus in Aachen, das ihre frühen Neigungen sichtbar macht, sich mit alter und neuer Kunst zu umgeben. Peter Ludwig begann, an dem Wiederaufbau und der Entwicklung des Schokoladenkonzerns der Monheim-Familie mitzuwirken.

Für das junge Industriellen-Ehepaar bot die neue Ära von nun an vor allem eine scheinbar grenzenlose Weitläufigkeit, die, gekoppelt an die Lust zu sammeln, zu großen Reisen in Räumen und Zeiten führte, von den Vasen der Griechischen Antike zum Meißener Porzellan, von illuminierten Handschriften des Mittelalters zu Erstausgaben der Klassiker, von Peruanischen Tonfiguren zu Delfter Kacheln.

In die Zeit der Doktorarbeit gehört eine Vorstellung, die Ludwig von da an weiter entwickelt und als Begründung seiner Sammelleidenschaft benutzt hat: daß sich in der Kunst ein generationsbedingtes Lebensgefühl äußere, daß die Kunst ein Spiegelbild ihrer Zeit von allergrößtem Wahrheitsgehalt sei, und daß sie etwas erlaube, was dringlich geboten ist: sich über die Zeit, in der man lebt, Rechenschaft abzulegen. Diese Vorstellung hat Hans Sedlmayr schon 1955 zu den Symptomen eines „Verlustes der Mitte" gezählt, „Symptom eines Denkens, das in der Zeitlichkeit aufgeht", und dagegen die These gesetzt: „Die Leistung des wahren Künstlers kommt nicht aus der Zeit, sie sprengt das Gefängnis der Zeit, ja ihre Leistung ist geradezu die Definition des Schöpferischen". Die Vorstellung jener, gegen die sich Sedlmayr wendete, enthielt die Provokation der Vergänglichkeit. Denn wenn ein Kunstwerk das Lebensgefühl einer Generation wiedergab, mußte jede Generation sich neue Kunstwerke schaffen. Für den Sammler Ludwig entstand daraus eine Herausforderung, der er mit zunehmenden Zahlen von Ankäufen begegnete.

Die Bezeichnung „Kunstsammler" faßt wenig von der Wirkungsgeschichte Ludwigs, aber sie gibt doch einen Hinweis auf den Beginn und Kern eines fast zwanghaften Triebes, den zwei Studenten an der Mainzer Universität in den entsetzlichen Trümmerfeldern der rheinischen Städte zwischen Koblenz und Aachen entwickelten.

Sammeln, erhalten, Scherben wieder zusammensetzen zu den Formen der Vergangenheit, die sie bildeten, Inventarisieren, wissenschaftliche Standards der Frühgeschichte, Archäologie und Kunstwissenschaft wieder aufbauen, neue Wertbestimmungen erreichen mit den Instrumenten der europäischen Philosophie, den Bürgern ihre kulturellen Institutionen zurückgeben, wieder aufbauen, der Angst, die Kinder des Krieges könnten gleichsam kulturlos aus der Katastrophe auftauchen und einer kulturlosen Zukunft entgegentaumeln, dieser Angst wirksam begegnen — wenn wir „Kunstsammeln" so fassen, das Ausmaß bürgerlichen Pflichtgefühls und das Bewußtsein der Sozialpflichtigkeit von Eigentum darin definieren, dann wird verständlich, daß die jungen Eheleute Ludwig, als sie sich in Aachen niederließen, eine starke Wirksamkeit im öffentlichen Raum entfalten mußten.

Ich betone hier diese Ebene der ernsthaften Wirksamkeit, die sich in der Förderung der Kunstwissenschaft, in der Herausgabe der Aachener Kunstblätter und in der Ermöglichung und Begleitung zahlreicher wissenschaftlicher Publikationen geäußert hat, deshalb, weil sie seit den 60er Jahren von den sozialpolitischen Schauspielen in den Schatten gerückt wurde, in denen die moderne Kunst Westeuropas und Nordamerikas die Wortführer spielte. Und Peter Ludwig war in diesen Schauspielen, seit er 1966 die ersten Werkgruppen zeitgenössischer Kunst — die amerikanische „Pop Art" von Jasper Johns, Robert Rauschenberg, Roy Lichtenstein, Andy Warhol und vielen anderen — erwarb, ein mutiger, streitlustiger Akteur.

Seit 1968 trat er als Apologet der Moderne in den Ausstellungen seiner Sammlung im Suermondt-Museum in Aachen und im Wallraf-Richartz-Museum in Köln und in allen Medien auf, die sie begleiteten. Als in Aachen 1970 in der „Neuen Galerie im Alten Kurhaus" (später „Neue Galerie — Sammlung Ludwig") das erste Museum eröffnet wurde, das nur gegenwärtige Kunstwerke aus Ludwigs Besitz zeigen würde, verpflichtete er sich, durch regelmäßige Neuerwerbungen dort eine ständige „documenta" zu schaffen. Er bezog sich dabei auf eine Ausstellung, die seit seiner Jugend ihrer Zeit den breitesten Ausdruck zu geben bemüht war. Herrschte noch in der ersten documenta 1955 der historische Blickpunkt vor, so verkürzte sich die Epochenvorstellung zusehends, und gleichzeitig traten zunehmend Kunstwerke in den Vordergrund, die ausschließlich für Ausstellungszwecke realisiert wurden, die theaterähnliche Handlungsformen annahmen oder die die Vergänglichkeit ihrer Materialien thematisierten.

Das Ludwig Forum für Internationale Kunst setzt seit 1991 die Arbeit der Neuen Galerie — Sammlung Ludwig fort. Schon 1970 hatte Ludwig angedeutet, daß dem Provisorium eine gültigere Lösung, ein größeres Haus folgen müßte. Schon damals arbeitete er mit anderen Museen in Mainz, Darmstadt, Basel, München, Würzburg und Kassel zusammen; und dem Aachener Geschichtsbewußtsein, so wie es einige Bürger der Stadt pflegen, tat es gut, das Modell des karolingischen Imperiums sozusagen nach 12 Jahrhunderten in das Reich der Kunst transponiert wiederzufinden bis hin nach Wien, den Ort der geraubten Reichskleinodien, wo eine Ausstellung der Aachener Sammlung zur Gründung eines neuen Museums Moderner Kunst im Palais Liechtenstein führte.

Doch das Größte der Ludwig-Museen steht in Köln: ein Neubau, der sich am hohen Rheinufer neben der gotischen Kathedrale markant behauptet. Bis heute beherbergt es das alte Wallraf-Richartz-Museum mit, doch Ludwig hat zu Lebzeiten noch erreicht, daß ein Ratsbeschluß zu einer Trennung führte: das Wallraf-Richartz-Museum wird einen eigenen Neubau in der Altstadt erhalten.

Im Kölner Museum Ludwig manifestiert sich das ehrgeizige Interesse des Rheinländers, seine Identität in dem Zusammenspiel der europäischen Kulturprovinzen zu behaupten und den hauptstädtischen Museumskomplexen in Berlin und Paris ein Zeugnis rheinischer Bürgertradition und Weltoffenheit hinzuzufügen.

Die Weltoffenheit Ludwigs kündigte sich in der Doktorarbeit an und beanspruchte nahezu gewalttätig öffentliches Interesse, als er 1966 jenen ersten Block amerikanischer Pop Art erwarb. Die Amerikanisierung der deutschen Volkskultur wurde plötzlich durch die bildende Kunst bestätigt. Gegenwartskunst eroberte sich ein neues, breites Publikum. Folgerichtig bilden die Sammlung aus Picassos Werk, die Ludwig bis zu seinem Tod zusammentrug, und die amerikanische Sammlung die einzigartigen Schwerpunkte im Gesamtbestand des Kölner Museums.

Die Weltoffenheit Ludwigs war aber Teil eines überlegenen politischen Bewußtseins. Darum konnte er bei Picasso und den Amerikanern nicht stehen bleiben. Zu viele waren ihm auf diesen Wegen gefolgt. Und die schöpferischen Schwerpunkte verlagerten sich zusehends. Als Ludwig in den 70er Jahren begann, mehr und mehr Werke der deutschen Maler Georg Baselitz, A.R. Penck, Markus Lüpertz und Anselm Kiefer zu erwerben, schien seine Weltoffenheit desavouiert, und als er gleichzeitig begann, eine Sammlung von Werken der prominentesten Künstler der DDR zusammenzutragen, hatte die Öffentlichkeit wiederum einen Grund, Anstoß zu nehmen.

Hartnäckig hat Ludwig von da an, in einer Periode, in der sich durch wechselnde Tauwetter eine generelle Schneeschmelze des sozialistischen Blocks Osteuropas ankündigte, aus nahezu allen COMECON-Ländern Werkgruppen zeitgenössischer Kunst erworben — und zum guten Ende in Havanna eine Ludwig Stiftung zur Förderung kubanischer Kunst gegründet. Die Sammlung russischer Kunst ergänzte er sinnvoll durch eine wertvolle Gruppe russischer Avantgardekunst der zehner und zwanziger Jahre.

Man begreift leicht, daß das, was wir „Kunstsammeln" genannt haben, hier eine Dimension erreicht, die nur noch als internationale kulturpolitische Arbeit zu fassen ist. Man muß auch verstehen, daß alle Sammlungen, die Ludwig erwarb, von Anfang an für Ausstellungen zur Verfügung standen, ja für Ausstellungen oder gar als Ausstellungen erworben wurden, die im Inland und Ausland gezeigt werden sollten. Seit ihrer Gründung 1970 hat die Aachener Neue Galerie fast alle Gruppen zuerst ausgestellt, darunter die „neudeutschen" Maler unter dem Titel „Die Neuen Wilden", der schnell große Popularität gewann, die Künstler der DDR, der UdSSR, Bulgariens, Ungarns, der Tschechoslowakei, Kubas, Rumäniens (nun schon im Ludwig Forum), und anschließend auf Reisen geschickt. Ludwig förderte diese Mobilität uneingeschränkt. Seine Sammlung, so „welthaltig" sie ist, ist auch durch die halbe Welt gereist — und war der auswärtigen Kulturarbeit der Bundesrepublik Deutschland ein willkommenes Instrument.

Die „Ära Ludwig", die mit seinem Tod endete, ist nicht nur bestimmt von einer intensiven Zusammenarbeit eines selbständigen „Unternehmers" (der auch als Unternehmer seinen Schokoladenkonzern erfolgreich leitete) mit Staaten, Ländern und Kommunen, sondern von neuen Formen der Zusammenarbeit, die bis in eine reformierte Steuergesetzgebung reichen. Im Höhepunkt dieser Zusammenarbeit, als Ludwig sich bereit erklärte, seinen gesamten Kunstbesitz in eine nach ihm benannte Nationalstiftung einzubringen, wendeten sich einflußreiche Politiker und Fachleute gegen ihn; eine machtvolle zentrale Institution, die ein Instrument nationaler Kulturarbeit wäre, stünde den föderalen Strukturen der Bundesrepublik allzusehr entgegen. Der Vorschlag wurde zerredet.

Ludwig gründete eine eigene Stiftung, die für Kooperationen bereitstehen würde.

Die Zusammenarbeit des jungen Sammlerehepaares geschah zuerst in konventionellem Rahmen: sie placierten einzelne wertvolle Leihgaben alter Kunst dort, wo sie sinnvoll Lücken schließen konnten (in Basel, Würzburg, Kassel, Darmstadt, Mainz); der Aachener Industrielle übernahm 1957 die Leitung des Museumsvereins des Aachener Suermondt-Museums und behielt ihn bis 1994; er gab die Aachener Kunstblätter, eine wissenschaftliche Zeitschrift von hohem Rang, heraus, fügte den Sammlungen der Aachener Museen zahlreiche Leihgaben und Schenkungen hinzu und förderte wissenschaftliche Publikationen. Aber seit 1966 wuchs Ludwig in die Rolle des NEUEN MÄZENS hinein.

Sicher ist, daß die amerikanische Pop Art, die er zu diesem Zeitpunkt entdeckte, seine Vorstellung, die Kunst spiegele das Lebensgefühl ihrer Epoche, am schlüssigsten entsprach. Der Unternehmer der Markenwarenindustrie fand in den Werken Warhols und Lichtensteins die Welt, die ihn täglich umgab, ihre konsumorientierten Glücksversprechen, ihre Hektik und Atemlosigkeit.

Die amerikanischen Unternehmer und Museumsleute, mit denen er damals sprach, mißachteten zwar diese Kunst und hielten sich an die großen Abstrakten von Barnett Newman bis Jackson Pollock, sie machten ihn aber mit Formen der Zusammenarbeit bekannt, die es in Europa nicht gab. Er entdeckte das Museum als Wirtschaftsunternehmen, an dem sich Staaten, Länder und Kommunen allenfalls mit festgeschriebenen Subventionen beteiligen. Er entdeckte den TRUSTEE: einen Unternehmer, der sein Museum mit anderen unterhält und mit Leihgaben und Schenkungen füllt.

Dieses System nach Europa zu importieren, erschien Ludwig nicht sinnvoll. Dennoch bewunderte er Knud Jensen in Dänemark, der sich auf jener Grundlage das beispielhafte Louisiana Museum in Humlebaek geschaffen hat. Aber Ludwig sah die

Möglichkeit, die Disposition von Leihgaben und Schenkungen an Bedingungen zu knüpfen und in zähen Verhandlungen Beschlüsse von Staaten, Ländern und Kommunen herbeizuführen, nach denen bestehende Museen erweitert oder neue Museen gebaut würden, um diese Bestände zu zeigen.

Die unerwartete und anhaltende Breitenwirkung zeitgenössischer Kunst und Künstler einerseits und die Wohlhabenheit der öffentlichen Träger andererseits gaben seinen Initiativen einen kräftigen Rückenwind, und Ludwig war ein leidenschaftlicher, hartnäckiger Verhandlungspartner, der fast alle Möglichkeiten nutzte, um seine Ziele zu erreichen.

Die Ära Ludwig ist schon deshalb zu Ende, weil die aktive, weit ausstrahlende Persönlichkeit fehlt, die sie bestimmte. Aber auch die Wohlhabenheit der öffentlichen Träger ist geschrumpft, und die Breitenwirkung zeitgenössischer Kunst und Künstler hat sich verändert. Die Zusammenarbeit privater Sammler mit Staaten, Ländern und Kommunen folgt dem Beispiel Ludwigs von Berlin bis Bonn in kleineren Rahmen. Und den neuen Mäzen hat der unermüdlich herbeigerufene Sponsor ersetzt. Eine zunehmende Zahl von Stiftungen hat die Arbeit übernommen, die Ludwig angeregt hat. Man wird sehen, welche Rolle die von ihm gegründete, programmatisch so genannte „Ludwig Stiftung für Kunst und Internationale Verständigung" unter ihnen spielen wird.

Heinz Bude: *Peter Ludwig — im Glanz der Bilder.* Die Biographie des Sammlers, Bergisch Gladbach 1993.

Ich habe Peter Ludwig zu seinem 70sten Geburtstag eine kleine Festschrift gewidmet:
Ein deutscher Sammler — ein deutsches Auto. Peter Ludwig und der Volkswagen, Aachen 1995.

Peter Ludwigs eigene Aufsätze und Vorträge sind in dem Buch zusammengefaßt:
Peter Ludwig: offener Blick. Über Kunst und Politik, Regensburg 1995.

Das Zitat von Hans Sedlmayr findet man in seinem Buch *Verlust der Mitte. Die bildende Kunst des 19. und 20. Jahrhunderts — als Symptom und Symbol der Zeit.* Frankfurt, Berlin, Wien 1973 (Ullstein-Buch Nr. 39), Seite 165.

Literaturempfehlungen

Über Peter Ludwig sind zwei Monographien erschienen:
Reiner Speck: *Peter Ludwig Sammler*, Frankfurt am Main 1986 (insel taschenbuch 533).

Im 'Ludwig Forum für Internationale Kunst', Aachen 1991

Ehepaar Ludwig, Aachen 1991

Klaus Hemmerle

1929-1994

Bischof von Aachen

Von Josef Schreier

Klaus Hemmerle war von 1975 bis zu seinem Tode 1994 Bischof von Aachen. Hemmerle war Süddeutscher aus Freiburg im Breisgau und dort zum Zeitpunkt seiner Ernennung Professor für Religionsphilosophie. Schon dies zeigte bei seiner Wahl zum Bischof eine Ungewöhnlichkeit an, denn noch nie hatte man in der — allerdings jungen — Geschichte des Bistums Aachen an einen geographisch und geistig so weit entfernten und auch sonst ganz ›untypischen‹ Bischofskandidaten gedacht. Wie kam es dazu?

Der Auftrag

Wahrscheinlich beruhte die Tatsache, daß Klaus Hemmerle schließlich Bischof von Aachen wurde, auf dem historischen Zufall, daß der 84. Deutsche Katholikentag im September 1974 in Mönchengladbach (also einer Stadt des Bistums Aachen) mit dem altersbedingten Rücktritt von Bischof Johannes Pohlschneider im Dezember des gleichen Jahres nahezu koinzidierte und daß sich Hemmerle auf dem erwähnten Katholikentag als Organisator und Inspirator gerade in dem Moment für höhere Aufgaben empfohlen hatte, als die Vakanz der Aachener Kathedra eintrat. Der damalige Generalvikar des Bistums, Anton Josef Wäckers, erinnert sich an das Erlebnis, als Hemmerle die Einführungsrede zum Katholikentag gehalten hatte:

Noch ganz gefangen vom Inhalt und den Ausführungen der Rede sagte ich ... zu meinem Begleiter: ›Ich bin gespannt, wie lang Hemmerle Professor bleibt. Wer könnte sich den zum Bischof holen?‹ Daß wir Aachener so nahe daran waren, kam mir nicht in den Sinn.[1]

Wie groß die Überraschung über die Wahl eines »im Bistum Aachen bis dahin wenig bekannte(n)«[2] Religionsphilosophen und Professors dann tatsächlich war, dokumentiert beispielsweise ein Gedächtnistext des Aachener Priester-Literaten Wilhelm Willms, der nach dem Tode Hemmerles auf sein Wirken zurückblickt. Willms erinnert sich da zunächst an wenig ermutigende Erfahrungen mit dem Professor und Katholikentagsredner von 1974 (und beweist dabei durch ein falsch zugeordnetes Zitat zugleich auch, daß Hemmerle und sein Denken im Bistum tatsächlich nur flüchtig bekannt war), — fährt aber schließlich fort:

*und **dann**/ kam kurz darauf/ die **bombe**/ klaus hemmerle/ wurde zu/ **meinem**/ aachener bischof/ ernannt/ nicht nur ernannt/ er **wurde** es/ trotz alledem/ es war mehr als gut so.*[3]

Dabei waren die Gedanken, die Hemmerle auf dem Katholikentag 1974 vortrug, keineswegs dazu geeignet, affirmative und spontane Zustimmung zu provozieren, wie es bei ähnlichen Massenveranstaltungen die Regel sein mag und wie man es bei den Katholikentagsveranstaltungen des katholischen Milieus mit seinem starken Bedürfnis nach Selbstdarstellung auch lange Zeit nicht anders erwarten konnte. Bei Hemmerle war aber im Gegenteil zu erkennen, daß hinter seinen Ausführungen eine Theologie stand, die deutlich aus dem herausragte, was man von einem landläufigen katholischen Theologen zu der Zeit erwarten konnte, — die vielmehr imprägniert war von einer intensiven Auseinandersetzung mit der modernen Philosophie und einem Erschüttertwerden durch die gesellschaftlichen Aporien der Gegenwart, die ihm in präziser Kenntnis vor Augen standen. Unter dem Leitwort des Katholi-

kentags »Für das Leben der Welt« sprach Hemmerle damals vor allem die Schwierigkeiten an, die auch der Glaube hat, wenn er versucht, seine Botschaft in die heutige Welt zu vermitteln. Eine »Brotvermehrung«, auf die der Glaube in geistlicher wie auch in realer Hinsicht hofft, steht immer wieder unter dem skeptischen Vorbehalt: »Was ist das für so viele?« In der Tat ist eine selbstgewisse Zuversicht und ein robustes Bescheidwissen nicht die Sache des Glaubens, aber andererseits zieht er sich auch nicht in die »Solidarität der Ratlosigkeit« zurück. Sein Part ist vielmehr der des kleinen Jungen aus der johanneischen Brotvermehrungsgeschichte, der das objektiv wenige, was er zu geben hat, einbringt, um es verwandeln zu lassen in das Notwendige für die Vielen. »Die Lösung für uns beginnt nämlich mit der Lösung von uns«, so formuliert es Hemmerle in einer seiner typischen Wendungen und nimmt in Kauf, »daß diese Antwort belastend und befreiend zugleich« sein mag.[4] Die existentielle Eindrücklichkeit des Gedankengangs verschränkt sich allerdings dem nachträglichen Leser doch mit der Verwunderung, was wohl jemand, der als Katholikentagsbesucher in üblicher Weise nach praktikablen Handlungsanweisungen Ausschau gehalten hätte, aus dieser Rede hätte mitnehmen können.

Klaus Hemmerle war mit dem Mönchengladbacher Katholikentag (und etlichen anderen vorher und nachher) befaßt in seiner Eigenschaft als Geistlicher Direktor bzw. Assistent des Zentralkomitees der deutschen Katholiken, eine Funktion, die er seit 1968 ausübte. Wenn nun tatsächlich die maßgebliche Prägung des Katholikentags 1974 und der persönliche Eindruck, den die Aachener Bistumspersönlichkeiten damals von Hemmerle gewannen, ausschlaggebend gewesen sein sollte für die schließliche Wahl Hemmerles zum Bischof von Aachen, so stellt sich in der

Rückschau eine Frage in dreifacher Weise. Aus der Sicht des Bistums gesprochen: was erwartete man eigentlich von Hemmerle als Bischof? Und auf der anderen Seite, mit dem Blick auf die bereits überschaubare Wirksamkeit und das vorliegende literarische Werk Hemmerles gefragt: Was konte man von ihm erwarten? Und ferner, wenn man von der eingangs apostrophierten äußeren Distanz Hemmerles zu seinem neuen Wirkungskreis ausgeht, die Frage: In welcher Weise hat es Hemmerle vermocht, die mitgebrachten persönlichen und denkerischen Voraussetzungen in die neue Umgebung einzubringen und womöglich beides, sowohl die eigenen Gegebenheiten wie auch die Aachener Umwelt, zu verändern.

Leben und Denken

Die äußere Biographie Hemmerles hat sich lange Zeit im heimatlichen Bereich von Stadt, Universität und Erzdiözese Freiburg bewegt. Am 3. April 1929 geboren, durchlief er sämtliche Bildungsstadien von der Volksschule bis zur Priesterweihe (am 25.Mai 1952) in Freiburg. Sein hauptsächlicher theologischer Lehrer war der Freiburger Religionsphilosoph Bernhard Welte gewesen, der als einer der wenigen katholischen Theologen damals versuchte, das Gespräch mit der neuzeitlichen Philosophie aufzunehmen und für eine Deutung des christlichen Glaubens in der Gegenwart fruchtbar zu machen. Gerade in diesem Punkt ließ sich sein Schüler Klaus Hemmerle besonders intensiv anregen; es fällt, wie in den Werken Weltes, auch in Hemmerles Schriften jedem unbefangenen Leser sofort auf, wie wenig er mit überlieferten Formeln und üblichen theologischen Redewendungen arbeitet. Bezeichnend ist auch, daß sich sowohl seine Dissertation wie auch seine Habilitationsschrift mit Philosophen beschäftigt, die bis dahin weit außerhalb jedes katholisch-theologischen Interesses lagen. Die Promotion zum Doktor der Theologie erfolgte im Jahre 1957 auf der Basis der Dissertationsschrift *Philosophische Grundlagen zu Franz von Baaders Gedanke der Schöpfung* (in veränderter Form als Buch veröffentlicht 1963). Die Habilitation folgte im Jahre 1967 mit der Untersuchung *Gott und das Denken nach Schellings Spätphilosophie*, die im Jahr darauf gedruckt vorlag. Zwischenzeitlich hatte Hemmerle von 1956-1961 die Katholische Akademie der Erzdiözese Freiburg aufgebaut und geleitet und war von 1961-1968 wissenschaftlicher Assistent bei seinem Lehrer Bernhard Welte gewesen. Nun, nach Abschluß der Habilitation, ging Hemmerle als Geistlicher Direktor zum Zentralkomitee nach Bonn und war gleichzeitig, nach Umhabilitierung, Privatdozent an der Universität Bonn. Hier kam er auch intensiver mit Theologiestudenten aus dem Bistum Aachen in Kontakt. Bereits 1970 wurde er als ordentlicher Professor für Fundamentaltheologie an die theologische Fakultät der neugegründeten Universität Bochum berufen. Nachdem sein Lehrer Welte im Jahre 1973 in Freiburg emeritiert wurde, übernahm Hemmerle dessen Lehrstuhl zum Wintersemester 1973/74. Nach nur kurzer Lehrtätigkeit in der alten Heimat erreichte ihn bald die Berufung zum Bischof von Aachen im Sommer 1975. Hemmerle trat am 30. Oktober 1975 sein Amt an und wurde am 8. November 1975 im Aachener Dom zum Bischof geweiht.

Welcher Gedankenweg entsprach diesem äußeren Lebenslauf? Mit seinem Lehrer Welte ging Hemmerle davon aus, daß ein Gespräch der katholischen Theologie mit dem Denken der Neuzeit unausweichlich und — gerade angesichts einer allzu langen Verweigerungsgeschichte — außerordentlich notwendig war, um die Botschaft des christlichen Glaubens in einer für heute nachvollziehbaren Form vermitteln zu können. Die aktuelle Philosophie war tatsächlich seit Descartes in der Regel kein Partner für die katholische Theologie mehr gewesen. Die Denkgeschichte der Neuzeit, über Kant, den Deutschen Idealismus, Nietzsche bis hin zur Phänomenologie Husserls und zu Heidegger galt es daher aufzuarbeiten. Sicherlich war die lokale philosophische Entwicklung in Freiburg (Husserl, Heidegger) für die Welte-Schule von prägender Bedeutung. Hinzu kam die Entdeckung des Durchbruchs des geschichtlichen Denkens bei Droysen und Dilthey, die ein anderer Welte-Schüler, der aus Aachen stammende P. Hünermann aufarbeitete, sowie das dialogische Denken von Buber und Rosenzweig, dem B. Casper eine große Studie widmete. Hemmerles Beitrag war, wie erwähnt, die Entfaltung ähnlich gerichteter denkerischer Strömungen aus der philosophischen Romantik (Baader) und des Spätidealismus (Schelling). Seinen Studien ist anzumerken, daß es ihm in der Darstellung historischer Denkgestalten unmittelbar um die Sache selbst geht, so wie sie sich heute zu denken gibt. So beginnt etwa die Studie über Baaders Gedanke der Schöpfung mit ausführlichen phänomenologischen Überlegungen über den Willen und seine Vertrautheit mit seinem Gewollten, die zwar zum Gedanken Baaders hinführen, aber zweifellos nicht schon und nicht nur Interpretation Baaders sind. Und das Werk über Schelling hat ersichtlich seine Sinnspitze in dem Kapitel »Ausblick«, wo eine »›dia-logische‹ Analogie‹ als Weg des Denkens zum göttlichen Gott«,[5] und zwar als Weg eines heutigen Mit-Denkens, aufzuweisen versucht wird. Man kann diese letztere Begriffsfügung (der göttliche Gott) vielleicht als eine, von Heidegger vorgeprägte, Kurzformel dessen ansehen, worum es Hemmerle in seinen wissenschaftlichen Veröffentlichungen geht: phänomenologisch ein Denken in die Bahn zu bringen, welches dasjenige, worum es ihm geht, nicht im herrscherlichen Zugriff des Be-Greifens erfaßt, sondern vielmehr in die Lage versetzt wird, sein zu lassen, was sich ihm zu-fügt, — also Gott nicht als einen Gott des Gedankens, einen sozusagen ausgedachten Gott zu konstruieren, sondern eben den »göttlichen Gott« als Aufgabe von sich her, als Epiphanie, als den Heiligen wahrzunehmen. Von daher ist es zu verstehen, daß Hemmerle immer wieder klarzumachen sucht, daß Glaube, als ebendieses Wahrnehmen der unvordenklichen Epiphanie, niemals in sich selbst genügenden, selbst-verständlichen Strukturen einzufangen ist, sondern sich nur unselbstverständlich, als immer neue Zu-Mutung ins Bewußtsein prägt.

Struktur und Dialog

Auch schon vor seiner Bischofszeit hat er sich aber gleichwohl immer wieder mit Strukturfragen im Blick auf die konkrete kirchliche Gemeinschaft abgegeben. Der Blick in diese Texte überrascht insofern, als hier ein Strukturphänomenologe zu sprechen scheint, der sich, mit großer Feinfühligkeit zwar, aber doch unverkennbar bemüht, vorhandene kirchliche Institutionen und Organisationen auf ihre innere, historisch gewachsene Berechtigung hin abzuhören und von da aus etwa lautwerdende Reformwünsche abzuwehren. Vielleicht konnte man eben deshalb auf den Gedanken kommen, ihn ins Bischofsamt zu berufen, weil man hier einen redlichen, auf der Höhe der Zeit stehenden theologischen Denker gleichwohl in absoluter und unbefragter Solidarität mit den gewachsenen kirchlichen Strukturen vorfand. Sicher war aber nicht im vollen Maße vorauszusehen, welche Zerreißproben persönlicher Art man Hemmerle damit tatsächlich abverlangen sollte.

Immerhin mag es gleich eine Überraschung gewesen sein, als der neue Bischof in seinem ersten Hirtenwort betonte, er bringe kein Programm mit, sondern nur das Evangelium. All die pastoralen Schwierigkeiten und Unmög-lichkeiten, die er voraussah, schienen ihm nicht durch eine ausgedachte und konstruierte Optimallösung zu beheben zu sein, sondern nur durch einen Rückgang in den Grund des Glaubens selbst, den nicht wir herstellen können, dem wir durch unsere Anhänglichkeit und Aufmerksamkeit nur auf der Spur bleiben können. Freilich ergab sich hieraus sofort ein grundsätzliches Dilemma, in dessen Zeichen vermutlich der ganze Episkopat Hemmerles stand. Er formulierte diese Schwierigkeit selbst in einer programmatischen Rede in einer Dechantenkonferenz des Bistums im Frühjahr 1976. Auch ihm als Bischof, so führte er aus, könne es nicht darum gehen, nur zu sagen und zu dekretieren, »ich stelle mir etwas so und so vor«. Denn würde damit nicht gerade die Freiheit der anderen beengt und beeinträchtigt, die genauso am Ganzen des Glauben interessiert und beteiligt sind?

Es wäre genauso problematisch, im autoritären Alleingang einfach eine Theologie und Spiritualität zu verordnen und sie zum Maßstab der Pastoral zu machen, wie einfachhin bloß der funktionale Koordinator zu sein.

Dem Bischof war durchaus klar, daß die präzise Formulierung eines solchen Dilemmas (man könnte aus seinen Texten noch andere Beispiele nennen) den Adressaten das Gefühl von »aporetischen, ... ratlos machenden Alternativen« vermitteln mochte. Aber ihm war entscheidend, daß solche Aporien den Anstoß zu Überlegungen und Gesprächen geben sollten, in deren Verlauf »so etwas ähnliches wie eine Antwort sich anbahnen« konnte.[6]

Theologie der Berührung

Die Hoffnung auf die Erschließungskraft des Dialogs aus der gemeinsamen Erfahrung des Glaubens heraus war freilich im hohen Maße der Gefahr der Enttäuschung ausgesetzt. Gerade weil der Dialog, auf den Hemmerle vertraute, eben nicht etwas ist und sein sollte, das von irgendeiner sich kompetent meinenden Stelle reglementiert werden konnte, waren seine Ergebnisse nicht »planbar.« In einer Predigt im Rahmen des im darauffolgenden Jahr 1977 stattfindenden »Pfarrgemeindetags« des Bistums reflektierte der Bischof in einer bewegenden Weise solche Enttäuschungen. Mit einer Wendung aus der Emmaus-Geschichte belegte und deutete er die Erfahrung der vorschnellen und enttäuschten Hoffnung:

›Wir aber hatten geglaubt, daß...‹. Wir hatten einmal geglaubt, daß, wenn wir aufbrechen und wenn wir uns wirklich engagieren in der Kirche, dann etwas anders wird, ...— und heute treten wir auf der Stelle. ... Wir sind auf dem Weg unserer Enttäuschung. Und täuschen wir uns nicht darüber hinweg! Die Dinge, die wir gestern und heute beim Pfarrgemeindetag sahen, mögen noch so interessant, attraktiv und ermutigend sein; wenn wir uns in einem Jahr wieder fragen, werden wir wie die Emmausjünger aller Voraussicht nach sagen: ›Wir aber hatten geglaubt, daß ...‹. Und es ist doch nur wenig passiert.

Aber diese konstitutive Enttäuschung aus dem und über den Dialog darf doch nicht vergessen machen, daß es darauf ankommt,

unser bewegbares, unser empfindsames, unser verwundbares ... Herz (zu) bewahren, das von seinem Wort sich leise, aber wirklich und alltäglich anrühren läßt.[7]

Gerade dieses Anrühren, diese Berührbarkeit des Gotteswortes läßt ein Motiv anklingen, das die besondere Tonart von Hemmerles pastoral-theologischem Denken bezeugen kann. Das Wort Gottes ist nicht nur intellektuell zu verstehen, es berührt unmittelbar, aber damit verwundet es auch. Immer wieder hat der Bischof beispielsweise die Legende des hl. Hermann-Josef von Steinfeld erzählt,[8] der einmal hinter einem Kirchengitter Jesus und Maria leibhaftig vor sich gesehen habe und, um ihnen näher zu sein, hinter das Gitter gestiegen sei, beim Rückstieg ins Üblich-Alltägliche sich aber am Gitter verletzt habe. Die beiden Seiten des religiösen Phänomens, Intimität und scheinbar entfremdeter Alltag, gehören nach Hemmerles Deutung einerseits zusammen, andererseits bringt aber erst der verwundende Konflikt den Menschen in berührenden Kontakt mit der Sache selbst. Die konkrete Berührung, so sehr sie auch offenbar Inkongruenz bedeutet, brächte doch die eigentliche Übereinstimmung erst hervor.

Hemmerle hat den gleichen Gedanken bei anderer Gelegenheit auch anders gewendet. In der Jahresschlußpredigt 1986 erzählte er im Rückblick auf die Heiligtumsfahrten dieses Jahres eine Begebenheit aus einem Behindertengottesdienst. Ein blinder Gottesdienstteilnehmer befühlte beim Versuch, die Heiligtümer zu berühren,

ohne es zu wissen, den Anzugsstoff seines Nachbarn. Es drängte mich, ihm zu sagen: ›Sie haben sich nicht geirrt. Sie haben das wahre Heiligtum berührt.‹[9]

Auch hier: das scheinbare Verfehlen des Vermeinten bringt allererst den eigentlichen Kontakt und den Kontakt zum Eigentlichen hervor.

Eine so angedeutete »Theologie der Berührung« könnte nun auch die Berührung des aus der Ferne gekommenen Bischofs zu seinem Bistum aufschließen helfen. Einer Pfarrgemeinde-Erfahrung entnahm der Bischof in seinem Weihnachtsbrief 1977 an die Priester und Mitarbeiter des Bistums[10] eine Lehre für sich selbst, nämlich seine Diözese als die schönste Diözese der Welt anzunehmen. Er hatte in einem Beratungsgespräch einem Pfarrer, der mit seiner Gemeinde große Schwierigkeiten hatte, die spielerische Aufgabe gestellt, sich selber diese seine Gemeinde vor dem Antlitz Jesu als »die schönste Pfarrei auf Erden« zu beweisen, also nicht nur auch die positiven Seiten gegen die negativen gelten zu lassen, sondern gerade auch das Schmerzliche und Sperrige als das besondere Signum der Gegenwart Gottes aufzunehmen. Und er glaubte die Lehre, die aus diesem Experiment gezogen wurde, auch auf sich als Bischof so anwenden zu können, daß er sich sagen mußte: Ich habe das schönste Bistum auf Erden. Eine andere Verwandlungsgeschichte erzählt von einigen Leuten, die sich in einem Eisenbahnabteil zufällig trafen und die Fahrt in der üblichen gegenseitigen Gleichgültigkeit absolvierten, sich aber hinterher als Geladene beim Gastmahl eines gemeinsamen Freundes wiederfanden.[11] Die sich fremd glaubten, waren doch zum gleichen Fest unterwegs gewesen und hätten immer schon auf diese Gemeinsamkeit bauen dürfen.

Weggenossenschaft

Es war genau die in solchen Geschichten erläuterte Phänomenologie der religiösen Situation, die Bischof Hemmerle auf sein Verhältnis zu seinem Bistum anzuwenden suchte. Belegbar ist dies vor allem durch eine Fülle von persönlichen Grußworten, die er an Pfarreien im ganzen Bistum aus Anlaß von Jubiläen und Gemeindefesten sandte. Es sind dies Texte, die sich präzise auf den jeweiligen Anlaß und die Situation der betreffenden Gemeinde bezogen und die dadurch die Theologie des Bischofs sozusagen in der Anwendung bewährten. Die ersten, bereits im Jahre 1976 entstandenen Grußworte dieser Art gehen auch explizit auf die dem Bischof teilweise tatsächlich fremden Traditionen ein, die sich in den Gemeinden und kirchlichen Vereinen und Institutionen dokumentierten. Bezeichnend ist aber auch durchweg der Hinweis auf den gesellschaftlichen und religiösen Wandel, der sich im Rückblick auf die betreffende Jubiläumsperiode jeweils vor Augen stellte.

In der Festschrift einer Schützenbruderschaft ist dem Bischof deswegen das Stichwort »Bruderschaft« von ausschlaggebender und wegweisender Bedeutung, das den Sinn einer Tradition auch für heute aufschließen kann.[12] In anderen Fällen, etwa dem Jubiläum eines Bischöflichen Gymnasiums, nimmt er den Titel der Festschrift *Unsere Schule* zum Anlaß, um über das Fürwort »unser« zu reflektieren und auf die darin —- im Blick auf das Vaterunser — sich aussprechende »Brüderlichkeit und Offenheit« hinzuweisen, die uns zugesprochen ist, ohne daß wir sie »mit ein bißchen gutem Willen aus uns selber machen« könnten.[13] Aber freilich — wie er in einer anderen Bruderschaftsfestschrift ausführt — »bricht dieses ›Wir‹, dieses ›Unser‹ immer mehr auseinander«, und es ist wiederum nicht »der ›Wind‹, den wir mit unseren Aktivitäten machen«, der dagegen ankäme, sondern der Geist des Pfingstfestes, das die betreffende Bruderschaft gerade feierte, dieser Geist ist es, »der lebendig macht, der Altes neu macht, der Müdes aufweckt.«[14]

In ähnlicher Weise wäre es möglich, anhand der langen Reihe dieser kurzen und prägnanten Grußworte sowohl die Theologie des Bischofs wie auch sozusagen die innere Geschichte dieser Theologie in der Berührung und in der Verwundung durch die Gestalten und Erfahrungen im Bistum durchzubuchstabieren. Recht bald taucht deshalb in diesen kurzen Beiträgen auch bereits das Stichwort »Weggenossenschaft« auf, das ein zusammenfassender Begriff für dieses sich erfahrende »Wir« zwischen Bischof und Bistum sein könnte und das auch in der Form des Leitwortes »Weggemeinschaft« die letzten Jahre des Bischofs prägen sollte.

In solcher Weggenossenschaft allein schien dem Bischof das anfechtende Widerfahrnis des atemberaubenden Wandels der sozialen und religiösen Gegebenheiten verwindbar zu sein, auf das er in diesen Worten immer wieder eingeht. Nur so schien die Gewißheit wachsen zu können, daß es doch in allen Wandlungen »derselbe« ist, »um den die Gemeinde sich damals versammelte« und »um den sie sich heute wieder versammelt.«[15] Aber freilich erfordert eine solche Gewißheit auch den

Mut, das Übernommene in eine andere Situation hinein weiterzusagen, es einer neuen Generation verständlich zu machen.

Und es erfordert den Mut eines persönlichen Einsatzes, den Mut,

den kleinen Tropfen Blut, den die Treue zum Glauben und die Liebe zum Nächsten erfordert, mit Freuden herzugeben.[16]

Vielleicht könnte man aus der Vielfalt der Motive etwa noch dasjenige aus den Grußworten an Kirchenchöre herausheben, wo vor allem auf die gewissermaßen musikalische Struktur des Glaubens die Betonung gelegt wird, sofern nämlich die Liebe Gottes, wie es einmal heißt, »unserem oft gehetzten oder gelähmten Lebensgang den haltenden, tragenden, vorwärtsgehenden Rhythmus« und andererseits auch »die Einheit und den Zusammenklang, eben die Harmonie« gibt.[17] Oder man könnte auf einige Grußworte an Nikolaus-Gemeinden im Bistum hinweisen, wo der Bischof seinen eigenen Namenspatron (den hl. Nikolaus von Myra, der u.a. auch Teilnehmer am ersten Kirchenkonzil im Jahre 325 in Nicäa gewesen war) als Modellgestalt für eine Theologie darbietet, welche noch so kompliziert scheinenden geistige Zusammenhänge, wie etwa die in dem genannten Konzil verhandelten, doch immer als Auftrag für eine helfende Praxis des Lebens auffaßt.[18]

In den späteren Jahren meint man allerdings auch in diesen Grußworten eine gewisse Tonartmodulation festzustellen, insofern der immer wieder veranlaßte Rückblick in eine Geschichte der Wandlungen und Abbrüche den eschatologischen »Ruf nach dem, der kommt und alles gut macht« immer stärker werden läßt. Häufiger erinnert der Bischof in dieser Zeit an den leerstehenden Kaiserthron im Aachener Dom, von dem er sagt: »vermutlich bleibt er leer bis zur Ankunft des Herrn«.[19] Dies will sicher auch anklingen lassen, daß wohl auch die Zeit einer Herrschaftsgestalt von Kirche selber vorbei ist und nicht wiederkommt und daß gerade deshalb das Stehen oder Fallen des christlichen Glaubens in viel existentiellerem Maße als je von denen abhängt, die sich ihrerseits von ihm getragen wissen. Eine bewegende Formulierung aus dieser Zeit bringt dies ins Wort:

Bleibe bei uns Herr, wenn es Abend zu werden droht, laß uns nicht allein, wir lassen auch Dich und lassen auch einander in Deinem Namen und Deiner Liebe nicht allein![20]

Weggemeinschaft

Die verwundende Erfahrung, daß trotz allen Einsatzes die strukturelle Gestalt von Kirchlichkeit schwindet oder gar in der Existenz gefährdet ist, daß die Weitergabe des Glaubens an nächste Generationen in weitem Umfang nicht gelingt, daß die Priesterzahlen zurückgehen, daß oft mehrere Gemeinden sich einen Priester »teilen« müssen, — all dies stand dem Bischof vor Augen, als er mit seinem Fastenhirtenbrief des Jahres 1989 die pastorale Initiative einleitete, die unter dem Leitwort »Weggemeinschaft« die Bemühungen des Bistums auch nach Hemmerles Tod prägen sollte. So sehr dieses Leitwort auch allzu bald das Schicksal von Schlagworten teilte, neben Impulsen und Anregungen auch Ablehnung und Mißmut zu provozieren (schon zwei Jahre später sprach der Bischof selbst davon, daß es sich für viele »abgenützt«[21] habe), so sehr ist doch das Phänomen Weg mit dem Denken des Bischofs von Beginn an verbunden. Christentum ist für ihn so sehr »der Weg«, daß es auch Weglosigkeit aushalten läßt, um den jeweils konkreten Weg zu finden.

Wiederum ist es aber der spirituelle Charakter dieses Ansatzes einer Weggemeinschaft, der den Bischof nur zögernd auf administrative Mittel zur Behebung der erkennbar gewordenen Defizite sinnen läßt. Nur aus der innere Haltung einer »positiven Armut« schien sich ein gangbarer Weg finden zu lassen, der »nicht Mangelverwaltung, sondern geistliche Brotvermehrung ermöglicht.« Ein »tiefgreifendes Umdenken«, wie es dem Bischof nötig schien, war nicht von oben zu verordnen, selbst »strukturelle Konsequenzen« konnten nicht »als fertiges Konzept von oben über das Bistum fallen«. Und so bat der Bischof in diesem bemerkenswerten Hirtenbrief seine Adressaten selber um ihren Rat.[22]

Er hat diesen Rat sicher nicht umsonst erbeten, und das Bistum Aachen bezieht sich auch bis in seine letzten Verlautbarungen und Aktivitäten hinein immer noch und bis auf den heutigen Tag auf Bischof Hemmmerles Initialwort »Weggemeinschaft«, allerdings auch ohne daß tatsächlich konkrete »strukturelle Konsequenzen« absehbar wären. Aber für Hemmerle selber war der Weg, den er für sich und für andere entwarf, ohnehin ein solcher, dessen Gelingen er allenfalls »durch das Scheitern hindurch« vor sich sah. Der Tonfall seiner letzten Predigten ist die Erfahrung der »Weglosigkeit der Gewöhnung« und der »Gewöhnung angesichts der Weglosigkeit«, der »Enttäuschung, den Weg nicht zu finden.«[23] Aber dies ist eine Redlichkeit der Anerkenntnis der Tatsachen, nicht eine Resignation darüber, daß es nicht noch jemanden gibt, der uns nicht einen Weg bloß zeigt, sondern der der Weg selber **ist**; und dies heißt: der, zu dem hin wir unterwegs sein möchten, ist bereits mitten auf dem Weg dabei, und alle Schwierigkeiten und Nöte des Weges sind auch die seinen.

Am 23. Januar 1994 starb Bischof Klaus Hemmerle, noch nicht einmal 65 Jahre alt. Seine Gestalt steht noch so nahe vor dem Betrachter, daß eine historisch einordnende Analyse von Person und Werk — gerade auch angesichts der Überfülle des vorliegenden Materials — wohl noch nicht möglich ist. Was wir hier versuchen konnten, ist vielleicht eher eine innere Gestaltbeschreibung, die noch durch sehr viele konkrete Einzelzüge ergänzt werden müßte. Besonders hervorzuheben wären dabei sicherlich die Erfahrungen, die der Bischof mit der ganz spezifisch Aachener Frömmigkeitsform der Heiligtumsfahrt machte — einer Tradition, die ihm ebenfalls fremd war und die ihn überraschte, die aber doch auch sehr gut seine Weg-Theologie und seine »Theologie der Berührung« stützte und erläutern konnte. Der äußere Höhepunkt seines Episkopats mag daher das Jahr 1986 gewesen sein, als zusammen mit den Heiligtumsfahrten (neben der Aachener noch die von Kornelimünster und Mönchengladbach) der 89. Deutsche Katholikentag Bistum und Stadt Aachen prägte. In solchen Ereignissen schien sich ihm die Vision einer »Neuen Stadt« abzuzeichnen, die nicht besteht aus »Häusern, die man abschließen kann; Kirchen, die man besichtigen kann; Straßen, wo man aneinander vorbeigehen kann«, sondern in der die Häuser den Gästen offen stehen, in deren Kirchen uns das Geheimnis anschaut und in deren Straßen die Menschen aufeinander zugehen.[24] In solchen Erfahrungen konnte ihm Aachen zur Heimat werden, wenn sich zeigte, daß diese Stadt »nicht nur berühmt« war »durch seine heilenden Wasser«; sie barg vielmehr auch »Quellen, die aus noch größerer Tiefe entspringen, aus der Nähe des Gottes, der uns liebt, der eintritt und eindringt in unser Leben.«[25]

Es wird nicht zuviel gesagt sein, wenn man behauptet, daß Bischof Klaus Hemmerle selber eine von diesen Quellen war und ist.

Anmerkungen

Nachweise ohne Verfasserangabe beziehen sich durchweg auf Veröffentlichungen von Klaus Hemmerle.
1. A.J. Wäckers: *Erlebte und gelebte Kirche von Aachen. Erinnerungen aus den Jahren 1929-1978.* Aachen 1995. S. 336.
2. E. Gatz: *Geschichte des Bistums Aachen in Daten 1930-1985. Der Weg einer Ortskirche.* Aachen 1986. S. 148.
3. W. Willms: *Seit ein Gespräch wir sind. Für Klaus Hemmerle ein Nachtgebet.* Aachen ²1995.

o.S. S. (5). Willms bezieht sich dabei auf das Buch *Besinnung auf das Heilige* (Freiburg 1966), das Hemmerle»und zwei seiner freunde« (Willms) verfaßten; neben P. Hünermann war allerdings nicht, wie Willms annimmt, K. Lehmann, sondern B. Casper Mitautor. Das in Willms' Titelgebung und im Text angesprochene Hölderlinzitat findet sich aber ausgerechnet im Beitrag des ignorierten B. Casper.
4. *Für das Leben der Welt. 84. Deutscher Katholikentag vom 11.September bis 15.September 1974 in Mönchengladbach*. Hrsg. Zentralkomitee der deutschen Katholiken. Paderborn 1974. S. 114 ff.
5. *Gott und das Denken nach Schellings Spätphilosophie*. Freiburg 1967. S. 323 ff.
6. *Dechantenkonferenz des Bistums Aachen am 29, März 1976. Schwerpunkte der Pastoral*. Protokoll. S.6.
7. *Unterwegs mit Christus — Unterwegs in die Welt. Pfarrgemeindetag des Bistums Aachen am 10. und 11.September 1977 in Aachen*. Hrsg. Diözesanrat der Katholiken im Bistum Aachen. Festgottesdienst auf dem Katschhof. S. 3.
8. *z.B. Glaubwürdig die Botschaft Jesu Christi leben*. Referat zum 11. Studientag der kirchlichen Jugendarbeit am 21. Mai 1984. S. 1 ff.
9. *Wegzeichen zur Neuen Stadt. Geistliche Spuren von Heiligtumsfahrten und 89. Deutschem Katholikentag 1986*. Aachen 1987. S. 49.
10. halböffentlicher Brief vom Dezember 1977.
11. referiert von H. Malangré in der Eröffnungsveranstaltung des Pfarrgemeindetags 1977 (vgl. Anm. 7).
12. Geilenkirchen Jubiläen 1976. Hrsg. Vereinigte St. Sebastianus- und Junggesellen-Schützenbruderschaften. Geilenkirchen 1976. S. 6.
13. Unsere Schule 1856-1981. Bischöfliches Gymnasium St. Ursula Geilenkirchen. Geilenkirchen 1981. S. 9 f.
14. Festschrift zum 275-jährigen Bestehen. St.-Katharina-Jungschützen-Bruderschaft Korschenbroich 1708. Korschenbroich 1983. S. 2.
15. Festbuch der Pfarrgemeinde St.Marien Würselen-Scherberg aus Anlaß des 50. Jahrestags der Kirchweihe. Würselen 1976. S. 9.
16. *175 Jahre Pfarre St. Katharina Kohlscheid*. Herzogenrath 1979. S. (4).
17. Festschrift zum 150jährigen Jubiläum des Kirchenchores St.Cäcilia Pier im Jahre 1989. Inden 1989. S. 3.
18. *60 Jahre Pfarrkirche St. Nikolaus und die Geschichte des Pfarrortes Rölsdorf*. Düren 1989. S. 3 f.
19. *Elfhundert Jahre Konzen*. Monschau 1988. S. (3).
20. *125 Jahre Pfarrkirche St. Hubertus Stolberg-Büsbach*. Stolberg 1989. S. 8.
21. *Hirtenbriefe*. Hrsg. K. Collas. Aachen 1994. S. 76.
22. Ebd. S. 66 ff.
23. *Nicht Nachlaßverwalter, sondern Wegbereiter. Predigten 1993*. Hrsg. K.Collas. Aachen 1994. S. 70 ff.
24. *Wegzeichen zur Neuen Stadt*, wie Anm. 9, S. 40.
25. *Aachener*. Hrsg. H. Weiweiler/W.Czempas. Aachen 1992. S. 20.

Aachen 1983, Eröffnung des Heiligen Jahres im Dom

Die Autoren und Herausgeber

Becker, Wolfgang, Dr. phil., Professor, Direktor des Ludwig Forums für Internationale Kunst, Aachen

Grimme, Ernst Günther, Dr. phil., Professor, ehemaliger Direktor der Museen der Stadt Aachen

Habetha, Klaus, Dr. rer. nat., Universitätsprofessor em., Rektor der RWTH Aachen von 1987-1997

Horch, Hans Otto, Dr. phil., Universitätsprofessor, Lehr- und Forschungsgebiet Deutsch-Jüdische Literaturgeschichte an der RWTH Aachen

Kalkmann, Ulrich, M.A., Historiker, Doktorand am Historischen Institut der RWTH Aachen

Kasties, Bert, Dr. phil., Literaturwissenschaftler an der RWTH Aachen, Publizist und freier Journalist

Kerner, Maximilian, Dr. phil., Universitätsprofessor, Lehr- und Forschungsgebiet Mittlere und Neuere Geschichte an der RWTH Aachen

Krause, Egon, Ph.D., Universitätsprofessor, Lehrstuhl für Strömungslehre und Aerodynamisches Institut an der RWTH Aachen

Kruse, Waltraud, Dr. med., Professorin, Ärztin für Allgemeinmedizin, Psychotherapie, Aachen

Lohrmann, Dietrich, Dr. phil., Universitätsprofessor, Lehrstuhl für Mittlere Geschichte und Historisches Institut an der RWTH Aachen

Malangré, Heinz, Dr. jur., Präsident der Industrie- und Handelskammer zu Aachen von 1981-1997

Oellers, Adam C., Dr. phil., stellv. Direktor der Museen der Stadt Aachen

Richter, Wolfgang, Journalist, Publizist und Medienberater

Rother, Sabine, M.A., Ressortleiterin Kultur der Aachener Zeitung

Schreier, Josef, Dr. phil., Wissenschaftlicher Mitarbeiter der Diözesanbibliothek Aachen

Schwabe, Klaus, Dr. phil., Universitätsprofessor em., Lehrstuhl für Neuere Geschichte und Historisches Institut an der RWTH Aachen

Sicking, Manfred, Dr. phil., Leiter des Amtes für Wirtschaftsförderung und Europäische Angelegenheiten der Stadt Aachen

Spuler, Christof, Dr. phil., Leiter des Internationalen Zeitungsmuseums der Stadt Aachen

Bildnachweise

S. 5, Europäisches Geschichtsbuch, Paris-Stuttgart 1992. / S.31, W. Braunfels „Die Welt der Karolinger und ihre Kunst", München 1968. Ann Münchow, Aachen. / S. 51, 52, 53, Ann Münchow, Photo Archiv. / S. 54, 62, 63, G. v. Hahn/H.-K. v. Schönfels „Wunderbares Wasser", Aarau 1980. / S. 64, Verein David-Hansemann-Schule „200 - David Hansemann. Festschrift", Aachen 1990. S. 73, Heinz Malangré, Suermondt-Ludwig-Museum Aachen. / S. 74, Landesbildstelle Rheinland. / S. 84, 93, Zeitungsmuseum Aachen. / S. 94, Ann Münchow. / S. 108, S. 121, RWTH Aachen. / S. 122, W. Blaser „Mies van der Rohe", Zürich-New York 1986. S. 133, W. Blaser „Umgang mit Raum und Möbel", Aachen 1986. / S. 134, 145, Deutsches Literaturarchiv Marbach am Neckar. / S. 146, Universität Jerusalem. / S. 170, Stadtarchiv Aachen. / S. 184, N. Friese, Aachen. S. 191, B. Maus, Bergisch-Gladbach. / S. 192, 203, K. Herzog, Aachen.